高等院校设计学通用教材

品牌策划与设计管理

张翠玲　编著

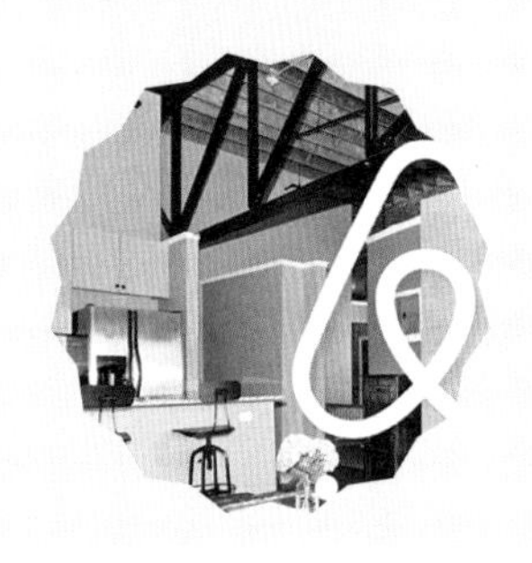

清華大學出版社
北京

内 容 简 介

本书旨在帮助读者掌握品牌策划和品牌设计的基本内容与工作流程，培养策略思维能力以及对品牌创建实际问题的分析和解决能力，满足品牌日常管理工作的基本要求。

适合普通高等学校本科生学习使用。

图书在版编目（CIP）数据

品牌策划与设计管理 / 张翠玲编著 . —北京：清华大学出版社，2022.5（2024.8 重印）
高等院校设计学通用教材
ISBN 978-7-302-59823-7

Ⅰ . ①品… Ⅱ . ①张… Ⅲ . ①品牌—企业管理—高等学校—教材 Ⅳ . ① F273.2

中国版本图书馆 CIP 数据核字（2022）第 007253 号

责任编辑：纪海虹
封面设计：王子昕　代福平
责任校对：王荣静
责任印制：宋　林

出版发行：清华大学出版社
　　网　　址：https://www.tup.com.cn，https://www.wqxuetang.com
　　地　　址：北京清华大学学研大厦 A 座　　**邮　编**：100084
　　社 总 机：010-83470000　　**邮　购**：010-62786544
　　投稿与读者服务：010-62776969，c-service@tup.tsinghua.edu.cn
　　质 量 反 馈：010-62772015，zhiliang@tup.tsinghua.edu.cn
印 装 者：小森印刷（北京）有限公司
经　　销：全国新华书店
开　　本：185mm × 260mm　　**印　张**：12.25　　**字　数**：332 千字
版　　次：2022 年 5 月第 1 版　　**印　次**：2024 年 8 月第 3 次印刷
定　　价：78.00 元

产品编号：094551-01

总序一

2011年4月，国务院学位委员会发布了《学位授予和人才培养学科目录（2011年）》，设计学升列为一级学科。设计学不复使用“艺术设计”（本科专业目录曾用）和“设计艺术学”（研究生专业目录曾用）这样的名称，而直接就是“设计学”。这是设计学科一次重要的变革。从工艺美术到设计艺术（或艺术设计），再到设计学，学科名称的变化反映了人们对这门学科认识的深化。设计学成为一级学科，意味着中国设计领域的很多学术前辈期盼的“构建设计学”之路开始真正起步。

事实上，在今天，设计学已经从有相对完整教学体系的应用造型艺术学科发展成与商学、工学、社会学、心理学等多个学科紧密关联的交叉学科。设计教育也面临着新的转型。一方面，学科原有的造型艺术知识体系应不断反思和完善；另一方面，其他学科的知识也陆续进入了设计学的视野，或者说其他学科也拥有了设计学的视野。这个视野，用赫伯特·西蒙（Herbert Simon）的话说就是：“凡是以将现实形态改变成理想形态为目标而构想行动方案的人都是在做设计。生产物质性的人工制品的智力活动与为病人开药方、为公司制订新销售计划或为国家制订社会福利政策等这些智力活动并无本质上的不同。”（everyone designs who devises courses of action aimed at changing existing situations into preferred ones. The intellectual activity that produces material artifacts is no different fundamentally from the one that prescribes remedies for a sick patient or the one that devises a new sale plan for a company or a social welfare policy for a state.）

江南大学的设计学学科自1960年成立以来，积极推动中国现代设计教育改革，曾三次获国家教学成果奖，并在国内率先实施“艺工结合”的设计教育理念，提出“全面改革设计教育体系，培养设计创新人才”，实施“跨学科交叉”的设计教育模式。从2012年开始，举办“设计教育再设计”系列国际会议，积极倡导“大设计”教育理念，将国内设计教育改革同国际前沿发展融为一体，推动设计教育改革进入新阶段。

在教学改革实践中，教材建设非常重要。本系列教材丛书由江南大学设计学院组织编写。丛书既包括设计通识教材，也包括设计专业教材；既注重课程的历史特色积累，也力求反映课程改革的新思路。

当然，教材的作用不应只是提供知识，还要能促进反思。学习做设计，也是在学习做人。这里的“做人”，不是道德层面的，而是指发挥出人有别于动物的主动认识、主动反思、独立判断、合理决策的能力。虽说这些都应该是人的基本素质，但是在应试教育体制下，做起来却又那么难。因此，请读者带着反思和批判的眼光来阅读这套丛书。

清华大学出版社的甘莉老师、纪海虹老师为这套丛书的问世付出了热忱、睿智、辛勤的劳动，在此深表感谢！

高等院校设计学通用教材丛书编委会主任
江南大学设计学院院长、教授、博士生导师

辛向阳
2014年5月1日

总序二

中国设计教育改革伴随着国家改革开放的大潮奔涌前进，日益融合国际设计教育的前沿视野，汇入人类设计文化创新的海洋。

我从无锡轻工业学院造型系（现在的江南大学设计学院）毕业留校任教，至今已有40年，经历了中国设计教育改革的波澜壮阔和设计学学科发展的推陈出新，深深感到设计学学科的魅力在于它将人的生活理想和实现方式紧密结合起来，不断推动人类生活方式的进步。因此，这门学科的特点就是面向生活的开放性、交叉性和创新性。

与设计学学科的这种特点相适应，设计学学科的教材建设就体现为一种不断反思和超越的过程。一方面，要不断地反思过去的生活理想，反思曾经遇到的问题，反思已有的设计理论，反思已有的设计实践；另一方面，要不断将生活中的新理想、现实中的新问题、设计中的新思考、实践中的新成果吸纳进来，实现对设计学已有知识的超越。

因此，设计教材所应该提供的，与其说是相对固定的设计知识点，不如说是变化着的设计问题和思考。这就要求教材的编写者花费很大的脑力劳动才能收到实效，才能编写出反映时代精神的有价值的教材。这也是丛书编委会主任委员辛向阳教授和我对这套教材的作者提出的诚恳希望。

这套教材命名为“高等院校设计学通用教材”，意在强调一个目标，即书中内容对设计人才培养的普遍有效性。因此，从专业分类角度看，这套教材适用于设计学各专业；从人才培养类型角度看，也适用于本科、专科和各类设计培训。

这套教材的作者主要是来自江南大学设计学院的教师和校友。他们发扬江南大学设计教育改革的优良传统，在设计教学、科研和社会服务方面各显特色，积累了丰富的成果。相信有了作者的高质量脑力劳动，读者是会开卷有益的。

清华大学出版社的甘莉老师是这套教材最初的策划人和推动者，责编纪海虹老师在丛书从选题到出版的整个过程中付出了细致艰辛的劳动。在此向这两位致力于推进中国设计教育改革的出版界专家致以诚挚的敬意和深深的感谢！

书中的错误，恳望读者不吝指出。谢谢！

高等院校设计学通用教材丛书编委会副主任委员

江南大学设计学院教授、教学督导

无锡太湖学院艺术学院院长

陈新华

2014年7月1日

自　序

品牌是现代社会诞生的一个伟大、美妙并且含义丰富的概念，品牌化经营的理念不仅影响了现代商业的运营模式，为企业创造经济价值，也丰富了人们消费生活的想象力，成为理解人类社会的一种途径。

品牌策划工作通过制定品牌发展战略，为品牌塑形，进行品牌运营管理，以实现品牌价值。本书立足于笔者多年有关品牌策划、品牌管理与品牌设计的教学经历和实践经历，以及对品牌领域众多理论知识的梳理和思考，读者可从以下3个方面来理解本书的主要内容。

（1）本书提供了关于品牌概念的系统化和多视角定义。在中国，当前不论是在品牌学的理论研究中还是在品牌管理的工作实践中，概念混杂都是一个普遍问题，不同的人对于品牌是什么的认知有很大差别，而在关于品牌的众多著作中，不同作者对品牌的理解也不尽相同。概念界定的不清晰，会使品牌策划和品牌构建工作从一开始就面临诸多障碍和不确定性。本书提出了从“符号”“形象”“关系”三个角度来理解品牌的定义，同时强调品牌不仅属于企业或组织，更属于消费者，从而将单一的品牌概念系统化，提供了理解品牌含义的多维视角，也界定了品牌策划工作的基本范畴。

（2）本书提供了品牌策划与设计全案的工作流程及工作方法。本书提出了品牌策划工作的模块划分方法，针对该工作模块及全品牌策划的工作理念，本书的重点内容包括：品牌概念分析、市场研究与品牌商业模式设计、品牌定位与核心价值策划、品牌视觉设计、品牌营销战略策划与品牌体验设计、品牌传播策划与传播视觉设计。内容讲解注重经典理论知识介绍、创新工具性方法分析、策划实践能力培养并重的教学过程。

本书具有较强的系统性、完整性和实践指导性，体现了广告公司、品牌策划公司与品牌咨询管理公司等业界领域关于品牌策划与设计最成熟与最新的工作理念和工作模式。

（3）本书提出了品牌策划与设计工作中思维方式的二元性。品牌具有商业性，这决定了其创建和管理过程具有科学性，策划人应该具有科学家的求真和务实精神；品牌还具有文化性和情感性，特别是随着情感消费和美学经济的发展，品牌塑造演变成情感型品牌塑造，这决定了其创建和管理过程需要创造性和艺术性，策划人应该像艺术家一样善于表达和创意。因此，品牌策划过程既要有策略理性，也要有创意感性，只有这样才能创建有价值的、打动人心的品牌。

本书还凸显了品牌策划与管理工作中设计的作用，正是设计的力量实现了品牌建设中理性战略性思维与感性创意性思维的结合，从而增强品牌的情感价值，提升消费者的品牌体验。

张翠玲
2021年2月于无锡

目录

第一章 如何理解品牌

21 世纪是品牌领导消费的世纪，越来越多的企业和组织将品牌管理纳入公司发展的战略体系。

在本章，我们将多视角深入探讨品牌的概念，理解品牌不再单纯只是区别产品所有者的标记，而是具有了更多情感价值与精神含义的复杂系统。我们还将讨论品牌对组织和消费者的不同作用，品牌与产品的关系及产品品牌化经营的关键和挑战。

20 世纪 80 年代，日本消费经济达到顶峰，日本民众普遍追求大品牌，社会氛围浮华夸张，几乎没人意识到经济泡沫即将破裂。

在这种状况下，无印良品（MUJI）诞生了，其本意为“没有商标与优质”，提醒人们去欣赏原始材料的美。在当时，这一品牌的主张相当前卫，在以多为美的消费潮流风行之时，无印良品反其道而行之，提倡简约、自然、有质感的生活哲学，为消费者提供基本的、与生活紧密相关的、丰富的商品选择，不浪费制作材料，注重商品环保、品质优良、价格合理。

无印良品初创时即以中产阶级为主要消费对象，这个阶层的消费者理性，不盲目追求名牌，明白自己的风格与所需。无印良品所倡导的自然、简约、质朴的生活方式正契合了一些中产阶级品位人士的追求，因此在这一阶层的人群中大受推崇。通过这种目标消费者定位策略，以及“重视简约和精神消费”为主的品牌格调，无印良品成功地为自身塑造了高品位的文化形象，凭借这种独特的定位和形象，在一片时尚潮流中异军突起。

虽然极力淡化品牌意识，但无印良品严格遵循品牌理念，其设计生产的产品去除了一切不必要的加工和色彩，简单包装，只突出产品本身的材质和功能。正是这种平淡无奇打动了那些关心环境、热爱自然、反对奢华的消费者。

无印良品还倡导一种“缓慢生活”的生活方式，教人回归生活本身，享受舒适生活。除了通过产品设计诠释品牌形象之外，海报设计也是无印良品品牌传播中最重要的一环。从 2002 年开始，无印良品每年都会推出品牌海报，“自然、简洁”的品牌核心理念是其海报设计的主旨，视觉表达形式独特、形象鲜明而统一的海报设计是无印良品品牌传播的利器。

2003 年的“地平线”海报，彰显了人与万物的关系和“无即所有”的品牌理念，同时也表达了品牌对于极致设计的态度。（图 1–1）

图 1-1　无印良品海报——“地平线”系列

“露营”系列海报像一幅幅精美的画卷，展示了大自然本身的纹理，通过大量的留白，将悠闲、随意、简单的生活意境表现得淋漓尽致。（图 1-2）

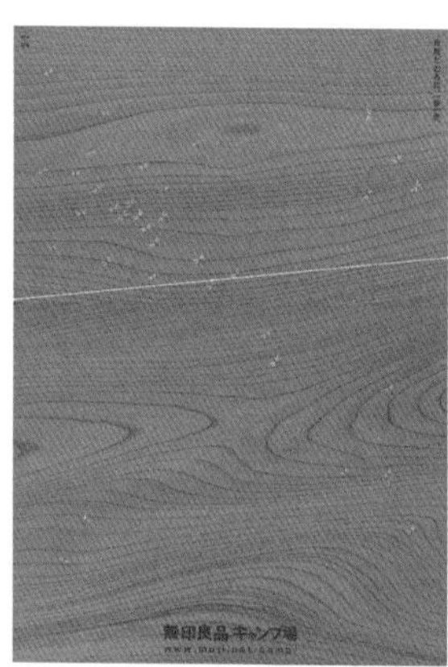

图 1-2　无印良品海报——“露营”系列

无印良品的管理者和设计师们坚持对事物本质的不懈追求，摒弃繁杂的设计风格，通过独特的品牌理念和产品风格对消费者的认知和行为产生了深远影响，成为日本名副其实的国民品牌，也成为深受世界人民喜爱的国际品牌。

从上述的分析可以看出，虽然无印良品声称自己是“无品牌”，但其营销策略和传播设计无不遵循着品牌发展的基本原则：精准的目标消费者定位、独特的产品设计风格、清晰的品牌核心价值及品牌形象设计、一以贯之的传播和推广方式、打动人心的传播视觉设计，以及通过创造文化意义和生活哲学来维系品牌与消费者的关系等使“无品牌”的无印良品巧妙地实现了最大程度的品牌差异化，并成长为一个成功的品牌。

第一节 品牌的多重定义

今天我们所面对的一切物品几乎都有品牌的痕迹，然而品牌却并不是现在才有的概念，品牌的存在已经跨越了好几个世纪。“品牌”这一词语来源于古斯堪的纳维亚语“brandr”，意思是“烙印”或者“燃烧”，原本是牲畜所有者烙在动物身上用来识别所有权的标志,告诉别人“不许动，它是我的”。现代意义的品牌研究出现在第二次世界大战以后，战后人口快速增长激发了市场需求，社会生产技术突飞猛进，使得产品被大量生产且同质化日趋严重，同类商品品种多样，消费者可以选择的机会很多，社会进入了一个产品同质化的时代。

产品同质化直接导致过剩经济，过剩经济意味着商品的丰富和多样化，在这种状况下，消费者的角色也相应地发生了变化，从被配给到自由选择，从自由选择到精于选择。知识经济时代的到来也使消费者非常容易获取各种产品信息，并对产品进行分享和评论，在各种消费领域也出现了许多专家型的消费者，这表明消费者变得越来越理性。

同时，人们的消费行为也更趋个性化，商品能否带来心理和情感上的满足成为购买的重要理由。一样是电脑，很多人就要苹果，一样的做工和面料，有些人就对耐克趋之若鹜，因为它们是全球知名的品牌，因为它们能给消费者带来心理和情感的满足。

消费者可以选择的机会太多，就连日常用品，像卫生纸、牙膏或者盐，都有至少 3 种以上的产品可供选择。怎样才能让消费者在令人眼花缭乱的产品当中义无反顾地选择自己想要的产品？在这种情况下，品牌的意义就变得更加重要。“品牌”在很长一段时间里都将是社会各个领域需要重点关注的话题。21 世纪是品牌领导消费的世纪，企业的品牌化经营管理变得越来越重要，品牌不再单纯只是区别产品所有者的标记，而是具有了更多情感与精神含义的抽象概念。越来越多的公司将品牌管理纳入公司发展战略体系之内，产品的外观可以被仿效，核心技术可以被破解，但品牌的打造却需要经年累月的巨大投入，不可能一蹴而就。

一、品牌是特殊符号

品牌是具有区别功能的特殊符号。营销学者麦克威廉（Mc William）等人在著作中提出：“品牌是用以识别的区分标志，同时，品牌是速记符号，是更有效沟通的代码。”国内知名品牌学家陈放、谢宏提出：“品牌又叫牌子，是一种名称、术语、标记、符号或图案，或是它们的相互组合，用以识别某个销售者或者某群销售者的产品和服务，并使之与竞争对手的产品和服务相区别。”也有人说：“品牌是名称、个性、标识、来源国、广告主体，以及包装方式集合的符号象征，是产品实质与商标、广告等各种元素的总和。”还有人提出：“品牌是指组织的无形资产部分，是基于抽象意义上的组织表达，它泛指具备名称、标志等品牌外在要素的事物。”

二、品牌是个性与形象

品牌区分了产品，并代表着一个特殊的产品，它不仅仅是一个名字，它还是消费者头脑中的一个形象，代表了他们对产品的感知与认知——品牌及其产品是什么，到底有多少价值。

品牌既有物理特性也有心理特性。物理特性包括产品本身的质量、性能、规格、包装设计等一些可见的特征，这部分内容主要由企业营销来决定；心理特征包括消费者附加给产品的情感、信念、价值与个性，这部分内容主要由传播者和广告人来决定。

案例 1–1 麦当劳的个性与形象

“麦当劳不仅仅是一家餐厅”这句话精确地涵盖了麦当劳集团的经营理念。在麦当劳的全球制度体系中，麦当劳餐厅的运营是很重要的一环，因为麦当劳的经营理念、欢乐、美味都是通过餐厅传递给顾客的。

2003 年前后，麦当劳通过重新定位目标市场，将目标消费者从母亲和孩子转换到有个性的、更富消费力的年轻一代身上，同时，更新品牌视觉系统,在品牌基础色中加入了黑色这一代表酷炫的色彩,并喊出了“I’ m lovin’ it（我就喜欢）”的品牌口号。如今，当我们谈到麦当劳的品牌特征时，我们会联想到麦当劳的产品，特殊的红黄色调、名称书写、形象代言以及由“我就喜欢”口号传递的形象与价值。（图 1–3）

品牌个性与品牌形象创造了对已知产品的亲密感情，如果消费者对品牌比较熟悉，当他们在重复购买时就会感到自然，甚至有点开心。（图 1–4）

图 1–3 麦当劳标志

图 1–4 麦当劳餐厅

要强化品牌与消费者之间的关系，离不开对品牌形象长期的塑造工作。品牌形象塑造对那些没有本质差异的相似产品尤其关键，糖果就是这种类型的产品，市场上的糖果大同小异，但是通过建立品牌形象，在消费者头脑中它们就有了差异，当我们说到“大白兔”的时候，你会想到什么？是童年的回忆，是原料上乘、优质健康的国民美味。

由于形象传播的效果随着时间逐渐增加，因此，品牌传播的一致性显得相当重要。奥美（Ogilvy & Mather）广告公司的创始人大卫 · 奥格威特别相信品牌形象广告，他说每一则广告都对品牌形象起作用，广告信息应该集中在决定传递的形象上，而且要具有一致性。

三、品牌是价值传递机制

品牌是与消费者之间的特殊关系，是一种价值传递机制。通过品牌，消费者能感知到产品的价值。品牌能为买卖双方都带来价值，因为品牌能产生附加价值。

“普利策奖”得主、作家丹尼尔·布尔斯坦（Daniel Boorstein）断言：对许多人来说，品牌所起的作用是过去的兄弟关系、宗教、服务机构所起的作用。还有学者曾指出：大众与品牌之间的关系可以抚慰那些由于社会对某些传统和团体的摒弃而产生的“空虚的自我”，并且为这个瞬息万变的世界提供一片稳定的天地。品牌关系的形成和维系，对支持后现代社会的文化发展起到了重要作用。可以说，品牌起到了稳定剂、抚慰剂的作用。

案例 1-2　来自可口可乐的经验分享

1985 年，可口可乐这个古老的品牌受到后起之秀百事可乐的严重威胁，为迎接百事可乐的挑战，可口可乐推出新的营销方案——开发新的可乐口味，并试图以新口味替代传统口味。因为这是一个非常重大的市场决定，所以可口可乐针对新的口味和包装进行了大量的市场调研，结果显示 60%~70% 的消费者都表示喜欢新的可口可乐，市场调查得到的都是正面的意见。但是新产品上市后的结果却非常糟糕，美国许多消费者打电话给可口可乐公司说讨厌新可乐，希望可口可乐公司把原来的经典口味还给他们。最终，可口可乐不得不把新的产品全部从商场召回，换成旧的可口可乐。

从这个案例中我们可以发现，对于消费者来说，可口可乐已经不再只是一个产品，如果把品牌当成一个老朋友，你肯定不希望老朋友改变他的脸和声音，所以品牌既是一种关系，也是一个空间，在这个空间里，营销者和消费者能进行各种充满想象的交流和互动。

第二节 品牌的作用

当我们旅行到达一个陌生的城市，下火车后感觉肚子饿了想找吃的，在面前有一家肯德基，还有许多不知名的当地小餐馆，此时你的选择是什么？相信有绝大部分同学会选择肯德基，为什么呢？因为当人们被陌生的环境包围时，往往会被熟悉的事物所吸引；同时，肯德基代表着稳定的质量，你大概知道在肯德基自己会吃到什么——炸鸡、汉堡和薯条，也能预料到这些食品的形态和口味，而不必承担去吃不知名小餐馆可能带来的诸多风险。

针对不同的利益相关者，品牌的作用也有不同的体现。

一、品牌对消费者的作用

（1）减少风险，降低成本。基于对产品的既有体验，以及多年的购买经验，消费者知道哪些品牌能满足他们的需求，哪些品牌不能，因此，品牌能够为消费者简化购买决策。从经济学的角度来讲，品牌在两个方面降低了消费者搜寻产品的成本：内在方面，不必过多思考；外在方面，无须到处搜寻。

（2）产品质量承诺。消费者对品牌的信任和忠诚暗示着他们相信这种品牌会有一定的表现。该品牌会通过产品一贯的性能、合理的定价、促销等为他们提供效用。当意识到购买这种品牌的好处和利益，并且只要他们在使用产品时有满足感，消费者就可能会一直继续购买下去。

（3）象征意义。“我们购买品牌商品的原因往往是非理性的，购买品牌商品是一种对自己的肯定和认可，它能够让消费者进入由广告宣传所建立起来的一个虚拟世界里，在这里，人们的欲望得到满足，价值观再次受到了肯定，这也是为什么消费者常常无视自己的存款和超市里相同质量的普通商品，而继续购买大品牌商品的原因，它们能让你感觉更好。当你购买海因茨的豆子时，你可能感觉像电视广告中那个人一样，拥有理想的厨房、理想的家庭、理想的生活方式……，我们大家都知道这只是幻想而已，但却沉醉其中不能自拔。要是你买的只是普通牌子的豆子，可以节省钱，但是你得到的只是豆子，而没有沉醉的感觉，因为价值观没有得到认可，自己也不是理想世界中的一部分。”来自马修·赫利《什么是品牌设计》一书中的这段话，是对品牌象征意义最完美的诠释。

象征意义是符号化的品牌价值，是品牌所表达的价值观和文化含义，以及所倡导的生活方式，以此为消费者带来的社会地位、权力、身份和声誉，表达了消费者通过购买和拥有品牌所投射的自我形象。当品牌与某些特定类型的人（目标消费者）联系在一起时，便能反映不同的价值观或特质，正如在无印良品案例中所体现的那样，无印良品通过将品牌的目标消费者定位在具有较高文化和精神需求的、富裕的社会中产阶级，反衬了品牌简约、自然、质朴的价值观，而通过认同和消费无印良品的产品，也彰显了这一消费群体回归自然的生活方式和不落俗套的人生价值观。

当今世界最优秀、最卓越的品牌都成功地创立了自己的生活方式或价值观，如哈雷摩托所蕴含的“激情、自由、快乐、个性与冒险精神”，苹果“自由的数码生活”，星巴克“令人神往的、闲适的咖啡时光”。（图 1–5）

图 1–5 哈雷、苹果与星巴克品牌标志

二、品牌对企业的作用

（1）识别途径。企业如果有多个产品线，则品牌能方便建立和组织生产、库存及会计记录。

（2）保护产品独特性的工具。品牌享有知识产权，这使品牌的拥有者具有法律权利，企业通过商标注册可以保护品牌名称和标识，通过专利可以保护生产工艺流程，通过版权可以保护包装。这些知识产权保护的手段可以保证公司安全可靠地投资其品牌，并从中获益。

（3）满足顾客质量要求的标志。品牌意味着承诺，即向市场和消费者承诺提供有稳定质量保证的产品。肯德基品牌意味着通过严格的选材、卫生控制和加工方式，可提供给消费者安全美味的美式快餐。

（4）赋予产品独特联想，是企业竞争优势的来源。产品的生产工艺流程和产品设计极易模仿，但多年的营销活动及产品使用的经验、情感和关系等难以复制。佳洁士牙膏、利维牛仔等品牌是伴随消费者成长起来的，在长期的使用过程中，消费者与品牌会发生许多故事，这些故事是难忘的回忆，富有情感，使品牌变得不可替代。（图 1–6）

图 1–6 利维与佳洁士品牌标志

（5）创造经济价值，获得附加收益。品牌为企业创造的附加价值来自品牌的溢价能力，一个强势品牌的产品能比同样的竞争品牌卖出更高的价格，这被称为品牌的溢价能力。品牌溢价能力是企业获得更高售价、更高利润率、更多盈利的有力武器。品牌的知名度、品质认可度、品牌联想等指标最终通过提升忠诚度与溢价能力使品牌具有更高的经济价值。

第三节 产品与品牌的关系

营销专家菲利普·科特勒指出，产品是指“提供给市场以满足需要和需求的任何东西”。由此可以看出，产品是从关注消费者需求开始，通过寻找并洞察消费者需求缺口，发现产品机会点，开发和设计产品并最终投入市场供消费者购买。

产品和品牌之间有一个重要的区别：产品是带有功能性目的的物品，而品牌除此之外，还能提供别的东西。所有的品牌都是基于产品的，一切脱离了产品的品牌塑造都是空中楼阁，品牌首先必须服务于一个功能性目的，但是，并非所有产品都是品牌。依据约翰·菲利普·琼斯的定义：“品牌”是指能为顾客提供其认为值得购买的功能利益及附加价值的产品。功能和利益是品牌的基础，附加价值是品牌定义中最重要的部分。

产品是工厂生产的东西，品牌是消费者所购买的东西；产品可以被竞争者模仿，但品牌则是独一无二的；产品极易迅速过时落伍，但成功的品牌则能经久不衰。品牌是一个在消费者生活中，通过认知、体验、信任、感受、建立关系，并占得一席之地的产品，它是消费者如何感受一个产品的总和。

案例 1-3 可口可乐：从美国文化的代表到创造快乐的体验

当我们提到可口可乐（Coca-Cola）时，可口可乐产品与可口可乐品牌是不一样的。可口可乐产品主要包括两个部分：药剂师约翰·潘博顿（John Pemberton）发明的糖浆，以及经典曲线瓶。可口可乐品牌所包含的内容却远不止这些，消费者并不仅仅将可口可乐看作一种软饮料，而更多的是将其视为美国的形象，对消费者来说，其吸引力不只在于原料和配方，更多的是其所表现出来的美国文化、怀旧情结及消费传统。

从视觉识别上看，Coca-Cola 的字体及色彩设计是其品牌的重要组成部分；从品牌文化上来讲，可口可乐体现着几代美国人乐观向上的品牌文化，对于许多美国人来说，“可口可乐是装在瓶子里的美国之梦”，它已经成为美国的一种象征。“二战”爆发后，可口可乐的第三代掌门人罗伯特·伍德罗夫做出了极有远见的决策——他们有意将自己的卖点升级为“美国的符号”，把可口可乐营销成“爱国”的代表。伍德罗夫曾命令，不管美国军队在哪里，都一定让每个士兵花五美分就能买到一瓶可乐，希望美国的士兵们不论在世界哪一个角落，只要看到可口可乐，就像回到了美国家乡。他们的做法很快就收到了回报，可口可乐在军队中特别受欢迎，这种来自家乡的饮料被当成了鼓舞士气的产品。

20 世纪 30 年代，可口可乐还创新了圣诞老人形象，将身着标志性红白两色的、快乐的圣诞老人与自家商品联系在一起，成功打造了品牌“创造和传递快乐”的形象。（图 1-7）

图 1-7 可口可乐海报

100 多年来，可口可乐的产品基本没有发生太大改变，但可口可乐公司一直在引领新的潮流，这就是品牌价值的创新，从美国文化的代表到“创造快乐”“分享”等价值主张，不断创造出品牌新的生命力。

由此可见，品牌远比产品的含义广泛，品牌具有不同的维度，其中包括有形的、理性的维度，这一维度与产品表现相关，如产品形式、构造、物理性能、功能等；另外还有象征意义、情感的、无形的维度，这些与品牌的附加价值和品牌代表了什么相关。

我们多次提到品牌的附加价值，那么附加价值是什么？它们从何而来？

马克思说，从产品到商品是一次惊险的跳跃，因为它实现了产品的价值，而从商品到品牌则是又一次惊险的跳跃，因为它实现了产品的附加价值。附加价值是所有企业家梦寐以求的，所谓名牌不过是附加价值更高的品牌，它们的产品能比其他普通品牌卖得更多、卖得更久，同时又比其他品牌卖得更贵。最重要的是，附加价值都是非功能性的，尽管偶尔会发现一些品牌将额外功能性用途看作是附加价值，但总体来说，大部分品牌的功能是已知的、特定的，附加价值是这些功能之外的非功能性利益。

就汽车而言，它的功能性利益是指它能为我们提供安全、可靠、方便和经济的代步工具；对一套衣服而言，是指它有保暖、遮羞的功能；对一瓶饮料而言，是指它能解渴或提供一定的营养；手机则能提供方便、快捷的通信。

除了这些功能之外的附加价值显然是最重要的，它们可以是源自品牌成长过程的附加价值，包括历史文化内涵、熟悉感、原产地及已知的可靠性和风险的减少，如中国的茅台酒，也可以是经由广告培育而成的附加价值。通过广告等营销传播手段建立并不断强化的品牌承诺和品牌诉求点，一种品牌为人们所熟知之后，就能使“品牌个性”这一重要的观念深入人心，也可以通过改变品牌的视觉因素增加品牌附加价值。

第四节　产品的品牌化

通常是有了一定的产品形式，然后思考要如何将一种产品品牌化。简单来讲，品牌化的工作就是要告诉消费者这个产品是谁（品牌元素），产品是做什么的，消费者为什么要关注和购买它。

品牌化是指赋予产品和服务品牌的力量，品牌化过程的关键是要让消费者认识到品类中不同产品之间确实存在区别，即建立差异性。

有些强势品牌的形成，是让消费者相信自己是同类商品中高质量的代表，如 Intel 处理器。Intel 从 1991 年开始实施“Intel inside”营销计划，与知名电脑公司 Dell、IBM 等合作，在这些公司销售电脑或做广告之际，将“Intel inside”的广告植入其中。连贯的营销策略让消费者在不知不觉中就产生了“要买内置 Intel 处理器的电脑”这一想法，或者“使用 Intel 处理器的电脑才是好电脑”这样的消费认知。

另外一些情况下，产品实质性的差异并不存在，品牌是通过形象或其他与产品无关的因素创建起来的。在时尚商品中品牌化的最佳案例是戴比尔斯（De Beers）钻石，以及瓶装巴黎水（Perrier）。

要想确保品牌化战略取得成功，必须让消费者确信在某类产品或服务中不同的品牌确实具有差异。

案例 1-4　时尚与浮华的瓶装巴黎水（Perrier）

巴黎水（Perrier）是来自法国南部韦尔热兹的天然矿泉水品牌，其成分具有一定的医疗效果，这一产品功效成为最初销售时主要的品牌诉求。1902 年，在巴黎水的投资者中，有一位具有贵族和上流社会身份的绅士，经营者抓住该契机，赋予品牌高贵典雅的气质，自此以后，在有关巴黎水的品牌联想中，贵族、高端的品牌形象开始建立。

1906 年，巴黎水设计了著名的水梨形小绿瓶。此后，这个精致优美的梨形瓶不断出现在巴黎水的宣传海报和其他媒体上，带给人们强烈的视觉冲击，到如今，已经成为巴黎水品牌的标志性图像元素。

在销售策略上，巴黎水将销售渠道重点放在餐馆、高档酒吧、飞机场、高级宾馆等处。这不但可以提高巴黎水的市场覆盖率，更重要的是在这些销售渠道中，巴黎水的定价往往较高，这样能帮助建立和强化高档的品牌联想。

在品牌传播上，巴黎水坚持艺术风格，不论是文案写作者、海报画家还是广告片的导演等，所有参与广告活动的人都是该领域的著名人士。巴黎水公司相信，富有创意的广告更有力量，动感、有张力的广告画面更能打动人心。长期以来，巴黎水在广告、促销和包装上都坚持走艺术之路。

然而，正如海报中所展示的，巴黎水在宣传中因为视觉表现过于突出性感和享乐主义，其品牌联想一度偏离了高端这一主基调，在消费者心目中产生了浮华、激情的品牌联想，对于这种品牌形象定位与消费者对品牌形象联想之间的偏差，需要瓶装巴黎水在后续发展过程中进行重新调整。（图 1–8）

图 1–8　瓶装巴黎水（Perrier）及海报

案例 1–5 “喜羊羊与灰太狼”的品牌化分析

2004 年 3 月，中国出台相关政策对国产动画片进行大力扶持，2005 年 6 月“喜羊羊与灰太狼”（以下简称“喜羊羊”）电视版出品，该政策让“喜羊羊”迅速占领荧屏，让观众迅速接受这一形象。其品牌化发展获得成功的原因可以总结为以下几点：

1. 内容设定

通过内容设计获得受众认可，提高品牌接受度。最初设计这部动画片时，主角锁定在懒羊羊，在讨论的过程中，主创组的人员认为喜羊羊聪明、伶俐，比懒羊羊更能赢得孩子的认可和家长的喜欢，而且喜羊羊的名字听起来更喜庆，就这样，喜羊羊篡位成为主角。因为家长们更关注动画片对于孩子成长的影响，所以创作动漫作品不仅要考虑商业价值，更要注重社会效应，主创人员希望把纯真和正义融入动画作品中，用幽默、童趣的形式吸引孩子们观看，同时也获得家长认可。

“喜羊羊”在题材上不断变化，在内容上注重融入时代元素。随着动画片的不断更新，动画形象不断成熟，“喜羊羊”的机智勇敢、“美羊羊”

的善良温柔、“懒羊羊”的乐观开朗、“灰太狼”的坚持，这些形象都深入人心，受到观众的喜爱。

2. 受众定位

初期，2005年至2008年左右，受众目标主要定位于低龄儿童，以4~14岁儿童和青少年为主，这是一群自然而然会被吸引的受众群体。为了能让小观众乐于接受并喜欢，制作方把设计好的动漫形象拿到幼儿园和中小学去征求意见，然后再进行反复修改，最后设计出性格各异、色彩鲜明、生动活泼的动漫形象。

中期，从2008年左右开始，将年轻情侣和白领等年轻观众也拉进消费阵营，白领特别是女性白领也是该片的重要观众。特别是“喜羊羊”系列大电影的推出，在电视版的基础上，剧场版强化了“灰”“红”太狼的夫妻对手戏，并在剧情中引入了“小灰灰”的形象，家庭与情感概念的介入，规避了“低龄幼童”的消费预期。（图1–9）

图1–9 喜羊羊与灰太狼动画形象

后期，自2009年开始，将受众目标延展至整个家庭，通过“喜羊羊”系列大电影打造合家欢式的贺岁片品牌。“喜羊羊”系列大影片加入大量流行话题和热点，使得动画片不再是儿童的专利，家庭中的其他成员也可以从中获得乐趣。“喜羊羊”系列大电影是适合全家一起观看的动漫作品，一方面，电影本身让成年人有认同感，是减压放松的好方式；另一方面，是在共同观看过程中也可以促进亲子关系，通过电影、电视情节的讨论形成更多话题，寓教于乐。

无论是可爱、生动的人物形象，还是简单、搞笑的故事情节，喜羊羊让不同年龄段的观众感觉到亲切，也是这个动画作品系列受欢迎的主要原因。

3. 发行渠道管理

“喜羊羊”的出品方有3家：上海东方传媒集团有限公司（SMG，原上海文广新闻传媒集团）、广东原创动力文化传播有限公司和北京优扬文化传媒有限公司。SMG是影片投资方、出品方，也是整个营销团队的发动机，其利用自身强大的媒介优势，积极整合电视、广播、报纸、移动平台的资源，进行宣传造势；广东原创动力文化传播有限公司拥有优秀的制作团队，一直致力于发展中国原创动画、成功培育出“喜羊羊”这个品牌；优扬传媒是国内最大的儿童媒介运营商，几乎买断了全国所有少儿动画频道的广告代理权，使“喜羊羊”广告在全国少儿动画频道全面投放。“喜羊羊”集中了从投资、创意制作到市场推广的强大资源，形成了多方位的立体架构，扩大了传播范围，提升了品牌的知名度。

电影上映前，发行方与国际知名快餐连锁店合作，以礼物形式派送350万个片中毛绒玩偶，去看电影的小朋友都有好礼相送，“很多小朋友就冲着这个东西，几次进出电影院”。

那首很多大人听半天也没明白的主题歌《别看我只是一只羊》，迅速在小观众中间广为传唱。在豆瓣论坛上，居然有人成立了“灰太狼小组”，天涯论坛上还有众多网友热火朝天地讨论这部动画片，在QQ聊天表情里，也出现了喜羊羊们胖乎乎的身影，甚至还有“做人要做懒羊羊，嫁人要嫁灰太狼”这样的网络流行语。

通过不断扩大观众群体，进行强势而高音量的品牌展露，创建内容相关的时尚话题，“喜羊羊”品牌在整个社会逐渐成为一种潮流元素，很多人都知道了“喜羊羊”里的各个角色形象，营销手段的配合使用更是令最初的卡通形象逐渐转变成为大人与小孩茶余饭后的谈资。开心、幽默的形象牢牢抓住了小孩子的心，也影响了年轻人与家长，再配合各种衍生品的推出，喜羊羊快速实现了产品的品牌化。

本章思考题

（1）你最喜欢的品牌是什么？请讲述你与该品牌之间的故事。

（2）选择某个品牌，从符号、形象和关系3个角度来诠释该品牌。

（3）你是否认为所有的东西都能品牌化？

（4）结合社会与经济发展的新趋势，你是否发现有一些新的产品品类进行了成功的品牌化运作，请列举一些案例。

本章延伸阅读：品牌化面临的挑战

品牌对于消费者来说依然重要，但是管理品牌比以前更难。Interbrand是全球最大的品牌咨询公司之一，依据其公布的全球最具价值品牌排行榜所做的对比表。可以看出（表1-1），十年间排行榜的前十位发生了很大变化。有些品牌具有惊人的持久力，几十年一直处于各自品类市场中的领先地位，也有一些品牌经历了从辉煌到陨落的巨大变迁，比如柯达照相机。从1923年到2005年，柯达都是市场的领导者，但因为数字技术的发展及价格竞争等原因，从2004年开始柯达就逐年亏损，至2013年正式提出破产申请，现在已经基本退出了市场。有些失败与一些不受企

表1-1 品牌价值排行榜

品　牌	2006 （10亿美元）	品　牌	2013 （10亿美元）	品　牌	2019 （10亿美元）
1. 可口可乐	67.0	1. 苹果	104.7	1. 苹果	234.2
2. 微软	56.9	2. 三星	78.8	2. 谷歌	167.7
3. IBM	56.2	3. 谷歌	68.6	3. 亚马逊	125.2
4. 通用电气	48.9	4. 微软	62.8	4. 微软	108.8
5. 英特尔	32.3	5. Verizon 电信	53.5	5. 可口可乐	63.3
6. 诺基亚	30.1	6. 通用电气	52.5	6. 三星	61.1
7. 丰田	27.9	7. AT&T 电信	45.4	7. 丰田汽车	56.2
8. 迪士尼	27.8	8. 亚马逊	45.1	8. 梅赛德斯奔驰	50.8
9. 麦当劳	27.5	9. 沃尔玛	44.8	9. 麦当劳	45.3
10. 奔驰	21.8	10. IBM	41.5	10. 迪士尼	44.3

业控制的因素有关，比如技术进步、消费者偏好改变，但有些失败要归咎于品牌管理人员的错误行为或不作为，他们没有正确对待不断变化的市场，坚持用千篇一律的态度经营企业。

表 1-2 从消费意识、传播环境、竞争环境和企业意识四个角度表明了当前品牌经营和管理面临的各种环境变迁与挑战。

表1-2 品牌经营面临的挑战

消 费 意 识	传 播 环 境	竞 争 环 境	企 业 意 识
● 情感化消费 ● 消费者增权 ● 分享途径增多 ● 对品牌的期望值	● 混乱的广告状态 ● 媒介碎片化 ● 非传统的传播形式运用增多	● 许多产品和服务已进入成熟期或者衰退期 ● 全球化、低价、品牌延伸使得新的竞争者不断涌现	● 成本增加带来压力 ● 市场经理们承受着短期盈利的压力 ● 权宜之计的品牌管理意识诞生

如今，消费者对各种营销手段都非常熟悉，他们对品牌宣传有更严苛的要求，他们拥有许多媒体接触渠道，见多识广，不再轻易相信广告上见到的一切，广告效果再也无法像大众媒体时代那样立竿见影。同时，消费者对情感化的产品设计与社交化、体验化的营销方式颇为青睐，营销管理者需要关注消费者内心的情感和社会需求，优化产品的使用体验，开展深入人心的品牌传播和推广方式，以建立品牌与消费者之间的情感联系，增强品牌信任度和品牌忠诚度。

新媒体的快速发展从根本上改变了品牌面临的传播环境，传统广告方式式微，传统广告媒介也逐渐没落，在企业的媒介投放费用中，数字化新媒体逐渐占上风。除了网页广告之外，网络论坛、虚拟社区、移动应用、微博、微信等各种社交媒体上的内容营销和互动传播，视频网站等，成为当下品牌营销传播的重要阵地。

以耐克为例，自 2012 年起耐克将其在电视及平面广告等传统媒体的支出缩减了 40%，转而将费用投入开展数字和社交化营销。在国际市场，耐克利用诸如脸书（Facebook）、YouTube、推特（Twitter）等社交网络进行宣传，在中国则选择了微博、微信等本地市场最受欢迎的社交平台，建立各种类型的品牌社区，通过在社区中鼓励用户分享自己的跑步经历，号召更多人一起运动,这种社交圈自发组织的力量吸引了更多的用户参与，这种营销方式奠定了耐克品牌“跑步、运动”的独特调性。2010 年，耐克在“Nike+”社区及系列产品基础上成立了“耐克数码运动”(Nike Digital Sport)。数码运动部的工作除了研发各种设备和技术之外，还有一个重要的工作内容，即通过掌握消费者的各项数据，追踪消费需求，创建和维护在线社区，以建立品牌与消费者之间前所未有的紧密联系。

耐克将品牌传播从电视、平面等传统媒体转向脸书、推特等平台是其传播策略转变中可见的部分，背后的意义在于数字化改变了品牌与消费者之间的关系，数字化为耐克提供了一个“和消费者沟通并建立关系的新方式”。

除了来自消费市场和传播环境变迁的压力之外，新产品上市和迭代速度的加快、竞争环境的加剧、企业品牌管理者因短期盈利目标的压力而制定的各种权宜之计的品牌策略，都是当下品牌发展面临的重大挑战。

第二章 品牌策划内容与方法

策划是一个系统工程，是贯穿策划活动全过程的思维方式、管理方式和执行方式，是一个从战略到执行的综合系统，策划的对象范围非常广泛。品牌策划具有极强的实践性，能帮助产品实现品牌化，打造成功品牌，提升品牌资产。本章主要讲解品牌策划的内容、流程和方法，我们介绍了几个来自知名广告公司和品牌管理公司的经典品牌策划工具与模型，在此基础上提出了品牌策划的工作模块和相应的具体内容，这种模块化的工作划分是一种整体思维分析的方法，能为制定品牌战略和设计方向提供参考，也是一种有效的教学和实践工具。

第一节 策划的概念

一、“策划”的释义

首先，我们将“策划”二字分开，结合策划的行为特征进行汉字释义。

在汉语中“策”字有以下 3 个方面的含义：

(1) 带刺的马鞭子，是鞭策的工具，可引申为驱动的行为、发展的动力，表明了策划的原始目的；

(2) 编好的竹简，可引申为系统的文本，表明了策划的书写方式；

(3) 科举考试中的策问和对策，主要是指提出问题、找到解决方案、进行沟通，这表明了策划的主要工作内容。

对“划”字的汉字释义分为两个方面：

(1) 划（huá）算、合算，指成本概念和经济行为；

(2) 划（huà）分、界定，指市场区隔。

通过对汉字本身的意义溯源，并将其意义放置于策划工作的实践过程中，可以看出：“策”要求在工作中把握趋势、开启利好之门，能针对问题提出解决方案，面向未来确立发展方向；“划”要求在工作中界定事业范畴、明确事业领域，依据工作的目标确定工作步骤和流程，以及衡量指标，贯彻执行和落实计划。简而言之，策划是企业和组织为了达到一定的目的，在充分调查市场环境及相关背景的基础上，针对问题和发展机遇，遵循一定的方法或规则，对即将开展的工作进行系统、周密、科学的预测并制订可行性方案。策划是一个系统工程，策划不仅仅是一个主意、一个文本、一个计划，它是贯穿策划活动全过程的思维方式、管理方式和执行方式，是一个从战略到执行的综合系统。

策划的对象范围非常广泛，包括国家城市主体、社会主体、经济主体

3个主要部分。其中，国家城市主体的策划工作包括国家或城市发展战略、形象策略等，以宗教、社团、社区以及文化组织等为代表的社会主体的策划工作包括组织品牌发展战略、运营策略、形象策略等，以各类企业为主的经济主体的策划工作包括品牌发展模式战略、品牌形象策略、营销策略、传播和市场推广策略等。本书的策划对象主要是以企业和组织为主的经济主体，并主要聚焦于品牌策划工作。

二、策划的工作流程

依据策划的性质，我们可以将策划活动的流程划分为目的、目标、策略、计划、执行这5个部分。（图2-1）

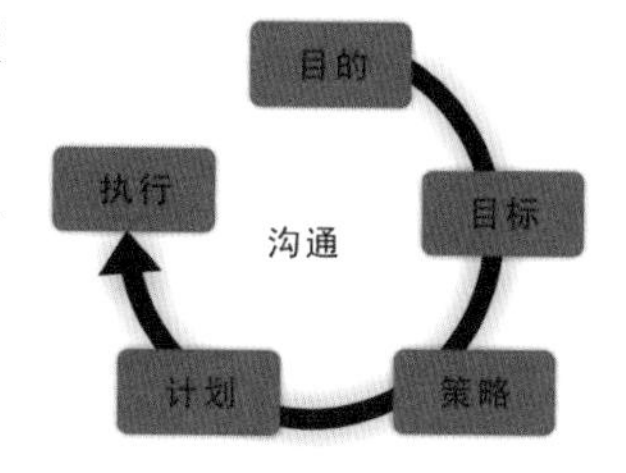

图2-1 策划工作的流程图

“目的”是策划活动要达到的最终效果或结果，是所有策划活动的方向指引；“目标”是要达到目的所制定的阶段性、量化的指标。“目的”和“目标”的区别在于，“目的”更抽象，具有统领性；“目标”更具体，是为了实现最终目的而进行的阶段性、个别化的追求和任务分解。“目的”所体现的内涵精神需要贯穿于各个具体“目标”之中。例如，作为大学生，我们可以设定大学学习目的，即通过大学四年的学习你想要达到的一种最终效果的设想，基于这个目的，我们可以给自己制订一个具体每个学年要达到的目标，或者在学习生活的不同方面要达到的具体目标。

“策略”是指可以实现目标的方案集合，是根据形势发展而制订的行动方针和方法，“策略”是整个策划工作中最有意义和价值的部分。“策略”包括以下几个关键词，即谋略和谋划、寻求合理的解决方案，以及解决方案的创新性，即基于某个行动目标进行谋划，以提供合理的、创新的解决方案。解决方案的合理与可行是基本要求，而创新性是对策略工作的更高要求。

如果劳动节放假5天，你想出门旅游，你的旅游策略是怎样的？

要制订一个合理可行的旅游策略，必须首先确定一个目标，而要确定旅游目标的同时也需要考虑自身资源情况，比如，可供旅游出行的时间和金钱，自己以及同行人员的意愿等。基于此，有的同学可能会想要来一场舒适、放松的休闲之旅，有的同学可能会来一场与老同学的聚会之旅，有的同学可能会想要来一场博物馆、展览馆的学习之旅，还有的同学会来一场民风民俗的考察之旅，等等。基于这样的不同目标，在制订旅游策略时，有些人会选择跟团旅游，有些人选择自助游；在交通工具的选择上，有些人会选择坐飞机、有些人会选择坐动车，还有些人可能会选择自驾；在住宿方式的选择上，有些人会选择高级酒店，有些人会选择民宿，还有些人会住在自己目的地的朋友家里。同理，在有关旅游景点的选择上，也会有不同的解决方案。

“计划”是对自身资源的合理优化组合，在整个策划活动中，“计划”是指基于工作目标和工作策略，对未来一定时期内关于行动方向、内容和方式等的安排，包括具体的行动时间节点、行为方案、活动安排等。在上述旅游例子中，“计划”是指排定旅游的日程、出行时间、具体活动安排等。

最后是“执行”，是指依据计划来具体实施行为的过程。包括调动所有相关的人、财、物来配合行动，以保质保量地完成整个行动方案。

在策划的整个流程中，除了上述5个环节之外，还有一个重要工作就是“沟通”。“沟通”是贯穿整个策划过程的必不可少的一项工作，与整个策划活动中可能涉及的相关人员进行及时有效的沟通，以保证整个策划工作的每一步顺利有序地进行。

案例 2-1　联合利华产品品牌视觉创新策略

联合利华公司生产了一款衣物去污剂（洗衣液），如何通过创新性的推广策略来宣传该去污剂？

这是联合利华公司的真实案例。家用日化品市场领导品牌宝洁一直以来针对去污剂产品的推广策略是颂扬“更加洁白”，认为去污剂就是用来对抗污渍的，作为竞争者的联合利华如果采取同样的宣传策略与宝洁进行市场竞争，那么无论是想要获得销售成功，还是建立品牌差异化，都是非常困难的。

面对宝洁公司的竞争优势，联合利华的广告代理商灵狮广告（Lowe）希望能另辟蹊径，提出更能与消费者产生情感共鸣的方法。他们决定反其道而行之，去颂扬污渍，提出污渍是快乐的、放松的象征，不要对抗污渍，而是要拥抱污渍，这个洗衣液帮助你将“污渍”的顾虑带走，协助你拥有更多乐趣，而不是成为你和乐趣之间的障碍。

这种传播推广策略其实是在心理上将人们对该类产品的认知从理性的视角转移到一种更感性的视角，引起人们对内心、环境、家庭生活的重新认知。大多数洗衣液品牌都将焦点放在“洁净”上，这是这类产品带来的理性功能层面的好处，也是许多广告的诉求点，宣称能对抗污渍。父母讨厌看到他们的小孩变得肮脏，清洗衣服的烦恼和抱怨增加了亲子关系的负担，无助于建立家庭和谐，也无助于对品牌产生喜爱之情。

污渍真的是坏东西吗？必须重新审视这个传统的认知了。尝试从孩子的视角，或者从我们自身的成长过程来看，污渍本身可能见证了许多成长和快乐的时光。比如对运动员来说，汗水是好的、健康的；从父母自身的角度来看，孩子在泥地中、在大自然里探索，也是成长的经历和尝试，孩子在运动场运动、在赛场拼搏，会带来更健康的身体和品行。所以，换一个视角来看污渍和泥巴，污渍是否可以成为一种放松气氛或象征自由的符号呢？它可以成为乐趣的象征，也是人们享受生活的证明，是日常生活之外一个独特的时刻。如果这样，那么污渍就不是痛苦，而是与欢乐有关。

对于父母来说，“颂扬污渍”将洗衣液变成迈向幸福的工具，能帮助构建高质量的亲子关系，是帮助解救家务缠身的母亲的得力助手。

基于上述创新性的策略分析和洞察,SPLAT！（啪搭！）有机星状“污渍”图案诞生了，联合利华将它装饰在旗下洗衣液产品的包装上，它使得令人害怕的“污渍”变得美丽,向消费者传递出自由和释放的信息。(图2-2)

就像可口可乐飘扬的丝带或耐克勾勾的嗖嗖声，“啪搭！”的出现是创新性策略思维的结果，成为了联合利华公司知名的识别符号，传达了商品本身与品牌的态度和主张，也让联合利华成为更受父母和孩子喜欢的品牌。

图2-2 奥妙SPLAT！（啪搭！）有机星状“污渍”图案

第二节 品牌策划的模型与方法

品牌策划是一个从战略到执行的综合系统，具有极强的实践性，品牌策划能使企业和产品在消费者脑海中形成区隔和差异，能使消费者与企业和产品之间建立独特的关系，最终成功实现品牌化，打造具有知名度、美誉度、忠诚度的成功品牌，提升品牌资产。然而品牌策划并无定式，在本节内容中，我们先给大家介绍几个知名的广告公司和品牌管理公司的品牌策划方法与模型。

一、电通公司的品牌构筑模型

电通集团（Dentsu Group）是日本最大的广告与传播集团，总部位于东京，前身为1901年创立的“日本广告会社”和1907年创立的“日本电报通信社”，提供新闻和广告代理服务。1936年电通转让新闻通讯部门，改为专营广告代理公司，也是目前全球最大的独立广告公司。电通以其“全方位沟通服务”理念闻名于世，具备最先进、最尖端的品牌传播和管理知识与技术，总能理解客户真正的需求，具有极强的服务能力。电通于1994年5月正式进入中国市场，与中国国际广告公司及民营企业大诚广告合资成立了北京电通。接下来我们主要介绍电通的2W1H模型和电通蜂窝模型。

（一）电通2W1H模型

2008年前后，电通公司提出了品牌构筑的2W1H模型，该模型认为品牌由3个部分构成：Who you are（你是谁）、What you do（你做什么）、How you say（你怎么说），这3个部分分别对应品牌识别、品牌经营、品牌传播。电通的2W1H模型实际向我们指明了品牌日常策划和管理工作的3个重要内容，即品牌识别战略、品牌经营战略和品牌传播战略，这也是我们品牌策划工作最根本的内容。（图2-3）

图 2-3　电通 2W1H 模型

很多人认为品牌是关于传播和广告的，是关于你怎么说。但这种认知是错误的，因为如果没有一个很好的产品，不管你怎么说、怎么做，消费者最终都会认识到你所说的一切都是谎言。所以，不管在什么时候，品牌在传播层面的战略都要和经营层面的战略相匹配才能获得成功，在这之前你还需要明确，在品牌构筑中有一个更重要的要素，那就是“你是谁”，也就是品牌的识别战略。品牌如人，界定你是谁及你想成为一个什么样的人是非常重要的，“你是谁”定义了你做什么和你怎么说。

我们首先来看品牌识别的内容。在品牌识别战略中，品牌相关的人、品牌起源、品牌价值观、品牌愿景、品牌信仰和品牌已有的成就都界定了“你是谁”这个问题。

案例 2-2　品牌识别之品牌相关的人——乔布斯与苹果公司

乔布斯去世后，苹果公司在官网上设立了向他致敬的网页，页面上这样写道：“一位富有远见、充满创意的天才离开了苹果，一位杰出的、了不起的人物告别了世界，有幸与他结识并共事的我们，从此失去了一位挚友、一位精神导师，他留下了一家唯有他才能创建的企业，他的精神将成为苹果永续前进的动力。”

乔布斯是苹果公司的创始人之一，被誉为苹果公司的梦想家，从上述的致辞中我们可以看出，乔布斯是确定苹果公司品牌识别的重要人物，凭借其卓越的领导才能和鲜明的个性特征，他赋予苹果公司和产品独特的个性，带给全世界的消费者全新的科技生活体验，让企业价值得以完美实现。他的领导是公司正确决策的保证，是苹果团队创新精神的保证，是苹果产品市场份额的保证。

案例 2–3　品牌识别之品牌价值观—谷歌的品牌价值观

众所周知，谷歌公司有非常著名的十大价值观：

（1）以用户为中心，其他一切水到渠成；

（2）心无旁骛、精益求精；

（3）快比慢好；

（4）网络的民主作风；

（5）获取信息的方式多种多样，不必非要坐在电脑前；

（6）不作恶也能挣钱；

（7）信息永无止境；

（8）信息需求没有国界；

（9）没有西装革履也可以很正经；

（10）没有最好，只有更好。

谷歌公司将“不作恶”作为最核心、最基本的价值观，正是这些具有道德约束性的价值观，使得谷歌公司凭借技术创新和卓越成就，成为推动人类社会信息化发展的重要驱动力。

其次，是品牌经营战略，品牌提供什么样的产品和服务，怎样配送这些产品，怎样销售这些产品，企业承担怎样的社会责任，都界定了“你做什么”这个问题。

案例 2–4　品牌经营——宜家的品牌经营之道

图 2–4　宜家卖场与展示方式

宜家创始人 Ingvar Kamprad 于 1943 年创建宜家，如今宜家集团已成为全球最大的家具家居用品销售商，产品涵盖座椅 / 沙发系列、办公用品、卧室系列、厨房系列、照明系列、纺织品、炊具系列、房屋储藏系列、儿童产品系列等众多类别，致力于为大众提供买得起的家具。

宜家产品具有浓厚的北欧风情和后现代主义风格，强调产品“简约、自然、清新、设计精良”的独特风格，现代但不追赶时髦，实用但不缺乏新颖，注重以人为本，从多方面体现了瑞典家居的古老传统。宜家采用情景式模拟家居空间的展示方式，充分诠释了家居用品的使用方式，使人产生很真实的现场感，顾客可以原封不动地把展示区的摆设方式搬回家，并得到和商场几乎一样的效果。在宜家卖场，消费者可以亲身体验每一样产品，每一个宜家商场都有完善的配套设施，如儿童游乐场所、美味的宜家餐厅，让消费者将购物过程变成一个真正享受生活的过程。（图 2–4）

与其他设计水准相当的家居品牌相比，宜家的最大优势是价格低廉。宜家产品实行不典型的设计和生产流程，由宜家公司先进行产品定价，再开始产品设计，采用低成本设计理念，在整个设计过程中都不放弃对成本的控制，使产品能够在保证高品质的同时实现低价。

宜家的大部分产品采用平板包装或可叠放设计，降低了家具在运输和储存过程中的损坏率及占用仓库的空间，同时降低了运输成本。在宜家，客户的自主性很强，他们在宜家卖场内自行挑选家具并到仓库提货。由于大多数货品采用平板包装，包装内附带工具和详细说明书及结构图，顾客可方便地将其带回家并独立进行组装，在节省搬运费的同时，也增加了动手的乐趣。

宜家公司还非常注重承担社会责任，多年来在人权、环保、慈善事业方面做了很多工作。宜家支持《联合国工商业与人权指导原则》，并在整个价值链中推行这些指导原则，其包括：无童工、无强制性用工和抵债性用工、无歧视、结社自由、最低工资及加班补贴、安全健康的工作环境，防止对空气、土地和水造成污染，减少能源消耗等。作为北欧家居设计风格的典范，宜家的产品一直以天然环保的材料、创新性的造型结构以及简洁的包装实践着生态设计的理念。大量的公益行为帮助宜家树立了良好的“企业公民”形象。

通过上述种种经营，宜家努力践行着“为大众创造更加美好的日常生活”这一品牌愿景。

最后，是品牌传播战略，是指品牌使用包括广告、促销、公共关系、赞助、名人背书、口碑等各种传播手段来进行品牌宣传和推广。品牌传播战略是关于品牌怎么说和说什么的问题，品牌传播会对品牌识别产生重要影响。

案例 2-5　品牌传播—哈根达斯的品牌传播策略

哈根达斯于 1976 年开设了全球第一家专卖店，希望向消费者传递高雅、悠闲、舒适、奢华的品牌形象。后来随着时代的变化，以及哈根达斯广告语“爱她，就请她吃哈根达斯”深入人心，顾客对它的印象逐渐从奢华转变为高品质与浪漫爱情。直到现在，高品质和爱情成为哈根达斯开展品牌传播的重要主题。（图 2-5）

图 2-5　哈根达斯平面广告

“美味的哈根达斯，就像黄金里的24K足金，是‘冰激凌领域’中的极品之作。”

“汽车有劳斯莱斯，冰激凌有哈根达斯。”

“总在不经意的时候，给你带来一份最细致、体贴的关怀。”

“爱她就请她吃哈根达斯。”

哈根达斯的这些广告语充分展示了哈根达斯高端品质、浪漫的品牌形象。相比和路雪等大众化的冰激凌食品，哈根达斯的目标消费群体要小得多。哈根达斯几乎不上电视广告，因为电视的覆盖面太广，对哈根达斯来说反而是一种浪费，所以大部分的哈根达斯广告都是平面广告，在一些特定的媒体上发布有针对性的大幅广告。

哈根达斯所有的旗舰店都不惜重金装修，竭力营造一种轻松、悠闲、舒适、具有浓厚小资情调的氛围。哈根达斯店面一般都不大，以暗红色为基调，保留了欧洲的装修风格，店内常播放轻松的背景音乐。（图2–6）

图2–6 哈根达斯店铺内景

哈根达斯早期在伦敦进行了一项艺术赞助活动，活动围绕主题“哈根达斯——献给快乐，献给艺术”，以强化品牌形象，在伦敦上演歌剧《唐·乔万尼》时，男主角演到一段要冰水的剧情时，他收到的是一盒哈根达斯，此项赞助活动精准定位于品牌的目标消费者，结果十分成功。

在中国市场，哈根达斯于2010年年底签约李娜作为品牌形象代言人，因为网球是古典的贵族运动，符合哈根达斯的高端定位。2011年哈根达斯任命奥美体育为服务顾问后，奥美体育便帮助哈根达斯围绕对李娜的赞助进行了品牌形象、产品推广及网络互动等多种营销传播推广服务，哈根达斯试图通过这些传播活动营造一种精致、浪漫的气氛，鼓励人们追求高品质的生活。

（二）电通蜂窝模型

电通蜂窝模型脱胎于大卫·艾克教授的品牌识别系统理论，它以核心价值（即消费者对品牌的核心认同）为中心，由符号、权威基础、情感利益、功能利益、个性、典型（理想）顾客形象 6 个品牌要素呈蜂窝状构成，形成一个成长与扩张的结构，把围绕在品牌核心价值周边的多个品牌识别要素统合在一致的品牌信息之上，架起了核心价值与顾客间沟通的桥梁，使抽象、模糊的核心价值有一个清晰合理的结构，也为具体的营销活动提供了一个思考框架和行动建议。因此说，蜂窝模型是将品牌定位与消费者认知相结合的品牌策略图。（图 2–7）

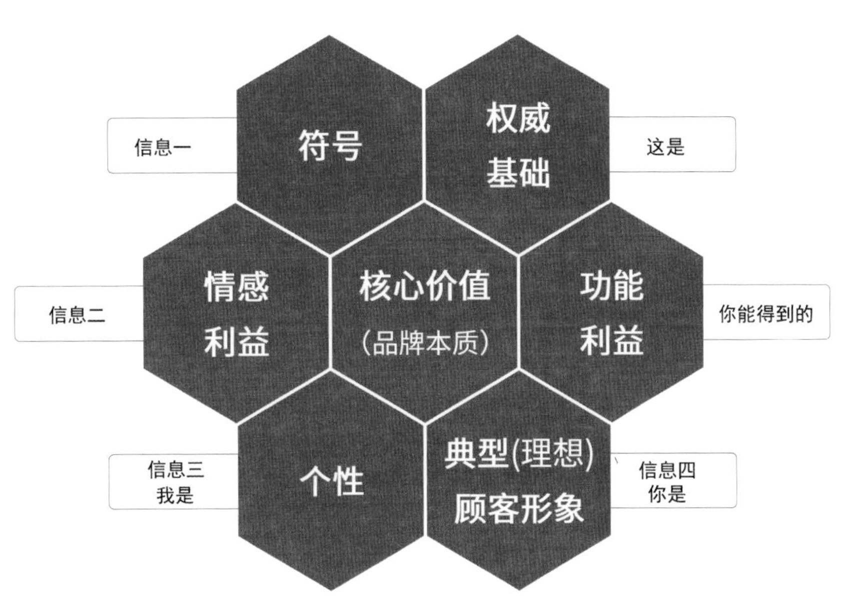

图 2–7　电通蜂窝模型

（1）核心价值。核心价值代表着一个品牌最中心、最本质、且不具时间性的要素。

（2）符号。包括视觉形象和隐喻，将抽象的品牌形象凝结成具象的符号内容。

（3）权威基础。彰显品牌价值的一些基本事实，包括产品特征、历史、推荐者等。

（4）个性。人格化、差异化的品牌优势，是与目标消费者建立良好关系的方法。

（5）情感利益。品牌赋予消费者的一些情感共鸣。

（6）功能性利益。品牌向消费者展示对其有意义的功能性价值。

（7）典型顾客形象。理想化的顾客形象能成为一个品牌个性的强力驱动来源，让典型消费者接受品牌价值、帮助品牌成长。

如何让品牌直达消费者内心，如何勾画出明晰的潜在顾客心智图，从而让品牌定位更加精准？电通蜂窝模型从品牌传播内容整合出发，建立起一套品牌构建与诊断的解决方案。在理论根源上，蜂窝模型脱胎于艾克教授的品牌识别系统理论，艾克教授认为品牌识别是品牌战略制定者立志建立或保持的一系列特定的品牌联想。品牌联想的建立主要来自 4 个方面：品牌作为产品、品牌作为组织、品牌作为人、品牌作为符号象征。艾克教授用品牌识别系统图清晰地表达了这种结构。（图 2–8）

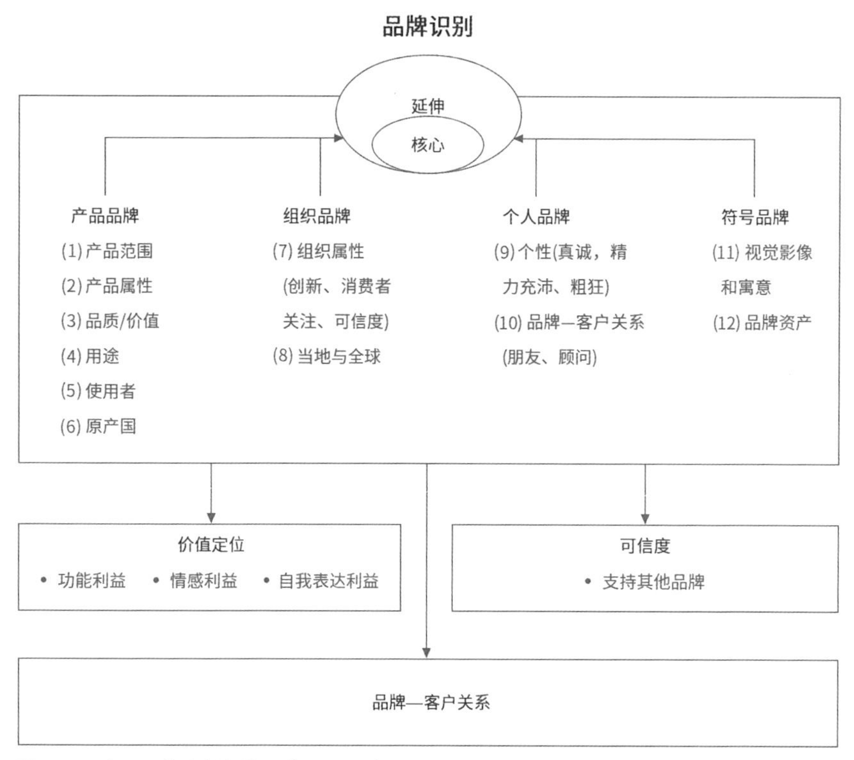

图 2–8　大卫 · 艾克教授的品牌识别系统图

电通公司在开发蜂窝模型时并没有打破艾克教授品牌识别系统的内部体系，但是它巧妙地借用了精巧的蜂窝结构，并利用蜜蜂筑巢的概念，将围绕品牌核心价值的各种要素完美地组织起来，使核心价值通过周边各要素实现与顾客的沟通，并且在沟通中保持信息的一致性，使蜂窝模型在艾克教授理论基础上具备更多的现实操作性。

案例 2-6　泰国旅游品牌更新计划（图 2-9）

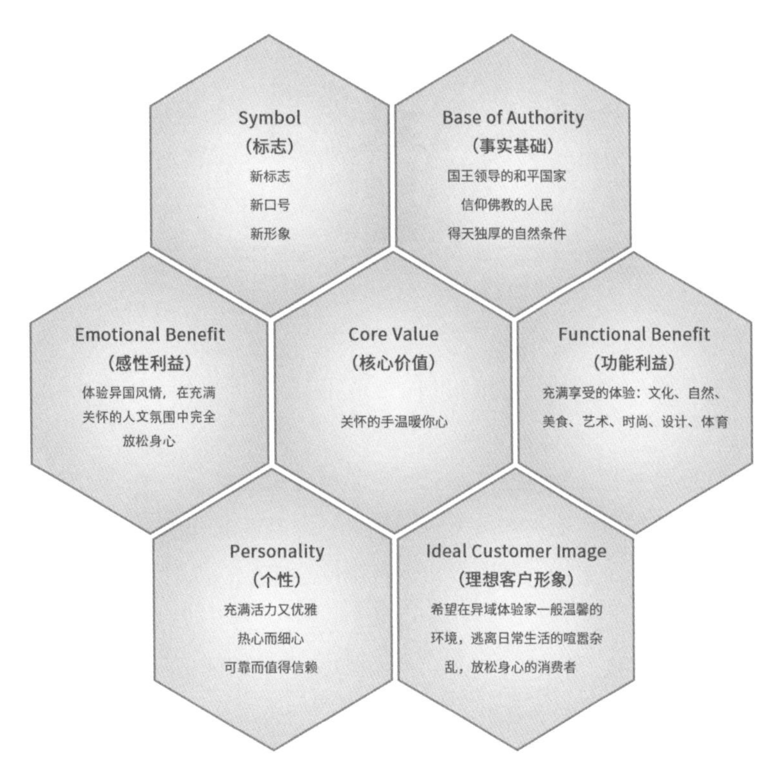

图 2-9　泰国旅游品牌蜂窝模型

二、奥美 360 度品牌管理法则

20 世纪 90 年代中叶，随着整合营销传播（IMC）观念的风行，奥美国际（O & M）提出 360 度品牌管理法则。360 度品牌管理强调在品牌与消费者的每一个接触点上实行传播管理。奥美的品牌管理之道，是一个完整的作业过程，它确保所有的活动都能反映并忠于品牌，以及积极地去管理产品与消费者的关系。

可以看出，所谓的 360 度，就是预测消费者与品牌的每一次接触机会，针对每一次机会，传达合适的信息，多渠道、多维度关注品牌与消费者的接触点，使消费者获得经验更容易，品牌展示的信息更丰富。（图 2-10）

360 度品牌管理法则提出的企业品牌资产体现为以下 6 个方面，如果想提升品牌资产，就要从以下 6 个方面去努力：

（1）品牌的产品：产品功能是否足够支持品牌。

（2）品牌声誉：品牌是否有良好的声誉。

（3）消费者：品牌是否有一群忠诚的消费者。

（4）销售渠道：品牌与销售渠道是否匹配。

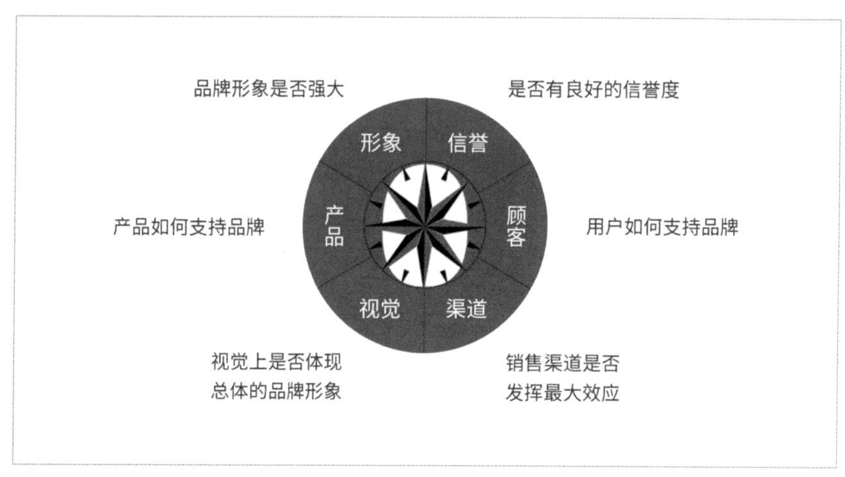

图 2-10 360 度品牌管理法则

（5）品牌视觉识别：品牌是否拥有足够体现品牌形象的视觉资产。

（6）品牌形象：品牌形象是否够强大，并且能够与消费者引起共鸣。

针对上述 6 个方面，可以提出一连串问题来检视品牌现状。

有关产品的问题：

· 这个产品有何优于竞争者的基因？

· 产品的表现是否符合预期的水准？

· 有哪些关于产品的信息可增加它的吸引力？

· 这个产品是否有最佳的性价比？

· 假如你可以自由发挥，有没有你希望改变的地方，能让产品更具吸引力？

有关形象的问题：

· 本品牌所拥有的态度和价值观与今天的市场是否相关？

· 哪些人与品牌最接近？特定群体还是广泛人群？

· 与竞争对手相比，品牌的风格有多独特？

· 在品牌的形象背后，是否存在一个很强的创意点？

· 品牌的“音量”是否足以影响它的形象强度？

· 如果形象存在缺陷，是何种原因造成的？

有关消费者的问题

· 在何种情况下，顾客开始接触或不再接触本品牌？

· 在本品牌的目标消费群中，它是否被广为接受？

· 谁对本品牌更有影响力？使用者还是购买者？

· 忠实消费者对本品牌的价值是什么？

· 本品牌是否过分依赖于忠实消费者？

有关销售渠道的问题

· 现有的销售渠道组合对于品牌销售和形象建设是否最合适？是否有新的销售渠道可以发展？

· 在重要的销售渠道中，品牌铺货及陈列是否最优化？

· 业务人员和渠道活动是否配合畅顺？

· 潜在消费者是否知道在哪里可买到本品牌？

· 售后服务如何有效地支持本品牌？

有关视觉识别的问题

· 品牌外观跟感觉与品牌背后的企业愿景及价值观是否匹配？

· 品牌的色彩、商标、符号等与品牌是否有关联？本品牌在视觉层面是否一致？

· 品牌所有的视觉方面是否有现代感？或者有品类中领先者的印象？

· 本品牌在外界是否到处都可以看得见？

· 本品牌在店内的视觉冲击力有多强？

有关品牌声誉的问题

· 谁对这个品牌有最大的影响力？或对消费者购买决定有影响力？

· 媒体报道对本品牌的态度如何？

· 专家推荐本品牌时的意愿如何？

· 本品牌是否做到了它的承诺？

· 本品牌是否打造了一个良好的社会公民形象？

· 本品牌的员工对品牌的感受如何？

在上述6个品牌资产元素分类的基础上，奥美将360度品牌管理法则进行了细化，设计出了品牌罗盘，这是一个帮助企业对品牌进行360度管理和思考的视觉化工具。（图2–11）

该罗盘被分割为6个部分，其中包含许多跟某一个资产有关的主要元素，越往中心部分的元素越具策略性特性，越往外层的元素，越变得更具体。最外面的边缘部分是品牌与消费者的接触点，即品牌呈现于消费者面前的实际场所。

作为解析品牌的提示清单，通过罗盘图既可以发现品牌与对手在每一方面表现的对比，也可以了解创意想法是否被充分运用于每个元素上，同时也可评估各元素间相互作用的空间有多大。对于企业和品牌所存在的弱点，罗盘并不会告诉你解决方法，但可以帮助企业诊断问题所在，并依据这些板块和具体表现来寻找解决方案。

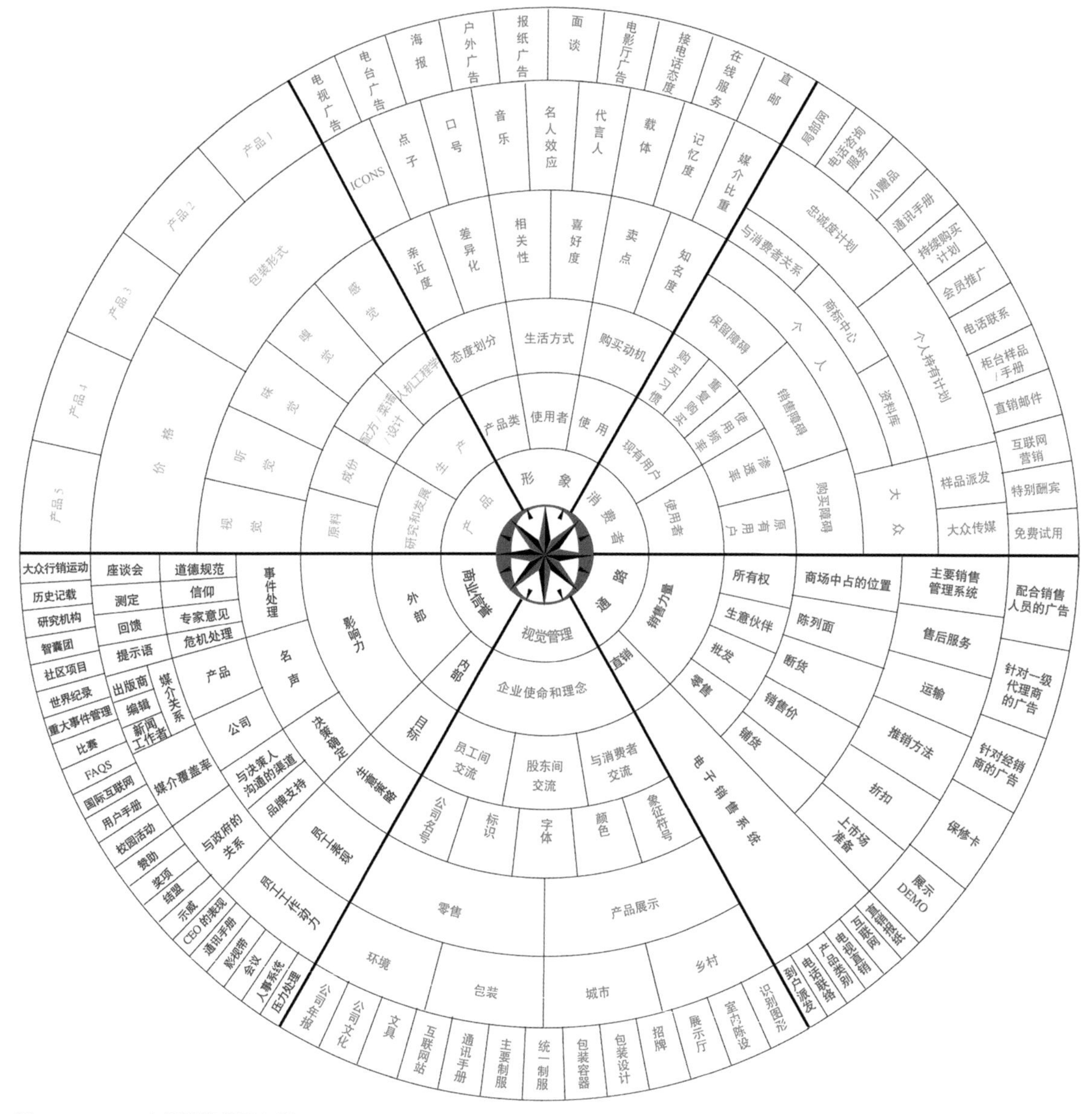

图 2-11 360 度品牌管理罗盘图

三、智威汤逊品牌全行销计划

智威汤逊创始于1864年，是全球第一家广告公司，也是全球第一家开展国际化作业的广告公司。智威汤逊公司提出品牌全行销计划(Thompson Total Branding)，这是一套切实可行的品牌策划与传播管理工作方法。该计划认为好的品牌创意概念能在每一个与策划相一致的传播渠道中都起到作用，结合广告、直效行销、促销、赞助及公关活动，协助企业达成短期业绩成长，创造长期品牌价值。(图 2-12)

智威汤逊将“品牌”定义为因消费者对产品或服务的信任而建立起来的一种持续上升的关系。产品是关于企业想要卖什么，而品牌则需要思考

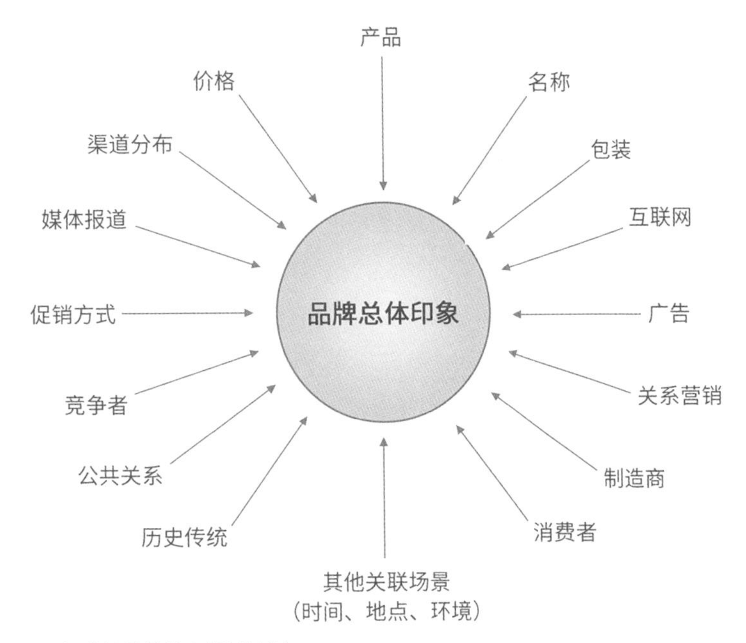

图 2-12 智威汤逊品牌全行销计划

消费者想要买什么。消费者对品牌的总体印象来源于以下多种渠道，即要让你的产品真正与众不同，企业必须为品牌找到一个大创意，让每一项日常营销工作都围绕这个大创意来进行。

基于此，智威汤逊的全行销计划提出品牌策划的五部曲：我们现在在哪里？我们为什么在那里？我们能到哪里去？我们怎么去那里？我们是否到达目的地？这五个步骤可以实现循环往复。

（一）我们现在在哪里？——收集事实资料

要对品牌目前所处的地位进行多层面的观察，要进行品牌评估和消费者调查，将调研结果整理成报告。调查内容包括：产业类别和市场现状、品牌当前的市场表现、消费者调研、消费者对品牌的认知、品牌个性、与品牌相关的传播活动及效果等。

（二）我们为什么在那里？——分析事实资料

基于收集的事实资料，对品牌现状进行有启发性的洞察分析。分析内容包括：品牌的 SWOT，目标消费者画像、消费购买系统、品牌资产检视、品牌传播模式及特征分析等。分析结果展示为如下 4 个重大发现：

· 产业发现：有什么趋势是你的品牌可以因势利导的？
· 品牌发现：你的品牌定位需要做什么改变？
· 消费者发现：消费者态度和行为有哪些关键点？
· 传播发现：什么样的传播元素组合值得发展？

（三）我们能到哪里？——制订工作方向

展望我们能到哪里，找到工作方向，其实是确立品牌策划工作的战略目标，通常包括以下几个方面的工作：

（1）确立品牌愿景。品牌愿景不同于品牌定位说明，因为它除了要把握理性关系外，还要抓住情感关系，其核心要点在于解释品牌所能提供给消费者的利益。通过界定品牌的本质，再用几个字表达出来，宜家“为大众创造更加美好的日常生活”是品牌愿景表达的经典之作。

（2）确立品牌关系。品牌的任务之一是要与消费者建立如同人际关系那样的联系，所以品牌要成为人的朋友、良师、顾问、亲人、可爱的伙伴等。

（3）确定品牌精髓。品牌精髓也称为品牌核心价值，包含功能性利益、情感性利益、自我表达性利益 3 个方面。功能性利益通常强调相关的产品属性，这种关联性能产生显著的优势，但也会把品牌局限于一个框架中。

功能性利益的品牌表达案例

· 大众汽车：德国工艺

· 宝马：终极的驾驶工具

· 施乐：数字化文件处理设备公司

情感性利益是指品牌能在消费者购买和使用的过程中产生某种感觉，冲击力强的品牌识别往往包含情感性利益，就像消费者在沃尔沃汽车里能有安全感，在穿上李维斯牛仔裤时会感到坚实和粗犷。以情感性利益和自我表达性利益为主的品牌属性来建立品牌和消费者之间的关系，奠定了品牌较高的基础，更能灵活地适应产品和市场的变化。当品牌成为人们表达个人主张或展现个人形象的媒介时，自我表现性利益也随之出现。

情感性和自我表达性利益的品牌表达案例

· 美国运通卡：做得更多

· 百事：新一代的选择

· 惠普：拓展可能性

· 耐克：超越

· 微软：帮助人们发挥潜能

（4）确定品牌个性。品牌个性能帮助企业在同质化市场建立差异化特征。品牌个性的价值在于，它能使品牌变得富有情趣、令人难忘，能激发起人们对品牌活力和朝气的关注。

（5）确立品牌符号。品牌符号可以提升到品牌战略的高度，成为品牌资产重要的组成部分，而不仅仅是传播环节中的一项工作而已。出色的符号系统能整合品牌，使品牌结构更清晰，更易于记忆。符号可以是以下内容：

· 一条广告口号（钻石恒久远，一颗永流传）

· 一个卡通人物（米其林的轮胎人）

· 一个视觉标识（被咬了一口的苹果）

· 一种色彩（蒂芙尼蓝）

· 一段乐曲（英特尔广告结尾曲）

（四）我们怎么去那里？——品牌愿景和目标战略的执行

找出品牌愿景在创意上的表达，即找到品牌创意（Branding Idea），围绕品牌创意拟订出一套传播计划，将品牌创意落实到传播计划中，分配各种传播方式的角色和任务及评估方法。

如果说品牌愿景是品牌对内的表征，那么品牌创意就是一种对外的表现。有了品牌创意作中心，企业就不需要再把想法局限于某一种传播计划，而是想到“我要如何赋予品牌生命”。如果没有一个前后连贯、重点明确、在所有的传播渠道都能通用的品牌创意，则这个品牌就不可能在今天这个纷繁复杂的媒体环境中始终如一，忠于自己。

品牌创意通常来源于对品牌传统、品牌已有优势资产、品牌消费者等方面的洞察。苹果公司的品牌创意是“疯狂不羁的天才，改造世界的人”。

在确立品牌创意之后，智威汤逊品牌全行销计划开始着手于传播工作。传播计划（Communications Plan）的目标是决定选择何种传播渠道和传播方式，让品牌创意得到最有效、最具说服力的传播效果，使品牌闻名的不只是创意本身，还要看你如何将它传播出去。思考消费者会如何接收媒体信息，该如何选择最佳的媒体和传播方式组合，将线上传播与线下传播相结合，在消费者最容易、最愿意接触的时间和地点，将品牌信息传播出去。

（五）我们是否到达目标？——工作评估

对前述工作进行评估，是为了了解在达成目标的路上有什么进展，后续工作该如何更好地开展。任何传播方案都要有一个明确的目标以及行动标准和评价工具。常见的评估内容包括：品牌概念调查、广告概念调查、消费者调查、符号语言学分析等。基本的评估标准包含以下 3 个方面：

· 传播评估：你的目标受众对于传播信息的注意和了解程度如何？

· 行动评估：对于你的传播活动，目标受众有何种回应？

· 参与评估：在有关品牌认知和互动参与方面，你的传播对目标受众发挥了多大的影响力？

全行销计划能帮助企业了解消费者是如何接收传播信息的，并协助企业创造出一个在任何媒体下都能大放异彩的品牌创意，帮助企业策划更有效的、全方位的品牌传播策划。

第三节 品牌策划内容与流程

一、品牌策划的内容

上面我们讲到的电通 2W1H 模型和蜂窝模型、奥美 360 度品牌管家、智威汤逊品牌全行销计划，是各品牌管理公司与广告传播公司在新的营销和媒介环境下推出的品牌策划与管理工具，其中，2W1H 模型是高度概括的品牌构筑要素模型，360 度品牌管理法则侧重于对消费者品牌接触点的管理，品牌全行销计划侧重于开发品牌创意并通过媒体资源的优化整合来传播品牌创意，电通蜂窝模型侧重于传播内容的整合。不管哪种模型和方法，从本质上来看都有共通之处，这里我们重新梳理一下品牌内涵和价值的进化过程，看看品牌策划工作本质上究竟包含哪些内容。

最初，品牌被用以标记牲畜以表明所有权，这种所有权意味着其他人未经品牌所有者许可，不能使用本品牌。此时，品牌最大的意义在于识别，识别所有者，识别某个特定的企业组织或者产品来源。这种品牌内涵和价值一直保持至今，商标和视觉符号的使用就是这种内涵价值的直接体现。

之后不久，品牌开始代表其产品，表明其质量和可靠性，指代品牌所具有的功能价值。企业要实现和传达这些价值，必须对产品研发、生产等环节和过程有良好的控制，此时，品牌的价值体现在产品功能价值与企业的核心竞争力上。

20 世纪 50 年代以后，品牌开始被赋予情感意义。对于品牌所有者来说，品牌的价值更多来源于消费者对该品牌的情感联系。消费者喜欢某个品牌的产品，因为有情感上的联系，企业希望通过品牌活动让这种情感联系能维持更长的时间，这种情感意义也与品牌背后的组织愿景或价值观有关，这样，品牌逐渐成为某种生活方式的代表。在 20 世纪 60 年代和 70 年代，像可口可乐一样，品牌信息几乎与产品属性完全分离。口渴时可以喝水，但只有可口可乐能代表快乐的社会交往和积极的生活方式。因此，对于企业来说必须加强对社会的了解以及不断创新品牌的含义，并通过整合优化品牌传播来向外传递品牌含义。到了现在，品牌作为企业的代言人，还需要协助企业承担更多社会责任，成为一个合格的“社会公民”。

通过上述分析可以看出，品牌内涵和价值的演变可以分为 6 个阶段，这6个阶段也代表了品牌构筑和品牌管理工作的主要内容：

· 识别与认可标志

· 代表企业核心竞争力与企业愿景

· 代表产品的功能意义

· 赋与情感意义，构建与消费者之间的情感联系

· 代表生活方式

· 承担社会责任，成为合格的“社会公民”

不论是电通的2W1H模型、蜂窝模型、奥美360度品牌管家，还是智威汤逊品牌全行销计划，虽然侧重点不同，但实质上都在致力于实现上述品牌化不同阶段的目标，这些不同的阶段性目标，也构成了我们策划工作的核心内容。

二、品牌策划的工作模块与流程

结合品牌的含义、品牌化阶段性的工作目标，参照国内外著名广告公司和品牌管理公司的品牌策划与管理工作模式，本书将品牌策划工作内容做了模块化安排，对应不同的板块工作大项和具体内容。（表2-1）

现有关于品牌策划的研究多集中在品牌定位、品牌识别与品牌传播方面，缺乏对建设品牌整体、系统的分析，倘若将这样的认知付诸品牌策划实践工作，或为无用功，或事倍功半。我们认为品牌建设应该是多维的，是一套系统工程，需要提供全方位的解决方案。在本书中，我们将从基础

表2-1 品牌策划工作模块

板块与大项			序 号	细 项
基 础	行业市场研究		1	行业趋势分析及预判
			2	主要客户群体需求挖掘
			3	竞争体间的优劣势比较
			4	企业自身资源分布状况
第一面	品牌商业模式设计		1	界定目标消费群体
			2	发现用户消费需求
			3	商业模式设计
第二面	品牌定位		1	品牌愿景
			2	品牌定位
			3	品牌个性、形象
			4	品牌核心价值
第三面	品牌视觉	VI设计	1	品牌元素，基本识别系统设计
		产品视觉	2	产品风格及经典设计元素
		包装风格	3	独特的包装风格形态以及经典元素

续表

板块与大项			序　号	细　项
第四面	营销战略 O2O 策略 体验设计	营销战略	1	产品策略
			2	服务策略
			3	产品价格策略
			4	渠道组合策略
			5	个性化营销
			6	社会化营销战略
			7	体验营销
		O2O 策略	1	线上平台策略
			2	线下模式策略
			3	引流及联动策略
第五面	多元化传播策略		1	整合营销传播策略
			2	年度及阶段传播主题与形式
			3	媒体运用策略
			4	广告策划
			5	社会化营销传播策略
			6	娱乐 / 体育 / 艺术赞助
			7	事件策略
			8	公关 / 公益活动

的市场分析和品牌商业模式策划开始，以消费者与用户需求为核心，通过商业模式设计解决消费者的特定需求；通过品牌定位与核心价值策划及设计，解决用什么不同的承诺满足差异化的消费群；通过营销策划解决如何让目标消费者更便捷地获得更好的消费体验；通过传播策划解决目标消费者的聚合与维系。

前一章深入剖析了品牌概念、品牌与产品的区别、产品的品牌化；本章讲述了策划的定义、品牌策划的工作内容。针对上述工作模块，同时基于全品牌策划的工作理念，本书后续内容做了如下安排：第三章讲解品牌商业模式策划与设计；第四章讲解品牌定位与核心价值策划；第五章讲解品牌视觉设计；第六章讲解营销战略策划与品牌体验设计；第七章讲解品牌传播策划与传播视觉设计。

本章思考题

（1）请阐述一下策划、策略、计划三者之间的区别与联系？

（2）选择某个喜欢的品牌，使用电通蜂窝模型对其进行分析。

（3）结合本章最后的品牌策划工作模块，谈谈该工作模块的内容安排与电通 2W1H 模型、奥美 360 度品牌管理法则、智威汤逊品牌全行销计划这些工作方法之间有什么区别和关联？

本章延伸阅读：天进品牌营销策划公司的工作内容和工作模型

作为本土广告公司，天进品牌营销策划管理有限公司关注经济社会和商业发展趋势，结合中国市场特征，形成了创新而独特的品牌管理体系，创建了多个品牌管理、策划与设计的工具和模型，创造性地运用互联网思维为企业提供品牌战略规划服务，从创新商业战略、品牌定位、全渠道数字营销策略、视觉锤、多元化传播及冠军基因 6 个维度创建独特而具有竞争优势的品牌生态圈模式，帮助企业完成品牌化、生态化、资本化、数字化的四化一体新商业转型升级。

天进品牌营销策划公司主要服务内容如下：

· 市场研究

· 创新商业模式战略

· 品牌战略规划

· 全渠道营销策划

· 品牌视觉锤

· 融媒体传播策略

· 数字整合营销策划

公司服务内容基本涵盖了品牌策划与品牌管理全方位的工作需求，同时公司与时俱进，结合数字化与新媒体发展的趋势创新服务内容。尤其值得一提的是，该公司在创始人冯帼英女士的领导下，提出了多个有影响力的品牌策划和管理工具，具有极强的实践性和指引性。

工具一：四化一体服务体系（图 2–13）

生态化

建立与用户之间的生生不息关系，占据价值链高端，打造多点盈利模式。

【明确发展目标、创新商业模式、规划业务布局、战略路径规划】

品牌化

创造不同生态圈的差异化价值，占据消费者第一心智，提高指名购买率。

【品牌定位、品牌价值、品牌口号、品牌形象、产品策略、定价策略、全渠道策略、传播策略】

数字化

数字化——打造生态化的基础设施和高速公路，全面实现企业的数字化创新转型。

【用户数字化管理策略、门店数字化运营策略、生产数字化管理策略、渠道数字化管理策略、供应链数字化管理策略、营销数字化运营策略】

资本化

资本化——做好匹配战略要素的股权配置，借助资本的手段引入相关重要资源。

【股权设计、融资计划、企业理财、并购重组、上市辅导】

图 2–13　天进四化一体服务体系

“四化一体服务体系”是面向新商业时代开发的企业顶层设计。天进公司意识到在当今的新商业时代，用户、品牌、技术、资本之间正在以更加充满想象力的方式结合与关联，革命性的创新将对当下的商业形态产生强烈的震动。天进创新性提出生态化、品牌化、数字化、资本化四化一体新商业战略设计，帮助企业重新梳理商业模式的内在逻辑，构筑全新的商业形态。

工具二：品牌魔方（图 2–14）

图 2–14 天进品牌策划工具“品牌魔方”（资料来源：天进品牌营销策划公司官网）

为应对互联网新商业变革，天进提出了“品牌魔方”这一工作模型，用互联网化、品牌化、数据化、资本化的思维打破商业、品牌、营销、传播之间的界限，从创新商业策略、品牌定位、全渠道数字营销战略、品牌视觉锤、多元化传播策略、冠军基因这 6 个维度帮助企业在新商业环境下快速成长为高价值的品牌。

工具三：品牌生态圈（图 2–15）

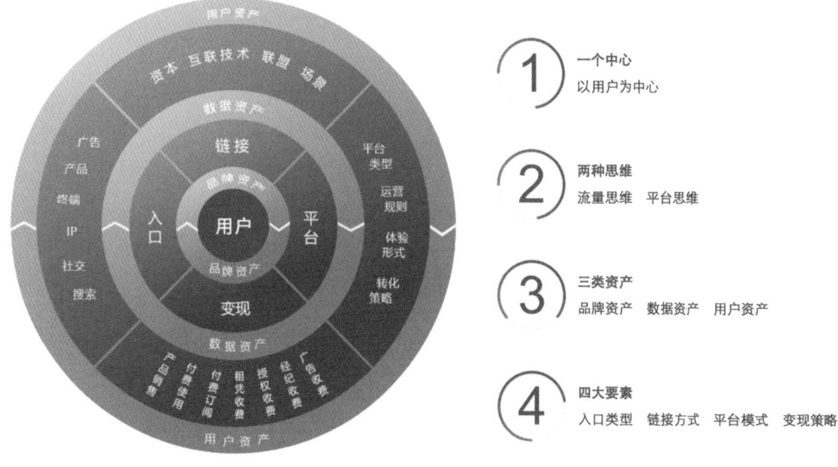

图 2–15　天进品牌策划工具“品牌生态圈”（资料来源：天进品牌营销策划公司官网）

天进品牌生态圈是互联网时代下品牌激活的系统模型，该模型以建立品牌信仰为轴心，用流量思维替换渠道思维，用平台思维替换生产思维，从而沉淀出企业发展最重要的三大资产：品牌资产、用户资产、数据资产。品牌生态圈是基于互联网环境而打造的品牌发展模式策略，以挖掘客户的终身价值为目的，创建一个助力成长为高价值品牌的独特的品牌生态圈。

课程实践：依据“2W1H”模型进行个人品牌策划

第三章　品牌商业模式策划与设计

在新的商业环境下，当品牌发展面临一些困难时，仅仅从传统的营销、传播、组织行为等方面进行调整，往往并不能真正使企业摆脱面临的困局，此时就需要从根本上思考商业模式的问题。本章主要讲解商业模式的策划与设计，包括对目标消费市场的研究、目标用户需求对品牌价值创新的影响、不同经济时代品牌价值创造模式的特征与演变过程，以及商业模式设计的相关要素与模型，在本章最后的延伸阅读中还提供了一些关于当下"互联网+"时代品牌商业模式创新要素的思考。

Airbnb的联合创始人最开始建立Airbnb官网时，是想让当地住户为中低收入旅行者提供一张空气床和一顿早餐,但这一想法限制了产品发展。后来他们找到了美国一家著名的企业孵化器公司，该公司给Airbnb提出了一条足以改变命运的建议：建造100个人特别喜爱的东西，而不是100万人有点喜欢的东西。由此Airbnb的创始人开始走访每一个房东，通过调研和分析不断完善产品,提升消费体验。当时适逢2009年世界经济危机，许多人将自己的房子出租以补贴家用，就这样Airbnb口口相传，良好的消费体验为其赢得了口碑，许多租客又成为了房东。

Airbnb是共享经济的代表，其快速发展引发了人们对共享商业模式的广泛讨论。从狭义来讲，共享经济是指以获得一定报酬为主要目的，基于陌生人之间的物品使用权暂时转移的一种商业模式。共享经济的本质——整合线下的闲散物品或服务者，让他们以较低的价格提供产品或服务。供给方通过在特定时间内让渡物品的使用权或提供服务，来获得一定的金钱回报，需求方不直接拥有物品的所有权，而是通过租、借等共享的方式使用物品和享受服务。

Airbnb的出现打破了传统酒店业的垄断地位，为旅客提供了独特的旅游体验，帮助人们合理利用空闲资源，通过网络平台构建了人与人之间的联结，为多方创造价值。

Airbnb的租客多是中低收入的群体，以年轻人为主，来到异地的他们期待获得廉价而舒适的住处，也希望在旅途中领略不一样的风土人情；对于房东来说，他们希望通过处理闲置空间获得额外的收入，也希望结交世界各地的游客好友。Airbnb希望打造一个"热情、好客、体贴周到的当地居住向导"的品牌形象，让顾客无论去到世界上任何一个地方，都有像回家一样的感觉。网站设计以房源的实况图片为主，图片均为Airbnb的合作摄影师拍摄，在保证展示房源形象的同时营造出"归属"与"家"的感觉。网站还会主动联系房东和租户交流分享故事，以帮助人们进一步了解产品与服务的相关信息，并通过人与人之间的分享和互动构建了一个有归属感的社区。（图 3–1）

图 3–1　Airbnb 标志与运用

在使用体验上，对于房东，网站尽量简化发布流程，在房东页面与创建房源页面中都会引入房东教程，帮助房东成为受欢迎的卖家，教程让房东更安全放心地将房间出租给顾客，教会房东如何获得更多好评，如何确保收益，如何给予顾客更多的乐趣、融入感和安全感。对于租户，Airbnb 努力提供丰富的房源，帮助快速选房。当用户使用 Airbnb 查询信息后，系统会计算用户喜好的房源类型、价格、风格等多项偏好，为旅客提供更准确的房源推荐信息，更快寻找到适合房源。Airbnb 给予每一个房客一种前所未有的、在崭新城市里与未知的风土人情更直接、更深刻的融入感，旅客不再需要待在四面是墙的高价酒店，取而代之的是设施齐全的家，不再是对所在城市的一无所知和烦琐的探索，取而代之的是房东向导式的指引与帮助，这些都能给租客带来独特而深刻的旅游和居住体验。（图 3–2）

图 3–2　Airbnb 网站设计

基于共享经济，Airbnb 建立了一个以信任为基础的网络社区，将空闲的住房资源和住客的租住需求相连接，凭借这种创新的商业模式，以及优秀的产品、服务和用户体验设计，Airbnb 在极短的时间内飞速发展，品牌价值也快速增长。

在新的商业环境下，无论是企业家还是品牌管理顾问，都发现一个现象：当企业组织和品牌发展面临一些困难时，仅仅从传统的营销、传播、组织行为等方面进行调整时，效果越来越差强人意，也不能真正使企业摆脱面临的困局。在这种情况下，很少有人会结合信息社会的发展特征从根本上对企业和品牌的发展进行变革，这种根本性层面的思考就是关于商业模式的。我们将商业模式的设计视为品牌策划与设计工作，因为就算是拥有相同的目标消费群、提供相同的产品或服务，不同的企业如果拥有不同的商业模式，其品牌价值的产生方式和市场结果都会千差万别。

本章我们讲解商业模式策划与设计，包括对目标消费市场的研究、基于目标用户需求的品牌价值创造模式演变过程，以及商业模式设计的相关要素与模型。

第一节　目标消费者研究

消费市场规模巨大，消费需求和消费形态差异巨大，然而企业的资源却都是有限的，如何利用有限的资源更好地服务于消费者，对于企业来说，前提是找到自己的主战场，即明确目标消费者是谁。品牌只有专注于有价值的核心用户，通过创新的方式，为他们提供优质的产品、服务与体验，维系与他们之间的关系，才能有的放矢，品牌营销与管理工作才能事半功倍。

一、目标消费者划分的模型

对目标消费者的定位和描述，关键在于筛选出对划分消费市场具有重要影响的一些因素，除了常见的人口统计因素，如年龄、性别、受教育程度、职业、收入、地理区域及家庭状况之外，下面介绍一些比较实用的目标人群划分模型。

（一）角色群体细分模型

角色群体细分模型结合角色先天具有的能力和性格特征，聚焦消费者的决策方式和行为模式，将大众消费者分为几大类型，分别是领导者、智者 / 参谋 / 军师、组织者 / 服务者、倾听者 / 爱心大使、保护者 / 战士、

参与者 / 跟随者、开心果 / 逗趣者、独行者 / 隐者、挑战权威者。

角色群体细分模型依据的是人类先天的决策及生存模式，与人的个性特征相关，这种角色特征基本上伴随人终生，很少发生改变，对个体的决策模式以及行为的从众性、冒险性、谨慎性等都会产生影响。

这几种不同的角色类型基本上能够涵盖大多数人的决策模式和行为模式，不同角色类型的消费群体有着不同的决策与行为特征，对外界施加影响的方式和能力也明显不同。需要注意的是，角色群体细分模型并不是帮助企业进行市场细分和选择目标市场的工具，它更多的是帮助企业了解和识别不同的消费者类型，突出其角色形象和行为特征，通过角色来识别目标消费者，加深对目标消费者的了解，能够让企业的品牌定位更加符合目标消费者的需求，引发共鸣。

（二）生活方式细分模型

生活方式是指个人及其家庭日常生活的活动方式，包括衣、食、住、行以及闲暇时间的利用等，我们也可以将生活方式简化理解为人们的工作方式、消费方式和娱乐方式，以及影响这些行为方式的价值观、自我表现和生活情调等心理与情感。

生活方式和价值观会深刻影响消费者的消费需求，以及满足需求的方式。企业必须深入了解消费者的生活方式和价值观以及需求层次，超越以往单纯生硬地向消费者出售商品的思维，倡导生活方式消费和情感消费。

中青年群体以其强烈而广泛的消费欲望和强大的消费能力成为当下社会消费的主力军，也是许多品牌试图去打动的目标消费者。这一群体按照生活方式的不同又可以划分为 4 种类型：品位小资型、传统居家型、文青型、阳光活力型。这 4 类人群在生活形态和价值观念上有着较大的差别，由此导致他们的消费需求和消费行为也有很大差别。（图 3–3）

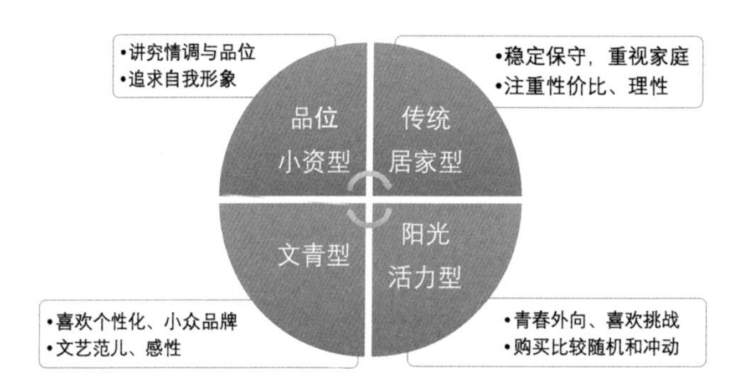

图 3–3 生活方式细分模型

“品位小资型”的消费者注重情调和品位，追求消费行为对自我形象的展示，注重社会认同与情感需求的满足，他们愿意花较多的时间和精力、金钱去消费自己喜欢的产品与服务，思想观念比较新潮和开放，有较为明确的人生原则和生活信念。星巴克的目标消费者就以这样一群品位小资型消费者为主。

“传统居家型”的消费者通常比较保守、追求稳定，以家庭消费为主，注重性价比，在消费和生活中讲究省时省力，相对比情调和品位等较为抽象的感知需求，他们往往更注重产品的实用性功能。致力于“为大众创造美好生活”的宜家品牌就以传统居家型的消费者为主要的目标消费者。

“文青型”的消费者在生活中低调不张扬，喜欢涉猎文学和艺术，有自己独特的审美和世界观。在消费行为方式上，他们不太崇尚大品牌和时尚潮流，而更偏向个性化、小众化、符合自身审美偏好的品牌，特别在意消费过程中所展示的有关情怀、格调方面的内容。豆瓣网站就是文青型消费者的聚集地,无印良品这种生活方式类的品牌也特别受这一群体的青睐。

“阳光活力型”的消费者，他们通常是时尚潮流的追随者，特别乐意接受和尝试新鲜事物，这类消费者多半年轻、时尚，对生活充满激情与好奇，喜欢户外活动，喜欢聚会和购物，喜欢主动与人分享自己的生活和感触,也愿意参与自己喜欢的品牌举办的各类活动。这类消费者消费频次高，愿意主动尝试新产品，相对于其他类型的消费者，富有趣味性的社会化营销和粉丝营销方式往往能激起他们的兴趣和参与感。

（三）消费形态细分模型

消费形态是指消费者在消费中的关注焦点或敏感因素，以及所呈现出的消费风格。如今，对于很多人来说，消费已经不再仅仅只是对产品的购买和使用那么简单，消费过程中的决策方式、购买习惯、情感态度等都反映出个体一定的消费风格和关注点，甚至是对自我的一种认可和表达。

分析消费形态，了解不同类型的消费者实际的消费行为特征和风格，以抓取消费者最主要的需求和关键的决策影响因素。就多数大众消费者而言，主要呈现出以下几种消费形态：休闲购物型、品质消费型、实用型、价格驱动型、探索型。（图 3–4）

图 3–4　消费形态细分模型

休闲购物型：此类消费者购物的频率较高，将购物视为一种休闲活动，喜欢逛街，对新潮、有趣的产品尤其容易冲动消费，整体来看，消费行为比较随意，没有明显的购物偏好。

品质消费型：此类消费者对生活品质有较高的追求，消费行为十分讲究，注重消费体验和服务感受，也愿意为此花费更多的时间和精力。

实用型：此类消费者将产品的功能和质量作为首要的考虑因素，要求产品和服务必须具有较高的实用性和舒适性。这类消费者愿意花费时间去了解产品功能、质量等信息，也愿意花较多时间精力去货比三家。天猫“双11”购物节的各类优惠措施，都能很好地吸引这部分消费者。

价格驱动型：这类消费者特别追求高性价比，对于价格十分看重和敏感。他们会主动而细致地比较不同产品之间的价格差异，但也并不会单纯为了低价而选择质量低下的产品，如果偏好的品牌有价格优惠对他们来说是非常大的吸引力。网购平台拼多多主打“相同的商品更优惠的价格”，在被淘宝和京东占据的网购市场中快速崛起，吸引的主要就是这样一批价格驱动型消费者。

案例 3–1 宜家品牌的目标消费者分析

1. 宜家目标消费者的人口统计特征

宜家对中国的目标消费者锁定为 20~30 岁之间既想要高格调又倾向于低消费的年轻人，包括初次置业的年轻家庭，教育水平中上、刚步入社会的租房白领等，且以女性消费者居多。他们收入水平中上、储蓄量低，对于产品价格、搭配风格、品牌形象和购物环境更为重视，因为具有较高的受教育程度，对宜家产品的理念、特征和美学风格也比较认同。由于目前宜家中国区店面主要分布在中国较发达的城市，所以消费者也主要集中在一二线较发达城市。

2. 目标消费者的生活方式

对于宜家的目标消费者来说，“体验感”是他们进行消费选择的关键因素，也会重点考虑性价比，会对含有创新元素的产品充满好奇，同时兴趣点易受环境影响，对他们来说亲友推荐、媒体宣传、社会流行热点都会对消费行为产生重要影响。

3. 目标消费者的消费形态

重视购物体验，购物过程中的目的性不强，逛商场更多是享受商场环境和氛围的过程，很在意产品的风格美感与服务方式。宜家施行顾客自主购物方式，采用顾客自行提货组装的策略，这既是一种独特的销售方式，也能降低成本，还能增加消费者自己动手组装家具的乐趣。品牌信誉和产品质量也是他们考虑的主要因素，但不是最看重的。因此，购物环境舒适、高格调、低价格、造型别致、功能独特、质量好且耐用的宜家产品深受他们的喜爱。

二、目标消费者的需求分析

（一）认识需求

“认识需求”是消费者购买行为的起点，当消费者在现实生活中感觉到或意识到一种缺乏的状态，并对某种产品产生消费的欲望，这便是需求。从认识到需求时，购买的决策便开始了。消费者需求的产生，既可以是人体内机能的感受所引发的，如因饥饿而引发购买食品的需求，因口渴而引发购买饮料的需求，又可以是由外部条件刺激所诱生的。个体在生存和发展过程中会产生各种各样的需求，有些需求属于生理层面，有些需求属于心理层面，且随着个人成长和生活环境的变化，需求侧重点也会发生变化。

虽然有些老生常谈，但直到现在，美国人本主义心理学家马斯洛提出的需求层次论依然是有关人的需求研究最具代表性的理论。马斯洛将人类需求按照从低级到高级的顺序分成 5 个层次。（图 3-5）

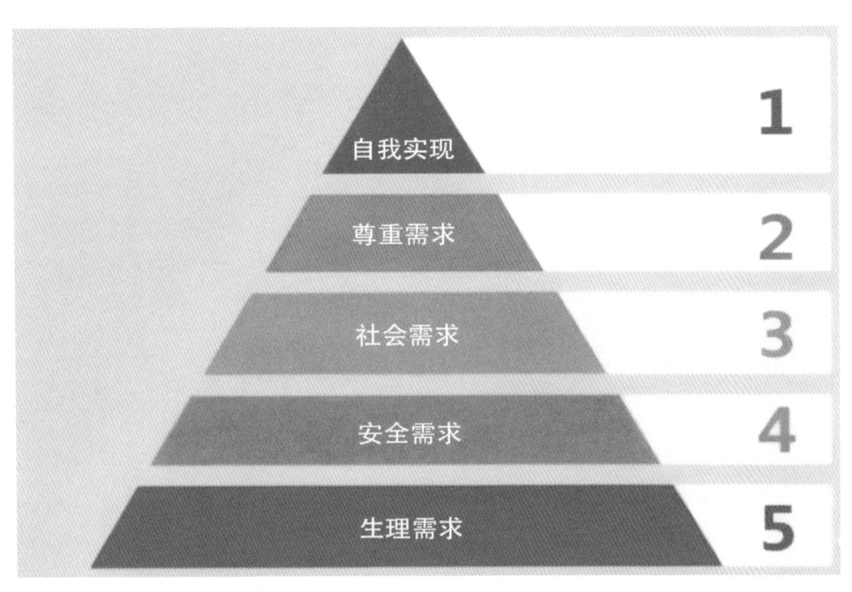

图 3-5 马斯洛需求层次论

生理需求：维持个体生存和人类繁衍而产生的需求，包括衣食住行、睡眠、生理平衡、性等方面的需求。

安全需求：在生理及心理方面免受伤害，获得保护、照顾和安全感的需求，包括人身安全、健康保障、财产所有性、资源所有性、工作职位保障、家庭安全等。

社会需求：社会需求也被称为“归属需求”，是希望给予或接受他人的友谊、关怀和爱护，得到某些群体的承认、接纳与重视，包括对亲情、友情、爱情、性亲密的需求。

尊重需求：希望获得荣誉受到尊重和尊敬，博得好评，得到一定的社会地位的需求。尊重需求是与个人的荣辱感紧密联系在一起的，体现为自我尊重、信心、成就、尊重他人、被他人尊重的需求。

自我实现：希望充分发挥自己的潜能，实现自己的理想和抱负的需求。自我实现是人类最高级的需求，包括道德、创造力、自觉性、问题解决能力、公正度、自我平衡与控制、接受现实的能力等方面的需求。

案例 3-2 减肥产品的用户需求描述

以减肥产品为例，不同的消费者会呈现出不同的需求层次。

1. 生理需求

我是一名50岁的中年男子，30岁以前都很瘦，从30多岁开始身体发福，到现在已经180斤了，爬楼梯的时候经常累得气喘吁吁，感觉到难以呼吸。去医院检查，医生说是由于肥胖导致的“三高”。为了身体健康，我不得不减肥。

2. 安全需求

我是一名模特，今年22岁，刚刚生完孩子，准备下个月开始重新去工作了。可是发现肚子上的马甲线不见了，反而多了许多软软的肉。为了保住工作，我必须减肥。

3. 归属需求

我喜欢上了一个人，不由自主地不管有事没事总想要到他工作的地方去看看。可是据打听，他喜欢纤瘦的、小鸟依人的姑娘。我照了照镜子，显然不是他喜欢的类型，为了我的精神满足，我决定要减肥。

4. 尊重需求

我是一个自媒体人，现在聚集的粉丝已经破10万，为了拉近与粉丝间的距离，想在下个月举办一个粉丝见面会，我想以最好的状态出现在见面会现场，可是镜子里的自己身体发福，面容憔悴。于是，我准备用这一个月时间好好减肥瘦身。

5. 自我实现需求

我的自控能力极差，每天总是要吃掉非常多的垃圾食品，而且还总是坐着不爱运动。我以前也很想控制，但是控制不了。最近看过的一本书中说自我控制能力对一个人的成就有着非常大的影响，于是我想练习提升自我控制能力，就先从最基本的管住嘴迈开脚开始。为了增加成功率和仪式感，我想买一个瘦身产品，把瘦身坚持下去，也通过瘦身这件事情提升自控力。

由此可见，即便是同一种产品，用户不同，需求侧重点也可能不一样，因此，品牌可以针对不同的消费群体，满足不同的需求，传递不同的产品价值。

（二）用户需求与商业创新

从某种程度上讲，需求决定了产品的生产方式，也决定了人们的消费形式。对用户进行深入的需求分析，挖掘出用户的真实想法，基于具体的消费场景，创新商业模式，才能使企业提供高价值的产品和服务。因此，对用户需求的洞察和分析是商业模式创新的前提。

随着中国经济的不断发展，人们的消费能力和消费水平都在不断提升，在各方面的消费需求都呈现出多样化的态势。互联网、大数据、云计算等技术的发展，为满足这些用户需求提供了充分的硬件支持，这些都推动了商业模式的不断创新。近些年，基于互联网的创新产品与服务方式层出不穷，这些新生事物从根本上来讲都是出于对用户需求和体验的满足。

基于用户需求和体验的商业创新基本思路在于，企业或品牌以某个用户群体未被满足的需求为出发点，提出一种价值主张，并通过提供一些关键业务和服务，以及特定的渠道或平台去触达用户群体，以实现该价值主张。

案例 3–3　盒马鲜生的商业模式

盒马鲜生是阿里巴巴集团对线下超市进行重构的新零售业态，集合了超市、餐饮店和菜市场的购物方式，其价值主张是“更便利的做饭方式”，“新鲜每一刻，一站式购物，让吃变得快乐，让做饭变成娱乐”。（图 3–6）

图 3–6　盒马鲜生标志

盒马鲜生把所有的商品都做成小包装，顾客需要什么就买什么，盒马鲜生会快速把商品送到顾客家里，今天吃今天买，一顿饭正好吃完，让顾客每天都能吃到新鲜的商品。人们可到店购买，也可以在盒马 APP 上下单，线上线下高度融合，随时随地全天候便利消费。盒马鲜生围绕“吃”进行场景定位，提供所有和吃有关的产品，还利用互联网技术扩大线上品类，不断推出各种各样的活动让消费者参与，在店里设置了大量的分享、DIY、交流活动，让“吃”这件事变得快乐，让消费者产生强烈的黏性。

盒马鲜生实施“零售＋餐饮”战略，打破传统零售方式，聚焦场景，强化现场体验，实施“零售＋外卖＋堂食＋加工服务”的全新商品组合，不仅为顾客提供商品，更提供一种新的生活方式。盒马鲜生的另一大特色就是快速配送，门店附近3公里范围内，30分钟送货上门。盒马鲜生为消费者提供会员服务，用户可以使用淘宝或支付宝账户注册，以便从最近的商店查看和购买商品。通过大数据、移动互联、智能物联网、自动化等技术及设备，盒马鲜生实现了人、货、场三者之间的最优匹配。

第二节 品牌价值创造模式的变迁

由于产业发展状况、社会背景的不同，在不同的国家或经济发展的不同阶段，企业的商业模式和价值实现路径都不同。要全面深入地理解和把握企业商业模式发展的趋势和价值创造模式的变迁，就要了解整体的经济和社会发展背景。

一、不同经济时代企业的价值表现

按照西方国家的文明进程，从第二次世界大战之后，人类社会真正进入基于大规模制造产品的经济时代；20世纪80年代后，进入基于产品与服务的品牌体验经济时代；如今，开始进入以知识平台建设为主的知识经济时代；对于未来，有研究者预测我们将进入一个新的转移经济时代，这个时代以创造更有意义的生活为目标，通过知识和财富的转移，建设各种合作价值网络，从而实现社会创新的真正和谐。在不同的经济时代里，人们的思维模式与个人追求有着明显的差异，这些都会影响到企业的经营模式和品牌的发展模式。（表3-1）

表3-1 各经济时代的特征

		产品经济时代	体验经济时代	知识经济时代	转移经济时代
	价值表现	价值点	价值链	价值网络	价值星群
人的思维模式	专注点	拥有产品	体验	自我实现	有意义的生活
	视野	本地	国际	情景	系统
	追求	使自己的生活现代化	寻求生活方式的识别特征	获得个人的力量	解决集成问题
	效果	提高生产力和家庭生活水平	努力工作，努力享受	发展个人潜能	有意义的贡献
	技巧	专业化	实验	创造	转移的思维
	途径	跟随文化编码	打破社会禁忌	追求抱负	同理心与合作

续表

		产品经济时代	体验经济时代	知识经济时代	转移经济时代
企业的思维模式	经济驱动	大批量生产	市场与品牌	知识平台	价值网络
	焦点	产品功能	品牌体验	使用户能够创新	增强意义
	特质	产品	产品与服务	使用户能够创新的开发工具	包括全部的价值网络
	价值主张	商品	目标体验	使用户自我发展	伦理的价值交换
	途径	劝说购买	推广品牌生活方式	使用户能够参与	借力合作
	目标	利润	增长	发展	转移

（一）产品经济时代

在产品经济时代，人们关注的是通过购买和占有产品来改善自己和家庭的生活，实现生活的现代化。因此，企业的行为集中于通过大批量生产、制造和销售产品来满足消费者以产品功能为主的需求，企业通过销售产品、实现交换价值来获得收益。这一时代，消费者购买产品往往是一次性的，即购买了企业生产的产品，消费者就拥有了产品本身。从企业市场营销层面来说，这一时代，处于市场供不应求的卖方市场阶段开始向供大于求的买方市场初期转变，品牌工作的焦点主要在于识别不同的生产商。对于消费者来说，品牌价值主要在于理性的、产品功能价值的获取。

（二）体验经济时代

当商品开始日渐丰富、产品同质化也越来越明显、市场逐渐开始供大于求时，消费者就不再满足于对单一商品的拥有，而是开始寻求对自我生活方式的创造和投射，追求能实现自我的产品或服务，这促使品牌化的发展逐渐走向价值观和象征意义的创造，以求赋予品牌和消费者之间某种生活方式的联结。品牌在某个生活方式的统摄下，既能拓展多样化的产品和服务，也能大大增强与消费者之间的联系，使得消费者不断地购买该品牌的产品或服务。在这一经济形态下，价值不再是产品卖给消费者的那一瞬间所实现的交换价值，而是一种产品、服务与体验相结合的、从理性到情感的综合性价值。

（三）知识经济时代

知识经济时代，人们的追求逐步摆脱对物质的依赖，发展到对个人创意、创造力、个人表达的展示。相应地，企业的核心活动应该是提供一个能够使用户参与、发展和实现创意的平台，即知识平台的搭建。这一时期用户参与成为主题，最典型的市场表现是各类定制产品和服务平台的出现、各种消费者与用户评论性产品的诞生、各种自媒体平台的发展和开篇案例中讲到的 Airbnb，以及以抖音和快手为代表的各种短视频分享平台，等等。消费者人人都可以成为产品设计和品牌构建的参与者，这时候，企业和品牌的利益相关人将包括消费者 / 用户、企业、合作企业，甚至各种社会力量。这样的价值关系形成了基于平台的复杂网络，即价值网络。

（四）转移经济时代

依据现在的发展趋势，专家预测将来我们会进入转移经济时代。所谓“转移经济”，是指人们除了关注自我价值的实现、积极参与创新活动外，更强调为社会整体创造出更有意义的生活。企业将商业模式和社会价值取向相融合，通过凝聚各方面的社会力量共同创新，此时的消费者与企业不再是传统的商业买卖关系，而是基于社会共同发展目标的认同关系与合作关系，也是超越金钱的、以创造有意义的社会生活为目的的长久关系。

在转移经济时代，企业将承担更广泛的社会责任，并推动形成一种共同创造价值的动态开放环境，这种价值共创驱动了草根创意，并在消费者、企业及整个社会之间形成一个复杂而互利的共同体。企业焦点将集中于对用户个人价值实现的关注，并将个体价值和社会价值紧密相连，人们更关心如何能生活得更有意义，企业在帮助用户实现自身价值的同时创造社会价值。值得注意的是，此时的价值不再是简单地指向效率、金钱或者物质，而是会拓展到包括经济性、形象性、社交性、社会性等多种形态，从而对企业和消费者身心以及整体社会生活都产生积极影响。

通过对社会和经济的发展演变及品牌价值模式变迁过程的分析，我们可以预见在未来的几十年内，企业的品牌建设将充分利用转移经济时代的特征，以创建对个人、企业、社会有意义的生活为目标来构建运营系统，品牌建设主要的工作内容将包括：

· 品牌活动：通过创新为企业、个人及社会带来可持续的发展，从而带给社会长久的、有影响力的改变。

· 品牌战略：以创造更好的生活为目标，为社会创造有意义的产品、服务或是行为方式。

· 技术发展：共享价值的挖掘与定义，消费者和用户参与平台的搭建。

· 品牌的基本要义：有意义的创新。

案例 3–4　飞利浦（Philips）的品牌创新

2013 年飞利浦宣布了其全新的品牌定位，传承过去“带给人们有意义的创新”这一概念，以“创新为你”（Innovation and You）作为新的品牌口号。飞利浦表示：只有基于对消费者需求和渴望深入洞察的创新才是有意义的。飞利浦全球 CEO 万豪敦先生介绍说：“120 多年前，当我们推出第一只灯泡时，创新就已是我们 DNA 的一部分。我们相信新的品牌定位能更好地反映公司‘用有意义的创新改善人们的生活’这一使命。”

此次新的品牌定位计划除了发布新的品牌口号外，飞利浦还发布了其盾形标识的全新设计，并在阿姆斯特丹全球总部大楼正面展示了这次创新的品牌 Logo 设计。飞利浦盾形标识自 20 世纪 30 年代就已经开始使用，是广为人知的品牌视觉标识之一。最初，盾形标识体现了飞利浦在无线电通信领域的创新，无线电通信技术的发展令人们前所未有地紧密联系在一起，并改善了人们的生活，如今，盾形标识将继续成为创新和信任的象征。在飞利浦品牌标识体系中，需要有更多能唤起人们情感共鸣的品牌元素，而盾形标识将在飞利浦新的品牌标识体系中发挥重要作用。新的盾形标识增加了一些新元素，这样的设计更符合数字媒体和移动传播渠道的需求。（图 3–7）

配合品牌的新定位，飞利浦建立了一个发布平台，人们可以通过讲故事的方式展现飞利浦创新成果对自己生活产生的积极影响。例如，有消费者讲述飞利浦的 Hue 家居智能照明系统帮助他们的孩子养成了良好的睡眠习惯；有牙医讲述了他推荐患者使用飞利浦 Sonicare 口腔健康产品，帮助人们更有效地清洁牙齿，改善口腔健康。（图 3–8）

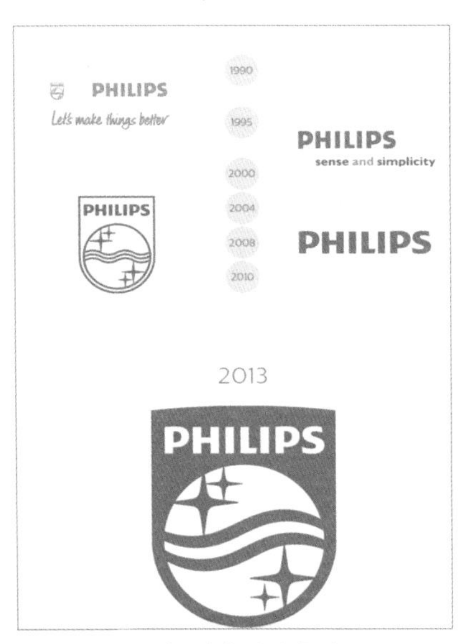

图 3–7　飞利浦近年标志演化过程

图 3–8　飞利浦新标志口号应用

有调查表明，2017 年飞利浦的品牌价值达 116 亿美元，是一个全球领先、备受信赖的品牌。如今，结合一些社会创新元素，飞利浦延续着加速成长变革的精神，成为以创新和创造美好生活为价值目标的品牌。

二、品牌价值创造模式的转变

价值创造是企业设定经营目标和发展战略时的核心内容。在不同时代背景下，社会、经济、技术的发展状况，以及市场竞争情况、消费者生活方式及需求状态都会影响企业和品牌的价值定位。在上述对不同经济时代特征的描述中，我们可以看到价值创造模式主要体现为以下 4 种类型：价值点、价值链、价值网络、价值星群。

（一）价值点

价值点模式是产品经济时代价值创造的基本模式，这一时期，大批量生产的产品使得物质开始逐渐丰富，大众消费者的消费方式和生活方式也得到很大改变。此时，消费者的需求点主要在于产品功能层面，即通过购买不同的产品来满足日常需求、丰富个人的生活。

通过产品为消费者提供所需的功能是这一时期企业发展的焦点，产品功能诉求也是品牌价值的重要体现。当企业生产出的产品进入市场销售时，消费者通过购买行为实现产品的价值转换过程，企业所创造的产品价值就是在购买的那一刻实现的。因此，这种价值模式被称为“价值点模型”。（图 3–9）

图 3–9　价值点模型

（二）价值链

随着产品种类的日益丰富，消费者拥有了越来越多的产品选择，不同的生活方式也随之形成，由此也产生了不同的购买偏好。此时，企业关注的重点不再只是提升产品的功能，而是转向消费者行为和心理的研究，消费者也不再是呈现相同形态的整体消费者，而是分化为具有不同生活方式、不同消费形态的细分市场。企业必须了解不同的消费者需求，除了提供可触摸的产品以外，服务的概念也开始被引入，并逐渐开始重视消费者的使用体验，这一时期品牌的各种概念和含义被建立起来。企业通过塑造品牌，一方面，可以吸引具有相应生活方式的人群；另一方面，也可以通过人格化的品牌活动与消费者之间建立联系，增强品牌忠诚度。（图 3-10）

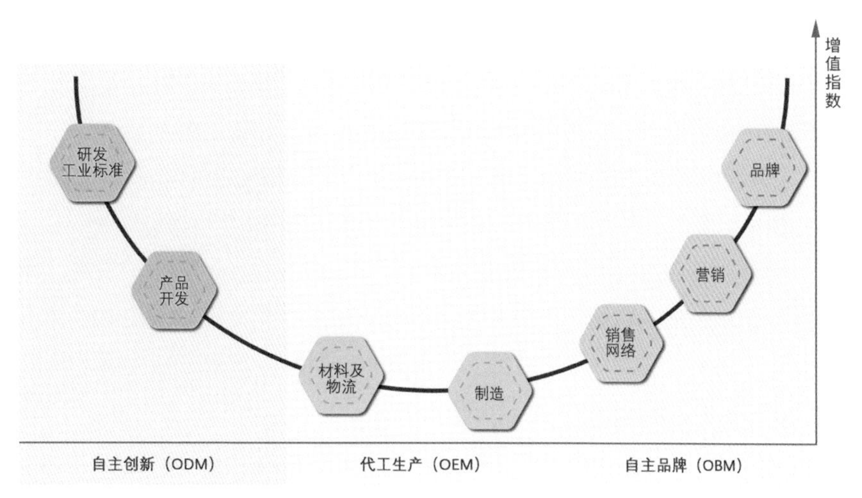

图 3-10 价值链微笑曲线

对于许多企业来说，成功塑造品牌形象是最主要、最有价值的工作内容，而在产品研发、生产制造和销售的整个环节中，低价值的部分常常被外包出去，企业只需要牢牢把握品牌所有权，制定品牌发展战略、研发计划、管理好市场和渠道，就可以把握住消费者和市场。在这种情况下，出现了供应链的概念，处于供应链各环节的企业之间存在着价值依赖关系，企业价值创造所依据的是在价值链中所处的位置，处于价值链中段的制造企业分享最少的价值增值，而处于两端，从事研发和品牌营销的企业则享有最大的价值增值。（图 3-11）

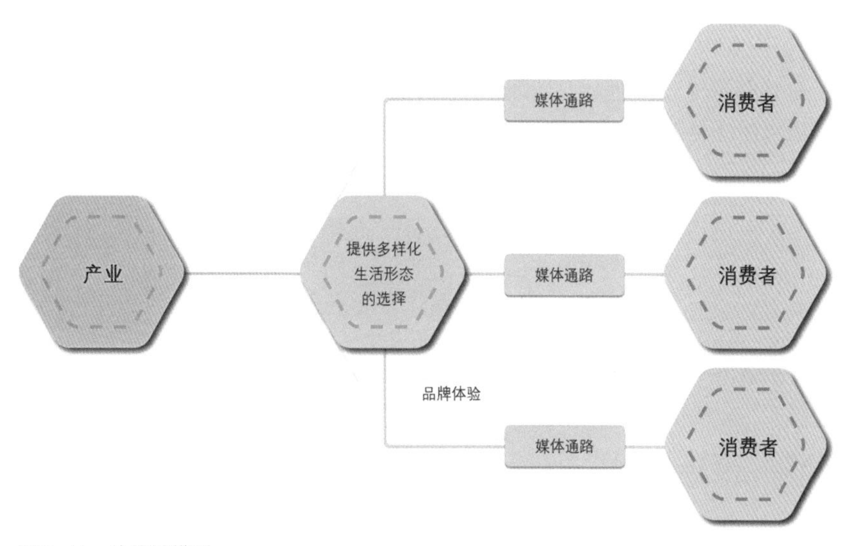

图 3-11 价值链模型

案例 3-5 苹果公司的价值链分析

在福布斯发布的 2019 年全球品牌 100 强榜单中，科技巨头苹果公司连续 9 年夺冠。调查显示，苹果公司的品牌价值突破 2 055 亿美元，比上年增长了 12%，这也是第一次有品牌价值突破 2 000 亿美元大关。

通过对苹果产品生产过程进行分析可以发现，其产品设计主要由位于美国加利福尼亚州的苹果总部完成，其他关键零部件的生产则由日本、韩国、中国等国家的厂商供应，富士康分布于中国大陆各地的工厂则提供了组装服务，最后由苹果公司进行销售并提供售后服务。

消费者可以在苹果产品的背面看到“Assembled in China”字样，可见中国企业在整个苹果公司全球价值链中扮演着重要的角色，然而这并不代表我国企业有很高的盈利能力。通过成本分析可以发现，在苹果产品的零部件中，手机设计、芯片设计与制造占据了产业链的利润制高点，面板、触控面板及存储器属于关键性的配件，但是盈利能力稍弱，而以富士康为主的组装工厂只能拿到微薄的代工费用。在 2010 年卖出的 iPhone 所创造的利润中，苹果取得了 58.5%，其次的是塑胶、金属等原料供应国，韩国依靠其高新技术优势占据 4.7% 的利润，位居第三，值得注意的是中国大陆代工只占 1.8%。虽然 iPhone 零部件的封装和组装主要还是靠中国企业，但是我国代工企业的利润率一直处于微笑曲线的最底端。

由此可见，在苹果产品全球价值链上，利润主要分布在微笑曲线的两端——产品研发设计与品牌营销，价值链的高利润区间被苹果公司掌握在自己手中，而发展中国家则靠廉价的劳动力处于价值链分工的底端。

（三）价值网络

随着知识时代的来临，互联网、智能终端、大数据、云计算等技术不断发展和成熟，个体的力量得到了极大的激发和释放，创新和创意不再是企业独有的权利，而是人人都可参与的活动。这一时期的价值创造模式以价值网络的形式存在，企业可提供的是能激发大众参与，或是鼓励个人成为企业家的创新平台，如微信公众号和各种自媒体平台，在平台上每个人都是价值创造的激发点，彼此之间有着互惠互利的互动关系。（图 3-12）

（四）价值星群

基于知识经济时代的发展模式，未来的社会将不再仅仅强调对新技术的追逐，对大众参与创新的关注将进一步演化为对大众如何实现个人价值的关注，以及如何将个人价值与社会价值紧密相连。大众关心的不仅仅是如何参与创新，还有如何能生活得更有意义。企业的主要任务将变成在应用各种技术和平台的基础上，帮助大众及消费者实现自身价值，同时满足

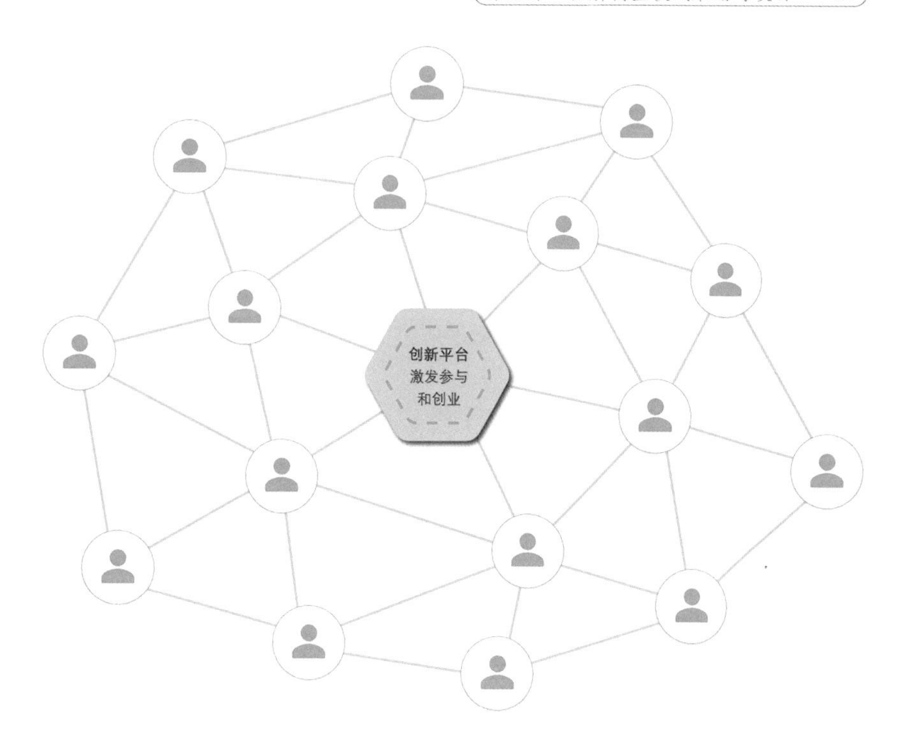

图 3-12 价值网络模型

社会可持续发展的需求。要完成这一任务只凭借某一个企业自身的力量是很困难的，需要各类型企业在共同目标的指引下协同合作，建立复杂深入的动态联系，这就是价值星群的价值创造模式。（图 3-13）

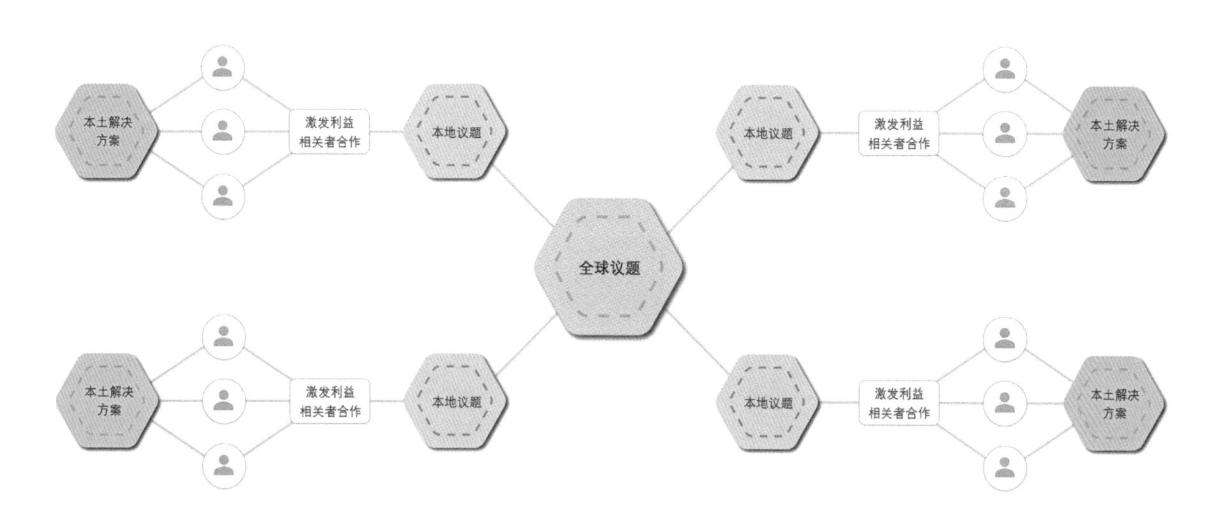

图 3-13 价值网络模型

在这一价值模式下，个人消费者、企业、其他组织会因为一个共同的目标而走到一起，并形成一个开放的系统，在寻求解决方案的不同阶段，还会有不同的组织和个人不断加入或离开。合作的个人和组织之间是互利互惠的，这种利益关系往往并不单纯地指代金钱关系，而是拓展到更多的层面，包括我们上面提到过的功能关系、形象关系、社交关系等多种形态。

第三节 品牌商业模式设计

从价值点、价值链、价值网络到价值星群，我们能看到企业面临的经营环境、经营内容、合作方式和战略规划的复杂程度都在不断增加，产生价值的机会也比最初产品和工业经济时代更多，不再仅仅依靠销售实体产品这一种价值创造方式，为了把握品牌价值点和企业发展所面临的支撑资源及渠道之间的关系，越来越多的企业开始重视商业模式的研究和创新。

商业模式这一概念早在20世纪50年代就已经出现，但是直到90年代才开始为人们所重视。商业模式是包含了一系列要素及其关系的概念性工具，用以阐明某个特定实体的商业逻辑。

以索尼和乐视为例，这二者之间的竞争可以说就是商业模式的竞争，已经不再是谁能凭借技术跳出同质化谁就能赢的问题了。乐视一台50英寸的电视机售价不到1 000元，而索尼一台48英寸的电视机却卖3 000多元。对于乐视电视机来说，低价是其销售策略，更关键的是它把足足5年来的电影电视都给你看，不光这样，买了乐视电视的消费者，很多已经不再看电视播放的内容了，转而去看乐视提供的内容，有了用户之后，乐视逐渐依靠向用户提供视频服务和广告费来收回成本和盈利。

所以对于传统的索尼、海信等电视机品牌来所，如果还是宣传和诉求自己的显示技术，那么同乐视的竞争就不处于同一个维度了，因为这是两种不同的商业模式，价值创造方式也截然不同。类似的例子不胜枚举，商业模式不一样，企业给用户创造价值的方式也不一样，这就从根本上改变了企业的竞争优势和发展潜力，改变了游戏规则。

商业模式的变革对企业来说是一种根本性的变革，其难度较大，有许多企业会因为各种原因，导致在产品提供和商业模式上无法打破传统，因此只能通过营销系统和传播系统的建设来形成品牌差异化，然而在未来，商业模式的构建与重塑将成为企业一切经营活动的重要起点，对商业模式的关注也将成为品牌发展战略规划的重要前提。

商业模式设计的本质就是制定一套价值创造和价值交换机制，依据价值创造与价值交换可能涉及的主体，以及其背后所占有的资源、角色定位等内容，我们大致可以推导出商业模式的一些基本要素。

一、商业模式6要素分析

商业模式6要素包括定位、业务系统、盈利模式、关键资源能力、现金流结构和企业价值。（图3–14）

具体内容如下：

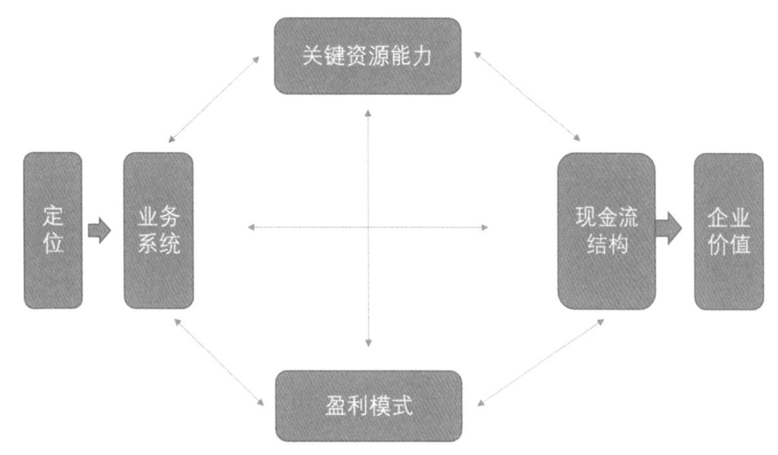

图 3-14 商业模式 6 要素
来源：魏炜、朱武祥、林桂平：《商业模式的经济解释：深度解构商业模式密码》，北京，机械工业出版社，2012。

· 定位：企业满足利益相关者需求的方式。

· 业务系统：企业选择哪些行为主体作为其内部或外部的利益相关者，强调整个交易结构的构成、角色和关系。

· 盈利模式：与交易方相关的收支来源及收支方式。

· 关键资源能力：支撑交易结构的重要资源和能力。

· 现金流结构：以利益相关者划分的企业现金流入和流出的结构，以及相应的现金流的形态。

· 企业价值：商业模式的落脚点，评判商业模式优劣的最终标准是企业价值的高低，主要衡量方式是企业在经济市场的表现，比如上市公司的股价，或者品牌价值的高低。企业价值是商业模式构建和创新的目标，以及最终结果。

案例 3-6 全家便利店的商业模式要素分析

全家（FamilyMart）是 1972 年成立于日本的便利店品牌，2005 年进入美国市场，成为第一家进入美国的亚洲便利店企业。2002 全家正式进入上海，以成为中国最大连锁便利店品牌为目标，近年来，全家在中国发展迅猛，市场的占比逐年上涨。（图 3-15）

全家清晰定位目标客户人群，集中精力于产品开发和物流配送，精心铺设门店，严格管理销售和服务方式，从而避开与传统超市卖场的直接竞争。（图 3-16）

全家的关键业务

除去一般零售店提供的饮料零食、酒品和报纸杂志外，全家的主要业务还有冷藏食品销售、鲜食销售以及辅助消费的多种服务。全家拥有自主鲜食工厂，生产的产品包括意面、快餐、甜点和热饮等，针对生活节奏较

图 3-15 全家便利店品牌标志

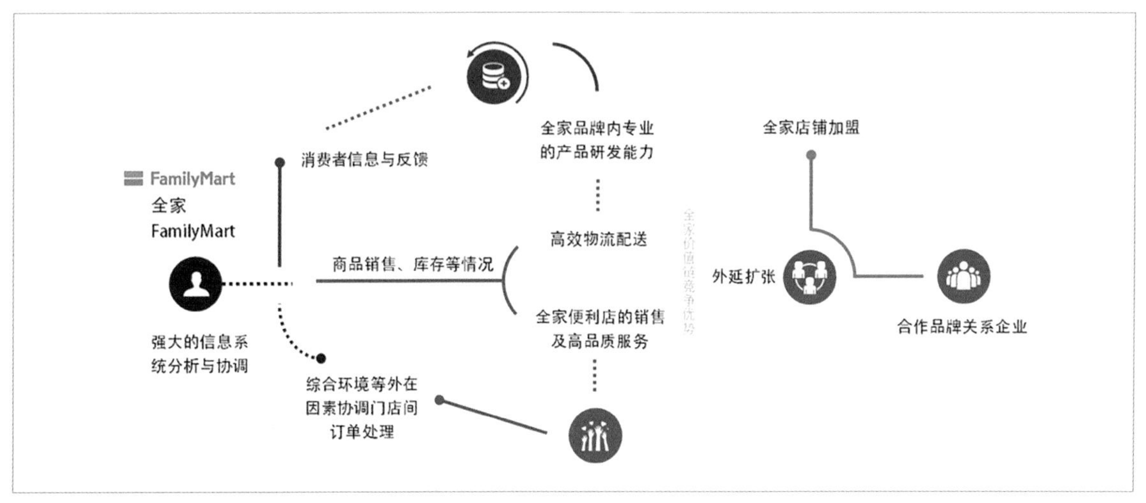

图 3–16　全家便利店价值链模式

快的都市消费者，提供优质的便当以及适合在家食用的新鲜食物。

全家提供多样的服务来辅助消费。在日本，全家会根据顾客忠诚项目实行积分制，免费提供积分卡吸引消费者光顾便利店。全家店内还提供多媒体终端机器，可用以购买电子券和进行在线捐献，另外，在大约 8 200 多家便利店中，有将近 7 000 家提供店内 ATM 取款机。为了能在快速发展的社会中保持竞争力，全家不断推出新的服务措施来提升消费者体验。

全家便利店的利益相关者分析（图 3–17）

“全家就是你家”是全家的品牌口号，充分展示了全家便利店的服务便利性和品牌亲切感。全家将店铺开设在小区、商业街、学校、医院等商圈内，为消费者提供 24 小时、体贴入微的便利购物和服务，提供的生活

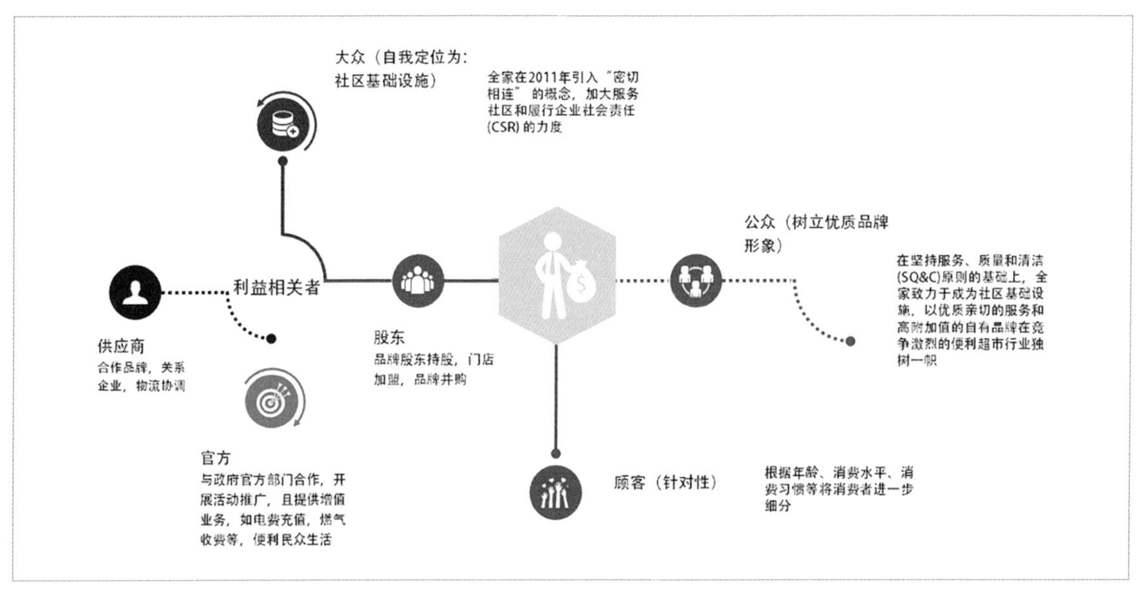

图 3–17　全家便利店利益相关者

服务包括代收公用事业费、复印、照片冲洗、预购等。通过建立更多的异业结盟，引进更多元的商品及服务，全家在行业竞争中异军突起，快速发展，成为了深受消费者喜爱的品牌。

二、商业模式画布

近年来，在有关商业模式分析中，应用较为广泛的是亚历山大·奥斯特瓦尔德（Alexander Osterwalder）的商业模式画布。奥斯特瓦尔德在总结了不同时代有关商业模式的研究之后，综合提出了由9个板块构成的商业模式画布：客户细分、价值主张、渠道通路、客户关系、收入来源、核心资源、关键业务、重要合作伙伴、成本结构。奥斯特瓦尔德的商业模式画布不但使得原来过于专业和复杂的商业模式设计变得清晰和可视化，也可用于诊断和分析品牌现有商业模式的不足。（图3-18）

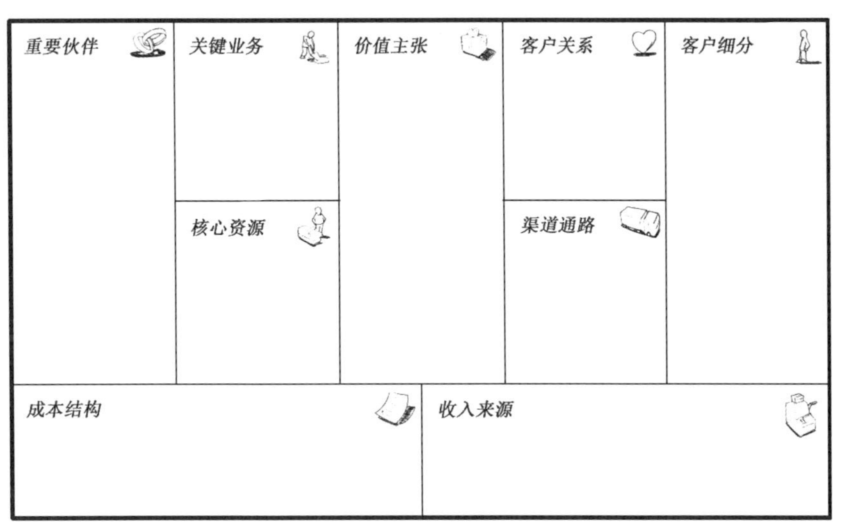

图3-18 商业模式画布
来源：亚历山大·奥斯特瓦尔德：《商业模式新生代》，北京，机械工业出版社，2011。

企业可以根据这9个模块对自己的商业模式作定位和评估，具体内容如下：

（1）客户细分：对自己所服务的客户群体进行细分，选择一个或多个客户群体作为服务对象。

（2）渠道通路：选择何种沟通、分销方式或销售渠道来接触到客户群体，从而有效地提供产品、服务或体验？

（3）客户关系：客户希望与企业建立和保持何种关系？如何建立这种关系？

（4）核心资源：企业要实现价值主张，建设渠道通路，建立客户关系需要什么样的核心资源？对于一个企业而言，核心资源通常包括实体资产、人力资源、知识资产、金融资产等。

（5）关键业务：企业要实现价值主张，建设渠道通路，建立客户关系需要哪些关键业务？通过哪些关键业务才能带动商业模式运转起来？主要的业务类型通常包括制造和销售产品、提供平台 / 网络、提供解决方案等。

（6）重要伙伴：先考虑谁是重要的合作伙伴，谁是重要的供应商，企业正从伙伴那里获得哪些核心资源，合作伙伴执行哪些重要的关键业务等问题。

（7）成本结构：思考商业模式中上述各种要素所引发的成本结构问题。

（8）收入来源：收入来源主要有 7 个方面，包括资产销售、使用收费、订阅收费、租赁收费、授权收费、经济收费、广告收费。

（9）价值主张：价值主张是指企业通过提供何种价值来解决客户问题和满足客户需求，这是整个商业模式画布中最难定义但也最重要的部分。不同的企业价值主张也会有很大差异，基本的价值主张设计可以参考以下几个方面：

· 通过提供创新产品或服务满足顾客未被满足的需求
· 改善已有产品或服务的性能
· 定制化满足特殊需求
· 通过整合提供更全面的产品与服务
· 通过提升设计让产品脱颖而出
· 通过品牌消费获取某个独特的身份象征
· 通过提升消费体验创造价值

策划案例分享：Uber（优步）的商业模式策划

Uber（优步）是一家交通网络公司，通过开发移动应用程序联结乘客和司机，提供载客车辆租赁及实时共乘的分享型服务，2009 年创立于美国加利福尼亚旧金山，2014 年正式进入中国北京。Uber 的本质也是共享经济，是一种每个人既是供给者也是需求者，利用各自闲置资产、时间，为他人提供服务的一种新的经济模式。

一、品牌价值主张

Uber 将品牌价值主张界定为“为乘客提供一种更高端和更私人的出行方案”。作为科技服务公司，Uber 既不拥有汽车也不雇用司机，只是通过提供平台以整合各类资源。用户通过手机客户端订车，司机接到订单后提供服务。这样，一方面解决了人们的出行问题，节省了顾客的等待时间；另一方面，也为私家车主提供了一个赚取外快的机会，同时还帮助城市大大改善了交通状况。有了客户后 Uber 就可以从中获益，通过持续为客户提供更多丰富新颖且实用的服务，Uber、专车司机、用户形成了一个价值闭环，彼此依存共同参与价值创造。

二、目标用户及消费需求分析

Uber 对消费市场和消费需求进行了深入研究，将目标用户锁定为具有稳定的经济收入、社会地位较高的城市中产阶级，以“70 后”“80 后”“90 后”后为主，他们的生活状态是“问时间要效率”，他们愿意付更多的钱购买更好的服务体验，消费场景为遇到紧急事件时打不到车、临时用车、商务用途用车等。他们期待价格合理，能够快速进行车辆预约，能提供中高端车辆，准确送到目的地，有舒适的乘坐环境和服务体验。

三、自身资源梳理

Uber 具有的资源优势确保了平台顺利运营，也保证了企业价值主张的实现。首先，创新的服务方式打破了汽车租赁行业的垄断，充分盘活了闲置车辆，提高了车辆的使用率；其次，Uber 针对高端用户做高端汽车的租车服务，提供高端车的短租和实时服务，用户可以订到加长林肯、凯迪拉克、宝马、奔驰等豪华私家车；最后，专业算法保证人、车合理流动，当有用户需要用车时，恰好就有一辆车在身边，实现了“上个乘客的下车地点”就是“下个乘客的上车地点”。

四、关键的支持要素

Uber 成功的要素有以下几点：

（1）市场巨大。面对庞大的世界性私家车群体，如果能基于 Uber 这个平台媒介为乘客和司机进行高效匹配，将能创造巨大的市场价值。

（2）独家技术。基于算法 Uber 能在一个城市里部署最少的车，最有效率地满足全城需求。另外，Uber 还运用最新人脸识别技术，提高对司机的安全要求，以保障乘客的出行及人身安全。

（3）浮动定价。Uber 遵循市场化浮动定价，用户打不到车又急需打车时，愿意付更高的价格，传统的出租车是做不到这一点的。

（4）数据支持。Uber 能通过后台统计全城的人流和车流，从而快速匹配资源。

可以看出，Uber 的成功主要受益于这是一种弹性的、可选择的服务方式。

五、Uber 商业模式画布（表 3-2）

表3-2 Uber品牌的商业模式画布

<table>
<tr>
<td rowspan="2">重要伙伴

司机与他们的汽车
汽车生产厂家
支付处理系统
地图 API 提供
投资人</td>
<td>关键业务

司机支持
司机支出管理
顾客支持
产品开发与管理
市场营销与客户获取</td>
<td rowspan="2">价值主张

充分整合资源，为乘客提供一种更高端和更私人的出行方案
顾客：
等待时间缩短
比出租车更低的费用
无现金支付
一种新的生活方式
司机：
额外收入
灵活的工作时间
简易支付程序</td>
<td>客户关系

自助服务
共同创造</td>
<td rowspan="2">客户细分

用户：
大众市场：中低端车型
高端市场：高端轿车
大型聚会不想开车的人
喜欢旅游享受 VIP 待遇的人
想要高效打车的人
司机：
有车并且想赚钱的人
喜爱驾驶的人
希望被视为合作伙伴而不是司机的人</td>
</tr>
<tr>
<td>核心资源

技术平台
数据分析
熟练驾驶的司机</td>
<td>渠道通路

网站
APP 系统
品牌跨界
口碑传播</td>
</tr>
<tr>
<td colspan="3">成本结构

技术基础设施
永久雇员的酬金
活动与营销支出</td>
<td colspan="2">收入来源

每公里 / 英里的基础费，动态加价
广告费用</td>
</tr>
</table>

本章思考题

（1）除本书中列出的角色群体细分模型、生活方式细分模型、消费形态细分模型之外，你能否想到其他对消费者进行细分的标准？

（2）结合马斯洛需求层次论，以某个产品为例，说明该产品能满足消费者哪些需求？

（3）如何理解需求对品牌发展的作用？

（4）你认为当前我们处于哪个经济时代？这一经济时代对企业的经营模式和品牌的价值追求会产生哪些影响？

（5）选择某个你熟悉的品牌，利用商业模式画布分析其商业模式设计。

本章延伸阅读："互联网 +"时代品牌商业模式的创新要素

"互联网 +"时代企业发展的核心是商业模式的互联网化，即利用平等、开放、协作、分享的互联网精神来颠覆和重构整个商业价值的构成模式，"互联网 +"时代的商业模式创新主要围绕信息流、物流、社群经济、免费经济、平台经济这些关键要素来展开。

一、信息流——消除信息不对称，减少搜寻成本

传统商业模式通过制造和捍卫信息不对称来获得商业利益，互联网的发展为消除这种信息不对称提供了技术支持。新兴商业模式致力于消除这

样的不对称并创造用户价值，例如，携程通过消灭信息不对称，聚合所有航班的剩余机票信息；淘宝通过消灭信息不对称，聚合众多线下商家的商品信息；美团通过消灭信息不对称，提供线下商铺团购信息。

在交易双方信息不断透明化的过程中，个性化、定制化的需求将会得到满足，新的用户价值产生。在传统商业模式中，生产者无法接触到真正的用户，他们通常只能通过调查了解部分用户，揣测用户需求。在互联网时代，通过网络及大数据，可以精准呈现用户需求，企业能生产更符合用户需求的产品，生产者、服务者可以直接接触到每一个最终用户，将用户纳入设计和制造环节，在全面信息化的基础上实现营销的定制化、个人化。

二、物流——减少中间环节，降低流通成本

基于互联网和定位技术的发展，物流网络的效率被极大优化，生产者与消费者之间的距离也被不断缩短，二者间的中间环节被逐渐摒弃。京东坦言自己的优势在于减少物品被搬运的次数，网易严选也声称自己缩短了生产商与消费者之间的距离。许多领域涌现出 D2C（Direct to Customer）的企业，绕开经销商环节，从而节约成本，降低产品价格。

三、社群经济——聚拢用户，聚合需求

互联网消除了空间边界，使得网络虚拟社群兴起，人的自由联结和兴趣聚合都变得更简单。人们突破地域空间限制，通过互联网彼此交流情感、沟通和分享信息与知识，形成各种特殊的关系网络。

互联网将散落在各地的、零星分散的个体需求聚合在一个平台上，形成新的规模化的共同需求，催生出社群经济模式。微信最早只是一个社交工具，基于这种社交工具属性和有价值的内容等核心功能，聚集了海量用户，进而增加了微信支付、微信红包、微信购物、游戏、小程序等多种商业功能，实现价值变现。

四、免费经济——部分领域免费，吸引客户群后转化为盈利

互联网时代是一个信息过剩的时代，也是一个注意力稀缺的时代，注意力稀缺导致众多互联网创业者们想尽办法去争夺网络注意力资源即流量，有了流量才能构建商业模式，所以说互联网经济就是以吸引大众注意力为基础去创造流量，然后转化为盈利。

很多互联网企业都是在先期以免费产品吸引用户，然后通过衍生新的产品或服务来盈利。互联网颠覆传统企业的常用打法就是在传统企业用来

赚钱的领域免费，从而彻底把传统企业的客户群带走，然后再通过延伸价值链或提供增值服务来实现盈利。

五、平台型经济

平台型商业模式的核心是打造足够大的平台，使产品更多元和多样，更重视用户体验，其目的在于创建一个多方共赢互利的生态圈。

互联网时代平台型经济模式能取得成功的原因在于：首先，平台型模式具有开放性，可以整合全球的各种资源；其次，平台型模式可以让所有的用户参与进来，实现企业和用户之间的零距离。在互联网时代，用户的需求变化越来越快，越来越难以捉摸，单靠企业自身所拥有的资源、人才和能力很难快速满足用户的个性化需求，企业通过平台建设，能突破边界，建立一个更大的商业生态网络，以最快的速度汇聚资源，满足用户多元化的个性化需求。

互联网的发展经历了从消费互联网到产业互联网的变化，再到“互联网 +”概念的提出，传统企业需要深入理解互联网精神，结合互联网特征来创新商业模式，充分利用互联网技术，实现用户需求、产品研发、生产方式、物流方式、用户体验多维度的创新，满足用户需求并推动品牌持续发展。

课程实践（自创品牌策划第一步）：品牌商业模式设计与产品策划

从现在开始，学生需要以小组合作的方式来展开课程实践，通过创建一个新的品牌，对该品牌进行整体策划来深入理解品牌策划和设计工作的要义。

第一阶段的工作是品牌商业模式设计和产品策划——如果你将创立一个新品牌，你准备做什么?

在这一阶段，需要确定市场机会点，包括确定目标消费市场，发掘用户需求，确定品牌将要提供的关键产品或服务类型，并以商业模式画布的方式展示该品牌的商业模式。

第四章　品牌定位与核心价值策划

品牌定位是品牌策略的核心问题，包括确立品牌独特的差异点，创建品牌优势，树立恰当的品牌形象。在本章，首先介绍基于消费者的品牌资产模型，分析品牌创建过程中每个阶段需要做出的相应战略决策，理解识别和确立品牌定位与价值在创建品牌资产过程中的角色和作用。然后详细介绍品牌定位的含义、品牌定位的影响因素、品牌定位的策略和类型、品牌定位的方法和工具，以及如何识别并建立品牌核心价值。

成立于 1994 年的海底捞是一家以经营川味火锅为主，融汇各地火锅特色的餐饮企业。海底捞将目标消费者定位于一二线城市、拥有中高收入的、16~32 岁的年轻人。品牌口号为“好火锅自己会说话”，这句话体现了海底捞的品牌理念和品牌诉求，即通过提供好的火锅产品和服务，打动消费者将好火锅分享出去实现口碑传播。海底捞的品牌核心价值为“尊重人、相信人”，这个“人”不仅包括消费者，也包括企业员工。海底捞认为餐饮行业应该重视对人力资源体系的打造，如果能把人力资源管理利用好，企业会形成一种自下而上的文化凝聚力，并可成为企业的核心竞争优势。根据消费者的反馈来看，致力于打造人力资源体系的海底捞，拥有更开放、更多元的服务模式，深受消费者喜爱。

餐饮行业中进行品牌化经营的火锅企业并不多见，海底捞属于领先者。海底捞开创性地提出将火锅分成会说话的火锅和不会说话的火锅两类，海底捞自然属于前者，此举将海底捞与其他同类产品进行了区分，品牌定位法则最常用的策略就是在消费者脑海中建立区隔，使自身与同类其他产品形成差异。

如何实现“好吃的、会说话的火锅”这一品牌承诺呢，海底捞做了如下工作：

（1）饭店装修环境差异化。海底捞非常重视店面设计，时尚创新的设计获得了年轻人的喜爱。室内装修和桌椅颜色的搭配营造出舒适感，墙壁装饰体现了中国文化，餐桌分布与空间划分很明晰，吧台和自助餐台的设计也很新颖。

（2）服务体验的差异化。普通餐饮店的服务往往体现在顾客用餐时“主动倒茶、送上制作精致的菜单、及时换上干净的盘子、用夹子递热毛巾”等形式，而“海底捞”的服务则超出预期，更加注重顾客用餐时的愉悦和情感上的满足，完美呈现了“海底捞式”的体验营销服务理念。具体来说，

“海底捞”的服务在顾客走进门店的那一刻就开始了，在餐饮行业就餐高峰时排队等位是常态，一般的火锅店都是让顾客在那里干等，这样难免会流失一些心急的顾客，海底捞就不同，它会在顾客等候时提供温馨的服务，如免费为顾客送上各式小吃、饮料，甚至还提供擦鞋子、修甲美甲等多种服务，这种敏感细腻的服务方式加深了顾客对海底捞品牌的好感，使品牌形象深入人心。（图 4–1）

图 4–1　海底捞店铺内景

（3）海底捞坚持严格的菜品质量监管。海底捞所有蔬菜类菜品直接来源于农户，由农户从地里采摘之后直接送往公司，减少了菜品的市场滞留时间，保证了新鲜度。同时，品控人员会对每一样蔬菜进行农药残留检测，只有合格的菜才被允许收货，在源头上就保证了菜品质量；在菜品清洗加工上，海底捞物流配送中心的蔬菜加工车间温度控制在 6℃ ~8℃，每天有专门的品控人员对食品的验货标准、车间和库房的温度与湿度进行严格控制，并对生产现场的卫生环境进行检查监督；在产品配送和储存上，海底捞要求整个物流过程温度必须保持在 0℃ ~4℃，对配送车辆也有严格的温度控制和设备要求，蔬菜类产品在物流配送中心保存时间不超过 36 小时，门店 0℃ ~4℃保鲜库的保存不超过 1.5 天。海底捞还建立了菜品安全追溯制度，以保证一旦发生食品安全问题，能迅速反应。

（4）在推广策略上，海底捞使用口碑传播方式，通过服务人员真诚的待客之道，打造“真情、细致、诚信”的口碑形象。除了上述提到的各项服务之外，海底捞还会依据顾客需要，提供多种灵活细致的服务，比如，为了让顾客吃到更丰富的菜品可点半份菜，怕火锅汤溅到身上为顾客提供围裙，为长发顾客递上束发皮筋，为戴眼镜顾客送上擦眼镜布，为手机套上塑料袋等。服务员不仅熟悉老顾客的名字，甚至记得一些人的生日以及结婚纪念日，并实时送上礼品和纪念品。“五星级”的体贴服务使得顾客心存感激，有些发展为忠实顾客的人还充当免费口碑向更多人进行宣传和推荐。

海底捞将人力资源视为公司的核心竞争力和重要的品牌资产，为自己确立了“好吃的、会说话的火锅”这一品牌定位，通过店面环境空间设计、情感化服务设计、产品质量控制、打造产品口碑等多个方面的工作，将自身与竞争对手区别开，成功地实现了企业的品牌化经营。

第一节 基于消费者的品牌资产模型

一、品牌资产的含义

一个强大的品牌能使商品卖得更多、卖得更久、卖得更贵，消费者更愿意将其推荐给他人，产品线就更容易延伸，因此能产生更多附加价值，这样的品牌具有独特的市场影响力，这就是品牌资产的力量。品牌资产来源于品牌捕获的消费者心智，品牌资产的成果体现为获得市场业绩。

强势品牌是怎样形成的呢？如何才能创建一个强势品牌？

品牌营销活动的出发点在于理解消费者需求，通过设计产品和服务方案并开展一系列营销活动来满足这些需求，从而为企业和消费者双方创造价值。不同的品牌对消费者来说意味着什么？他们如何看待品牌？消费者所拥有的品牌知识将如何影响他们对品牌营销活动的反应？

从消费者的角度出发，我们将品牌资产定义为：消费者的品牌知识所导致的对营销活动的差异化反应，该定义中相关要素之间的关系如图 4–2 所示。

图 4–2 基于顾客的品牌资产

品牌资产解释了强势品牌的产品或服务与弱势品牌的产品或服务两者之间营销结果存在差异的原因。面对强势品牌时，消费者更易接受品牌的产品延伸，降低对价格的敏感度，乐意在新的分销渠道中寻找该品牌；面对弱势品牌时，消费者对其营销活动反应冷淡，仿佛他们面对的是一个无品牌或是只有虚假的品牌名称的同类产品。

由此可见，品牌的强势程度取决于消费者在长期的经历中对品牌的所知、所感、所见和所闻。正如我们在前面章节中所阐述的那样，品牌存在于消费者的脑海中，创建品牌资产首先必须保证提供的产品或服务能满足消费者的需求，同时能配合市场营销方案，使消费者的思想、情感、形象、信念和意见与品牌产生关联。

二、基于消费者的品牌资产模型内容

为了更好地理解品牌资产的构成要素和创建过程，这里给大家介绍基于消费者的品牌资产模型（Customer-Based-Brand-Equity，CBBE），帮助大家理解强势品牌是怎样形成的，以及如何才能创建一个强势品牌。

基于消费者的品牌资产模型提供了一种独特视角，从消费者角度解释品牌资产是什么，并回答了怎样创建、评估和管理品牌资产的问题。基于消费者的品牌资产模型也称为“品牌共鸣模型”，由凯文·莱恩·凯勒等人提出。该模型如图 4–3 所示。

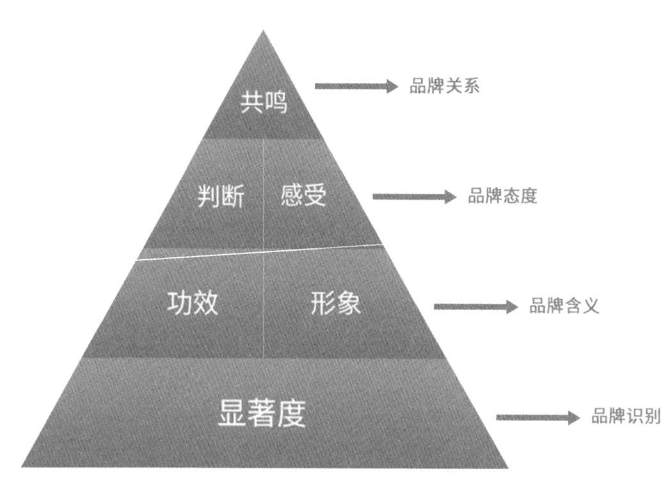

图 4–3 基于消费者的品牌资产模型

该模型认为，创建强势品牌需要按照 4 个步骤来依次进行，这 4 个步骤体现了消费者普遍关心的一些基本问题：

（1）这是什么品牌？（品牌识别）

（2）这个品牌的产品有什么用途？（品牌含义）

（3）我对这个品牌的产品印象或感觉如何？（品牌态度）

（4）品牌和我的关系如何？我们之间有多少关联性？（品牌关系）

4 个问题与括号中的 4 个步骤相对应，同时模型阶梯中的顺序是从品牌识别到品牌含义、品牌响应，再到品牌关系。也就是说，只有首先建立了品牌识别之后，才可考虑品牌含义，在确定正确的品牌含义之后，才可能产生积极的品牌响应，最终的目标是建立品牌关系。从最初的识别、到最终建立情感，这一过程也与我们之前讲到的品牌内涵和价值的进化过程相符。

基于消费者的品牌资产模型，在每个阶段和层面需要做的具体工作如图 4–4 所示。

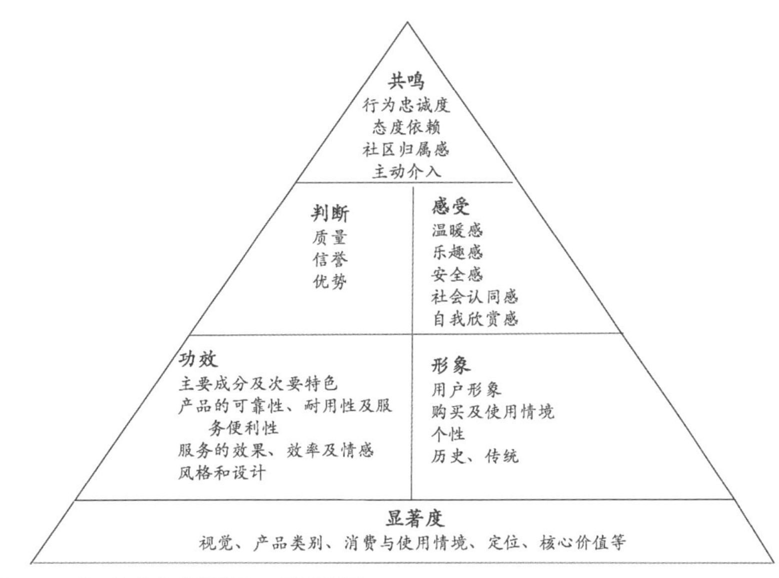

图 4–4　基于消费者的品牌资产模型详解

第一层是品牌显著度，工作内容包括：确定产品类别、设计品牌视觉、设定产品消费及使用情境、确立品牌定位和核心价值。

品牌显著度体现了消费者对品牌的认知度，即在各种情境下能回忆和再认出该品牌的能力，并在记忆中将品牌元素与品牌联想结合起来。消费者对品牌的认知包括认知深度和认知广度，认知深度是指品牌是否很容易被回忆和识别，一个很容易被回忆起来的品牌与一个只有在被提醒后才能回忆起来的品牌相比，前者的品牌认知程度更深，品牌识别工作更成功，当我们看到黄色的 M 形状，甚至只是部分轮廓时，或者见到“I’m lovin’ it”的口号时，就能够很轻易地联想到麦当劳品牌。（图 4–5）

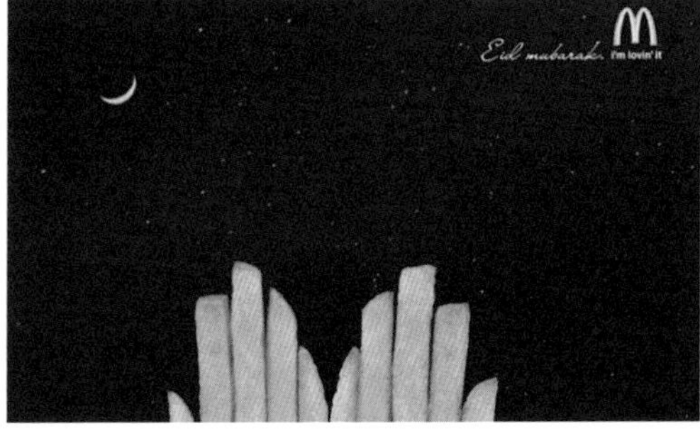

图 4–5　麦当劳的品牌认知

认知广度是指对品牌购买和使用情景的了解程度。以饮料品类为例，当我们有上火症状时，会想到王老吉和加多宝，这是一个很清晰、很明确的购买和使用情境，但具有一定的限制性。总体来说，在许多不同的消费场合中，软饮料具有最广泛的品牌认知广度，在任何时间、任何场合，消费者可能都会想到饮用可乐，而对诸如酒类、牛奶之类的饮料，能想象到的消费情景则相对有限。

第二层是品牌含义，包括消费者对品牌功效与形象的认知，具体内容如表 4–1 所示。

表4–1 品牌含义的具体内容

品牌功效	品牌形象
主要成分及特色 产品可靠性、耐用性及服务便利性 服务的效果、效率及情感 风格和设计	用户形象 个性 购买及使用情境 历史、传统

其中，品牌功效属于品牌含义的理性层面，是指品牌在何种程度上满足了消费者在实用、美学、经济方面的需求；品牌形象属于品牌含义中的感性层面，是指消费者对品牌的感知，反映为消费者记忆中关于该品牌的联想。奔驰品牌在消费者心目中建立起了成熟、睿智与活力的品牌形象，大家可以思考一下，星巴克、苹果、耐克、路易威登各自在消费者心目中创建了怎样的品牌形象。

第三层是品牌态度，包括消费者对品牌的判断与感受，常见的衡量内容如表 4–2 所示。

表4–2 品牌态度的具体内容

品牌判断	品牌感受
品牌质量 品牌信誉 品牌优势	温暖感 乐趣感 兴奋感 安全感 社会认同感 自我欣赏感

品牌判断是品牌态度的理性层面，是指消费者对品牌的评估与个人喜好，主要有品牌质量评估，品牌信誉评估和品牌优势评估 3 个方面；品牌感受是品牌态度的感性层面，是消费者对品牌在感情上的反应，常见的品牌感受类型包括温暖感、乐趣感、兴奋感、安全感、社会认同感、自尊和自我欣赏感，前 3 种情感是即时性和体验性的，后 3 种情感是持久性和私人性的。

越来越多的公司正想方设法给自己的品牌注入情感，打造情感型品牌，希望以此与消费者产生情感共鸣。

情感型品牌创建的 10 个要点：

（1）从消费者到人：消费者代表购买，人代表生活。

（2）从产品到体验：产品满足需求，体验满足欲望。

（3）从诚实到信任：诚实令人期待，信任使人亲密。

（4）从质量到喜好：质量是准则，喜好创造销量。

（5）从名气到渴望：名气并不意味着吸引，渴望令人着迷。

（6）从身份到个性：身份代表认知，个性代表魅力。

（7）从功能到感觉：功能设计倾向实用，感官设计针对体验。

（8）从随处可见到实时呈现：无处不在只是被看见，实时呈现是被需要。

（9）从传播走向对话：传播是告知，对话是分享。

（10）从服务到关系：服务属于销售，关系代表理解。

案例 4–1　星巴克品牌的情感化设计（图 4–6）

去星巴克不是消费咖啡而是小资情怀，这已经是很多人的共识。除咖啡产品之外，星巴克在品牌文化、空间氛围、顾客服务等方面下了很多功夫。以产品包装为例，星巴克咖啡的包装素来精致新颖，多种色系材质搭配运用为咖啡本身带来了更多的艺术感。星巴克还会在每年的圣诞节到来之际推出圣诞杯，与节日氛围相配合，让人感觉快乐愉悦，深得年轻消费者喜爱。

为了营造独特的“星巴克体验”，星巴克把典型的美式文化分解为可以感知的元素：视觉的温馨、听觉的随心所欲、嗅觉的咖啡香味等。

图 4–6　星巴克包装设计

视觉化的星巴克空间。咖啡消费很大程度上是一种感性消费，对于咖啡店来说，最重要的是用环境和文化去感染顾客。星巴克从咖啡制作的几个阶段衍生出以绿色系为主的“栽种”、以深红和暗褐系为主的“烘焙”、以蓝色褐色为主的“滤泡”、以浅黄和白为主的“香气”。四种设计风格，依照店面的位置、店面所在的地区文化风格，再结合天然的环保材质、灯具和饰品速配成因地制宜的门店，创造出温馨又不乏新鲜感的空间氛围。

听觉方面，为了烘托出特有的气氛，星巴克的音乐多为慵懒风格的爵士乐，透过音乐对心灵的深层触动，将消费者带入一个放松的境界。

嗅觉和味觉方面，星巴克以其独创的烘焙方法来烘焙咖啡豆，提供给消费者不同于即溶咖啡和罐装咖啡口味的重烘焙咖啡。为保证味道的纯正，星巴克全面禁止员工使用香水，并杜绝化学香精的调味咖啡豆，不卖热食、汤羹等气味重的食品，以保全整个室内空间浓郁纯正的咖啡香味。

通过上述种种努力，全球各地的星巴克咖啡店成为人们除了工作场所和家庭居所之外温馨舒适的“第三生活空间”，这正是星巴克创始人心中所憧憬的：为咖啡馆创造迷人的氛围，吸引大家走进来，在繁忙生活中也能感受到片刻浪漫与新奇，这个空间是让大家放松的、安全的地方，是让你有归属感的地方。（图 4–7）

图 4–7 星巴克店铺销售场景

第四层是品牌关系，或者称为品牌共鸣，是指品牌与顾客建立的终极关系和认可水平，是顾客感受到与品牌同步的程度。

这也是该模型的最后一层，消费者与品牌建立的终极关系主要体现为主动介入品牌相关的活动，加入品牌社区（线上或线下社区）并获得归属感，产生对品牌的依赖，以及行为忠诚（表 4–3）。具有高度品牌共鸣的品牌有哈雷 - 戴维森、苹果、可口可乐等，许多消费者对可口可乐的迷恋甚至达

表4–3 品牌关系的具体内容

品牌共鸣
行为忠诚度
态度依附
社区归属感
主动介入

到了“宗教般执着与狂热”的地步，20 世纪 70 年代，一位设计师出版了《可口可乐收藏插图指南》，有可口可乐社区成员说：“我们许多人像对待《圣经》一样对待这本书。”

如今，许多企业建立官方微博或网络品牌社区，就是为了通过这种社交化的媒体形式来增加与消费者的信息沟通和情感交流，消费者也会通过各种品牌社区关注品牌信息，参与品牌推出的各种活动。有研究表明，在虚拟品牌社区中，品牌所发布的社交型信息比促销型信息更能吸引消费者的参与。对品牌来说，社交型信息的特征就是品牌的拟人化，杜蕾斯在其新浪官方微博中称呼自己为“小杜杜”，可口可乐称呼自己为“小可”，诸如此类，通过赋予品牌人物性格和特征来与消费者进行交流，这些都是致力于构建和维系品牌与消费者关系的互动方式。

三、基于消费者的品牌资产模型给我们的启示

基于消费者的品牌资产模型为品牌创建提供了方法和指引，它也是一个标准，品牌能够运用这个模型去创建成功的品牌，也能利用这个模型对自己的品牌进行检视，为后续的品牌营销活动提供思路，这一模型也给我们提供了看待和创建品牌的一些重要原则。

首先是消费者拥有品牌。品牌资产来源于消费者脑海中对该品牌的认知和反应，最强势的品牌都是那些被消费者强烈信任、依赖、追求的品牌。品牌的力量和价值存在于消费者之中。

其次，品牌创建无捷径。基于消费者的品牌资产模型强调了品牌创建无捷径的事实，伟大的品牌绝非一蹴而就或偶然建立的，而是通过一系列有目的、紧密相连的步骤精心打造而成。

再次，品牌创建工作应该具有二元性。基于消费者的品牌资产模型告诉我们，品牌创建不只是一个理性思维的结果，强势的品牌在理性和感性层面具有同样的吸引力。理性层面能满足消费者功能性的需求，感性层面能满足消费者心理或情感上的需求。通过两个层面的共同作用，能使品牌对消费者产生更深远的影响，因此，品牌建设工作既需要理性思维，也需要创意思维。

最后，品牌共鸣是终极目标和焦点。品牌共鸣位于品牌资产模型的顶端，应该以品牌共鸣作为终极目标来理解，与品牌建设相关的活动。有研究表明，在品牌行为忠诚度和态度依附方面得分高的品牌，往往在社区归属感和主动介入方面的得分也比较高。当然，位于塔尖也意味着并不是所有的品牌都能与消费者产生共鸣或建立亲密联系，这一目标能否达成，部分取决于品牌管理工作的成效，还有部分同产品或服务的本质，以及目标消费者的个性特征有关。

案例 4–2 漫威品牌的二元性

漫威漫画公司（Marvel Comics）创建于 1939 年，是与 DC 漫画公司（DC Comics）齐名的漫画巨头，旗下拥有蜘蛛侠、钢铁侠、美国队长、雷神托尔、绿巨人、金刚狼、超胆侠、恶灵骑士、蚁人等 8 000 多个漫画角色，以及复仇者联盟、神奇四侠、X 战警、银河护卫队等超级英雄团队。2008 年年底，华特迪士尼公司以 42.4 亿美元收购 Marvel Entertainment Inc.，获得了绝大部分漫画角色的所有权。2010 年，Marvel 宣布其正式中文名称为“漫威”。漫威在全世界拥有大量的粉丝，是全球著名的文化娱乐品牌。（图 4–8）

图 4–8 漫威电影形象海报

从品牌的理性层面来讲，近几年漫威通过漫画、电影、电视剧构筑起强大的宇宙世界观，其精良的制作、强烈的视觉效果吸引了全世界的漫迷。从产品质量上来讲，漫威的漫画情节设计优良，人物形象鲜明，电影特效非常炫酷，导演选择多元化以及和迪士尼的合作，这些都帮助漫威构建了虚拟而独特的世界观，品牌形象深入人心，培养了一种新的观影方式，使得漫威产品成为美国版权产业的标杆。

从感性层面来讲，漫威是英雄主义的象征，漫威拥有像蜘蛛侠、钢铁侠、美国队长、复仇者联盟等超级英雄和团队，漫威塑造的英雄集正直勇敢的品格、坚定顽强的信念、维护和平与正义的雄心于一身，是英雄梦的写照，这些漫画形象被搬上荧幕后，受到了全世界观众的喜爱。“漫威”已经不再只是代表一个漫画公司，它渐渐等同于英雄主义类的电影，通过生动有趣的故事情节、精良的制作特技，给人们带来乐趣、刺激和兴奋感。

第二节　品牌定位策划

一、品牌定位的含义

品牌定位（brand positioning）是指“设计公司的产品、服务以及形象，从而在目标消费者的心目中占有独特的价值地位”。顾名思义，定位就是在消费者的心智中找到合适的位置，使消费者能以理想的方式联想起某种产品或者服务，品牌定位是企业制定品牌战略的重要环节，也是品牌策划工作的主要内容之一。（表4-4）

表4-4　品牌定位描述案例

公　司	产　品	品牌定位
万宝路	香烟	美国西部形象
HBO	电影频道	永不间断的欢乐
耐克	体育用品	创新、顶尖的运动性能
宝马	汽车	时尚和驾驶性能
海尔	空调	控制家里的天气
索尼	照相机	回忆与激烈的体验

定位是对消费者心智模式下功夫，在消费者心中建立区隔，突出品牌能为消费者带来的某个或理性、或情感、或心理的价值。这种工作思想来源于特定的市场环境，即现代市场竞争的加剧和同质化现象的严重，单纯从产品本身去找差异已经变得很困难了，转而需要从消费者需求或认知入手建立品牌区隔，从而跳出同质化的泥潭。

品牌定位的目标在于实现差异化，开展品牌定位工作首先需要进行市场细分，找到目标市场，通过提供产品可支持的关键利益点，来满足目标市场特定的需求。市场（Market），是指所有拥有购买欲望、具有购买能力并且能够买到产品的现实和潜在的购买者组合，市场细分（Market segmentation），是指将市场按照消费者的相似性划分为若干不同的购买群体，使得每一个群体中的消费者，即不同的细分市场都具有相似的需求和消费行为。

企业资源的有限性及市场需求的多样性决定了某个产品无法满足所有消费者的需求，因此，在细分市场中找到最有可能对该产品或服务产生积极反应，并且能提供最高利润水平的这一部分消费者就是企业的目标消费者，对目标消费者下功夫是定位的前提。有研究表明，公司30%~80%的利润来自占总数20%的忠实用户，获取新用户的成本是维持老用户的5倍，这也从侧面印证了创建品牌忠诚的重要性。

二、品牌定位的影响因素（图 4-9）

图 4-9 品牌定位的影响因素

确立品牌定位是一个系统工程，需要对多方面的影响因素进行综合分析，这些影响因素主要包括行业、用户、企业自身、竞争对手四个方面。

（一）行业分析

行业是由许多同类企业构成的群体。行业分析是了解和描绘行业市场生态的过程，以把握整个行业的竞争格局、发展趋势和价值空间。行业分析艰难而烦琐，需要使用多种调研方法以及资料搜集分析工具。对于行业外部影响因素的分析，通常会用到 PESTEL 模型，即在常见的 PEST（政治因素、经济因素、社会因素、技术因素）基础上加上环境因素（environmental）和法律因素（legal）。

行业分析的一个重要目标在于了解行业发展现状、价值空间，找准发展趋势、判断市场价值，因势利导，帮助品牌找到发力点。

（二）用户洞察

用户分析也需要通过运用多种定性和定量的研究方法去了解用户的人口特征、个性特征、生活方式和价值观、消费形态等，在此基础上找到用户需求。除了品牌定位，在产品研发和设计、品牌营销传播阶段，都需要对目标消费者和最终用户进行调研和分析。其共通点在于寻找最合适的方式，给予用户最想要的东西。（图 4-10）

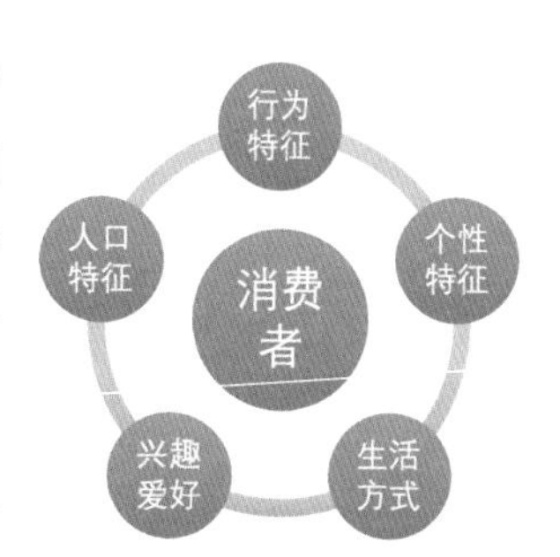

图 4-10 消费者分析的角度

除了使用传统调研方式之外，当前用户研究还会使用大数据挖掘。通过对来自网络和各种智能设备的用户相关数据的搜集与分析，来判断其关联需求，挖掘潜在需求，对用户的消费行为进行预测。许多互联网公司巨头，比如百度、阿里巴巴、腾讯等，通过挖掘用户的搜索行为、购买行为、社交行为等，掌握了海量用户信息，成为分析、洞察、预测消费者需求和行为的重要数据来源。

（三）企业自身分析

品牌定位中有一项非常重要的工作是提出一个能称目标消费者之意的关键利益点，这个关键利益点还必须是企业可支持、产品可支付的，也就是说，品牌的定位承诺必须是产品能提供或达到的。因此，必须了解企业自身的优势和劣势，依托企业及其产品所拥有的各种优势进行品牌定位，能帮助品牌在竞争中扬长避短、脱颖而出。

（四）竞争对手

品牌定位所创造的关键利益点除了称消费者之意、企业和产品可支持之外，还必须具有与其他同类产品相比具有差别性或者独特性，因此，定位工作需要知己知彼，了解行业竞争状况，找到直接或间接的竞争对手，找到自身与竞争品之间的差别或优势。此时还需注意一点，某一类型的产品应该具有一些共有的基本价值和利益，比如，牙膏的基本价值就应该能清洁牙齿，这是所有牙膏产品都需要具备的，品牌定位应该超越所属产品类别的共有属性，体现品牌的独特性。

案例 4-3 星巴克品牌定位的影响因素分析

1. 咖啡行业趋势与中国咖啡市场概况

目前中国的咖啡消费仍处于起步阶段，但增长速度惊人，根据伦敦国家咖啡组织的统计，与全球咖啡消费平均 2% 的增速相比，中国的咖啡消费正在以每年 15% 的惊人速度增长。

中国咖啡市场快速发展的原因很多：中国经济持续增长，人民生活水平日益提高，生活品位日益提升，具备咖啡消费的经济能力；全球化的影响导致消费习惯国际化，喝咖啡人群在扩大；各种风格的大型咖啡连锁机构纷纷进入中国，以星巴克、Costa 咖啡为代表的欧美风格，以太平洋咖啡为代表的商务会所风格，以漫咖啡和 Caffe Bene 为代表的韩式风格，以 Caffe Pascucci 为代表的意式风格等，国内本土咖啡店也在崛起中，咖啡店在国内大部分城市快速发展，各种营销活动的开展也推动了咖啡消费人群的增加。

2. 星巴克的目标消费人群分析

“星巴克”这一品牌名称来自美国作家赫尔曼·梅尔维尔的小说《白鲸》。梅尔维尔在美国文学史上拥有很高的地位,读者群主要是受过良好教育的、有较高文化品位的人士。从品牌名称就可以看出，星巴克将目标消费者定位于一群注重享受、休闲、崇尚知识、尊重人本位的富有小资情调的城市白领。其中，女性占比较高，文化程度本科及以上学历的人群超过 60%，年龄集中于 25~35 岁。星巴克顾客的消费频率差异比较大,有的较为频繁，有的非常稀少，平均逗留时间达到 2 小时。

从个性特征和消费动机上看，顾客中有部分人属于咖啡爱好者，他们对咖啡品质有较高的要求，经常喝咖啡，乐于了解咖啡知识和咖啡文化；另有一部分人属于咖啡随机者，他们对咖啡不排斥也不热爱，咖啡并不是日常生活中必不可少的饮品，对咖啡相关知识了解不多，他们往往喜欢咖啡的氛围超过咖啡本身，消费咖啡往往是出于一种休闲或社交的需要；还有一部分人是时尚追求者，这部分人喝咖啡的原因主要是追求品质生活，并非真正热爱咖啡。

3. 竞争对手分析

星巴克在中国的竞争对手主要是 Costa 和麦当劳。Costa 于 2006 年进入中国开设第一家分店，主打意式高品质咖啡，受到专业咖啡人士的好评。Costa 敢于挑战星巴克主要是出于对产品品质的自信，从咖啡品质和纯正度来讲 Costa 优于星巴克。在星巴克的经营策略中，服务与体验是大于产品的，与之相反，Costa 认为产品大于服务。星巴克采取直营模式，可以让决策更快速和有效地执行，而 Costa 则采取合资模式，这种经营方式能方便品牌进行快速扩张，但其弊端也非常明显，会使决策效率变慢，发展过程中所受的限制也会比较多。

总体而言，在咖啡品质上，与 Costa 相比星巴克略输一筹，但在服务质量和消费体验上，星巴克比 Costa 做得更细致入微。中国是一个没有咖啡消费传统的饮茶大国，人口数量极大，市场前景可观，大多数人是“非专业”的咖啡消费者，星巴克针对中国人好面子的心理，将品牌定位于轻奢的高端形象，迎合了中国人的消费价值观，优质的服务和舒适的消费体验也提升了星巴克的品牌吸引力。

麦当劳的麦咖啡、社区便利店全家的湃客咖啡也是星巴克的竞争对手。麦咖啡和湃客咖啡主要为外带，方便了工薪族的便利性需求，同时，价格低廉，虽然口感略微逊色，但性价比较高，店面覆盖广购买方便，这些使得它们成为当下年轻人非常中意的咖啡选择。（图 4–11）

图 4–11 星巴克的竞争对手 Costa、麦咖啡、湃客咖啡

4. 品牌自身分析

星巴克具有非常明显的优势。首先是高品质的产品保证，从原料的种植、筛选、运输、烘焙、调制直至端给顾客的那一刻，星巴克对全流程都有非常严格的控制。其次是产品多样化，星巴克拥有超过 30 多款手工制作的浓缩咖啡和花式咖啡冷热饮料，能迎合不同口味的消费者喜好，星巴克每年还会投入巨资进行咖啡技术和产品的创新研究。最后是细致周到的服务，星巴克致力于将每一位顾客发展为常客，尽力满足顾客每一个细微需求。星巴克将自身定义为“以咖啡为中心的社会交往”，通过服务和体验与人相连接是星巴克的核心战略。

星巴克的劣势在于定价较高，其在中国的定价相比美国高出 75%，这虽然能带来较高的品牌收益，但也大大限制了目标市场的规模，也会遭遇较多的社会批评。近年来星巴克忙于扩张门店，为降低成本采用了流水式作业，导致了品牌“体验感”的淡化，弱化了品牌核心价值。

星巴克进入中国的时机较好，在人们还处于懵懂状态时进入中国，带给人们更优质的咖啡体验，培育了较多的咖啡爱好者和忠实顾客。同时，中国经济快速发展，人民生活水平不断提高，消费市场巨大，国民对于咖啡的接受程度越来越强，法律法规放宽了对外资零售业直营的管制，这些为星巴克在中国的长远发展提供了空间和保障。

星巴克的威胁在于，食品原材料成本上升对成本控制和利润收益造成巨大压力，中国地区发展不平衡，收入和消费水平存在较大差异，对星巴克较高的价格定位形成了挑战。此外，中国市场竞争对手的增加也给星巴克带来不小的压力。

基于上述各种影响因素的分析，为了在竞争日渐激烈的市场环境中稳固自身的优势地位，星巴克需要不断对品牌定位进行检视，思考是应该继续强化现有的品牌定位，还是重新确立新的品牌定位。

三、品牌定位策略与类型

品牌定位并非要求企业把所有优点都和盘托出，而是要求实现关键利益点的差异化。品牌定位也并非只是围绕新产品展开，当品牌面临一些发展困境时，也需要思考重新定位的问题，首先，当前的定位没有达到营销目标或者消费者对品牌定位的认知很模糊，就需要对品牌定位进行重新思考；其次，当目标消费群体的观念发生变化时，原有的定位会使得品牌形象老化，也需要重新进行品牌定位；最后，当企业要开拓新市场时，原有的品牌定位无法兼顾新市场，也要重新进行品牌定位。

不同类型的企业，品牌定位策略也有所不同。对于市场领导者来说，可以执行以下定位策略：

· 领导者要保持现有的定位，需要不断地加强最初的产品概念。可口可乐就长期地保持了它“唯一的、真正的可乐”的概念，而它们变化口味的失败也表明了坚持概念的一致性有多么重要。

· 坚持你的产品，不放弃已经具有优势的产品。

· 用多品牌压制。宝洁公司采用的就是多品牌策略，每一个子品牌几乎都是同类产品的第一品牌，占领了所有有利的定位。

· 用更广的名称压制。如果你是一家“汽水厂”，那么你想通过果汁饮料获得优势是很困难的，而如果你是一家“饮料公司”就会容易得多。

对于市场跟进者来说，可以执行以下定位策略：

· 在消费者心目中加强和提高现在的地位

· 寻找为消费者所重视的、尚未被占领的定位

· 推出竞争性定位

不管怎样的企业类型，品牌定位要想获得成功，企业要运用一定的标准来选择最主要的差别，一种产品差别值得开发并可能成为定位依据必须满足下列标准：

· 重要性：这种差别对消费者来说具有较高价值

· 沟通性：消费者能了解并认可这种差别

·可支付性：消费者有能力支付这种差别，如果增加成本、增加价格，消费者是否愿意承受

· 独特性：提供的差别与众不同，其他品牌无法提供相似差别

· 先发制人：该差别不会被竞争对手轻易模仿

· 盈利性：推出这种差别能获取丰厚的利润

一般来讲，品牌定位的类型有以下几种：产品中心定位法、标签设置定位法、情感导向定位法。

（一）产品中心定位法

"产品中心定位法"需要企业聚焦于产品，从产品本身挖掘独特的关键利益点。沃尔沃汽车强调安全性能，美即面膜强调速效美白，360 浏览器强调极速体验，从产品本身寻找独特的销售主张作为品牌定位，主要可从产品功效、品质、性价比等角度入手。

消费者购买某个品牌的产品是希望该产品能满足自己的某些需求，所以独特的产品功效能快速打动消费者的心。美图手机因为具有卓越的美颜功能和便捷化的操作，一直处于拍照和照片处理市场的领先位置，深受爱美爱炫人士的喜爱。感冒药白加黑，"白天服白片不瞌睡，晚上服黑片睡得香，白加黑治感冒，黑白分明，表现更出众"，也是典型的产品功效定位。

品质定位是以较高的、独特的产品品质为主要诉求点来打动消费者。汉堡王坚持通过特色的"火烤"秘技给世界各地的消费者带来原汁原味的美式火烤风味汉堡。中国国产的各种奶粉品牌也特别喜欢打"品质牌"，就是因为在中国经历了多次的假奶粉、问题奶粉事件，国人对于奶粉的品质要求特别高，许多奶粉重点强调其好品质、好奶源、好工艺，以获取消费者的信任。

高性价比的品牌定位主要适用于对价格敏感度比较高的一些产品品类，如家庭日用品。

（二）标签设置定位法

品牌的含义非常丰富，并不仅仅指向产品，品牌具有像人一样丰满和鲜明的个性与形象，标签设置定位法就是通过给品牌贴标签，赋予品牌独特的身份和个性特征，使消费者能快速地在竞争市场中识别出某个品牌，

并形成稳定的品牌形象认知。标签设置定位法可从品牌历史、产品来源地、使用情景和消费群体这四个角度入手。

品牌的历史和传统是品牌资产的重要组成部分，历史越悠久的品牌，在消费者心目中能形成厚重、质量稳定、可信赖的品牌形象。中国许多白酒品牌热衷于突出品牌历史，如泸州老窖“国窖1573”就是彰显历史感的品牌定位方式。

产品来源地的品牌定位方法是通过强调产品或者原材料来源地的特殊性作为品牌的关键利益诉求。地域的独特性造就了某些产品或者原材料的高品质、正宗、稀缺性特征，这些能带给消费者信任感、高贵感等特殊的心理情感。比如，出产于瑞士的手表代表了高品质和高享受，来自于法国的葡萄酒是正宗的代名词。

使用情景也越来越成为品牌创建区隔的重要维度。关注产品的使用情景，将产品的使用与某些特殊的时间、空间、社会场景相关联，凸显这些特定情景中品牌的唯一性，或者带给消费者某些或愉快、或浪漫、或舒适的消费体验，从而建立特定的品牌联想。

针对消费群体进行的标签设置定位法是指强调产品专为某一类消费者设计，突出品牌的专属性。劳斯莱斯是顶级奢华的、社会地位显赫的标志，购买劳斯莱斯的人似乎不是在买车，而是在买一枚超豪华的标签，长期以来劳斯莱斯是英国皇室、众多国家元首以及富豪的专属座驾。

（三）情感导向定位法

消费的个性化、时尚化、符号化和情感化是消费时代的重要特征，情感化的品牌定位更有助于建立与消费者之间的情感联系，强化品牌形象、增加品牌附加价值。情感导向定位法又可分为情怀定位法、文化定位法和理念定位法。

“情怀定位法”将品牌诉求聚焦于消费者对生活、时代的某些特殊情怀，或者对浪漫、小资、精致生活等情调的追求，通过赋予品牌某些特定的情感色彩来加强品牌在消费者心目中的气质与魅力，让消费者心甘情愿地为这种情怀和情调买单。情怀定位法特别适合拥有某种情感需求的消费群体，如小米面向年轻一代主打“民族品牌”，凸显民族情怀和少年情怀，星巴克面向中产阶级凸显“小资情怀”，哈根达斯向情侣推销“浪漫情怀”。

“文化定位法”是指赋予品牌一定的文化含义和文化象征，将文化元素融入品牌之中，让消费者对品牌形成文化上的认可。文化定位一旦形成将很难复制，因此对于维持品牌的差异性而言，文化定位是有力的手段。“绝对伏特加”将自身与“创意”和“艺术”相关联，营造了属于绝对伏特加的艺术和时尚文化圈，凸显了品牌独特的个性和文化特征。

“理念定位法”是指企业通过为品牌提炼一个简单而深刻的理念，影响消费者的认知，甚至改变消费者的态度。农夫山泉提出“我们不生产水，我们只是大自然的搬运工”，温情而理性地向消费者传递了品牌“天然”“健康”“无添加”的产品特征。

四、品牌定位方法和工具

（一）列表法

通过列表法进行品牌定位是将品牌的竞争优势和消费者的需求按照主次进行排序，从而寻找品牌优势与消费者需求的结合。（表 4-5）

表4-5　列表法

产品的竞争优势	消费者的需求
优势 1 优势 2 优势 3 优势 4 ……	需求 1 需求 2 需求 3 需求 4 ……

案例：运用列表法为某品牌速冻水饺进行定位（表 4-6）

运用列表法确定品牌定位时，最优结果是找到产品最主要的优势与消费者最主要的需求之间的对应结合。

表4-6　速冻水饺案例

产品的优势	消费者的需求
口味好，接近于家常口味 手工包制 馅形接近于家庭自制，口感较好 煮后不易变形，形状美观 ……	方便、省时 口味接近于家常口味 馅形不要太碎 煮后形状美观、不变形 最好为手工包制 ……

（二）“四象限”法（图 4-12）

“四象限”法是将关注点放在消费者未被满足的需求上，从消费者的需求特点着手进行品牌定位，这是一个比较有效且简单易行的方法。消费者的需求特性层次归结起来可分为四个部分，我们称之为“需求特性四象限”，即：重要又急需；重要但不急需；不重要但急需；不重要又不急需。对于新品上市期的品牌定位，需求四象限法能发挥重要作用。

1 重要又急需	2 重要但不急需
3 不重要但急需	4 不重要也不急需

图 4-12　消费者需求“四象限”

第一象限“重要又急需”对于定位的成功起着至关重要的作用，当定位满足于第一象限的特性时，品牌能迅速被消费者关注并认可。一般的品牌定位往往忽视了“第一象限”的原理，在四个象限中寻找“兴奋点”或

“奇异点”进行品牌定位，结果往往造成了品牌定位对于消费者来说，可能不重要也不急需。比如，某些品牌为了追求差异化，推出了音乐冰箱、会说话的冰箱等，如果用四象限的需求特性来分析，问题就一目了然，冰箱上有音乐或会说话对消费者来说是重要的吗？是急需的吗？对于消费者来说，购买冰箱重要又急需的是专业制冷、省电、质量稳定，至于冰箱会不会说话并不重要。

以前面速冻饺子品牌为例，对其目标消费者来说重要又急需的产品特性是：方便、省时，是口味接近于家常口味的速冻食品，该品牌除了具备方便这一速冻食品的共有特性之外，最大优势就在于它口味好，接近家常口味。因此，品牌选择从美味的角度出发进行定位，最终确立的定位表述为“源自传统的高品位速冻食品”。

（三）定位图

定位图是一种直观简洁的定位分析工具，一般利用平面二维坐标图对品牌识别、品牌认知等状况做直观比较，以解决定位有关的问题。坐标轴代表消费者评价品牌的特征因子，图上各点对应市场上的主要品牌，它们在图中的位置代表消费者对各品牌在关键特征因子上的表现评价。

图 4–13 为啤酒品牌的定位图，图上的横坐标表示啤酒口味的苦甜程度，纵坐标表示味道的浓淡程度，图上各点的位置反映了消费者对各品牌口味和味道的评价，如百威（Budweiser）被认为味道较甜，口味较浓，菲斯达（Faistaff）口味偏苦、味道较淡。

米勒啤酒口味清淡这一特点相当突出，因而它较为适合在辛劳后畅饮，依据这一定位，“米勒时刻”（Miller Time）主题营销活动便应运而生，

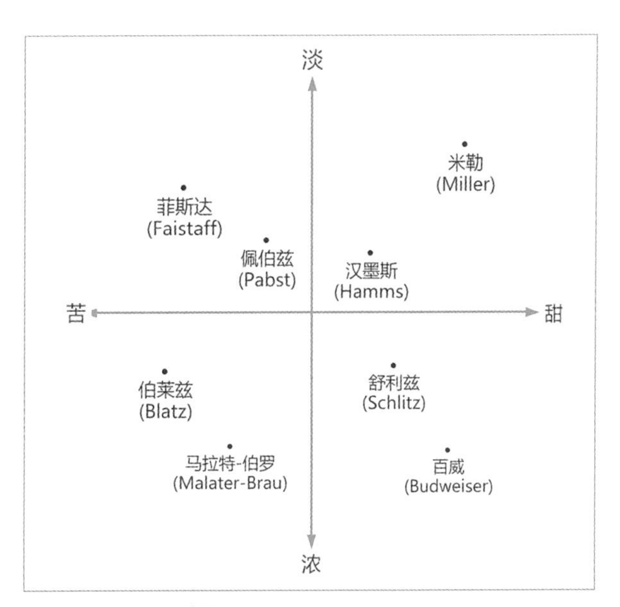

图 4–13 啤酒品牌定位图

米勒的广告表现了一群普通劳动者在一日劳作后畅饮米勒啤酒的场景，当大众辛勤劳动一天后想寻找痛饮的畅快感受时，便想起了米勒。

若自己的品牌与其他品牌的位置相当接近，则意味着在消费者的心目中，该品牌的产品在关键特征因子上的表现缺乏出众之处。越接近说明被替代的可能性越大，此时企业应考虑通过重新定位拉开与其他品牌的距离。

图 4-14 是为冰激凌商店品牌 Jeni’s 所做的定位图，通过消费者对冰激凌的认知，对现有竞争品牌进行定位，最后为 Jeni’s 品牌找到了一个合适的市场空缺，并将其定位为“具有艺术气息的、甜蜜的用餐体验”。

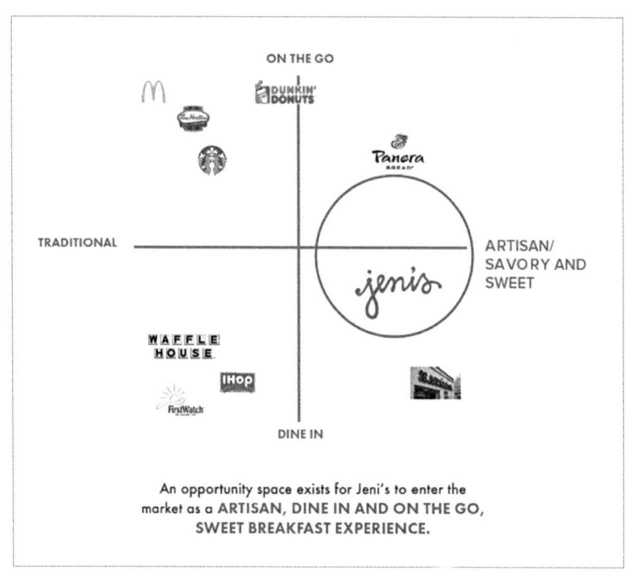

图 4-14 知名冰激凌品牌定位图

为了更直观地展示定位结果，定位图一般是二维的，但影响消费者决策的产品特征因子多种多样，该如何在复杂的要素中找到关键点呢？

首先，要通过市场调查了解消费者购买某类产品的影响因素及对这些因素的重视程度，确认重要性较高的几个特征因子，再从中进行挑选。其次，要剔除那些难以区分各品牌差异的因子，在剩下的因子中选取两项对消费者决策影响最大的因子。再次，对相关程度较高的若干因子，可合并为一个综合因子。最后，在选取好关键因子后，接着就根据消费者对各品牌在关键因子上的表现评价来确定各品牌在定位图上的位置。

在定位图中，A、C、E、G 4 个区域的密度相当大，密度越大竞争越激烈，D、F 两区中的点相对稀疏，这表示竞争相对缓和，而 B 区还处于空白，这昭示着一个诱人的潜在市场。当然，定位图的空白部分不一定等于市场机会，只有存在潜在需求才能称得上是潜在市场，对于消费者不感兴趣的定位，即使空间再大也毫无意义。有时可让你发挥的定位范围空间较大，但具体定位于哪一点却不易把握，这时可引入“理想品牌”的概念，先确定目标消费者心目中的理想品牌是怎样的，然后将它放置在定位图上，一般来说，品牌定位与理想品牌越接近则成功的可能性越大。（图 4-15）

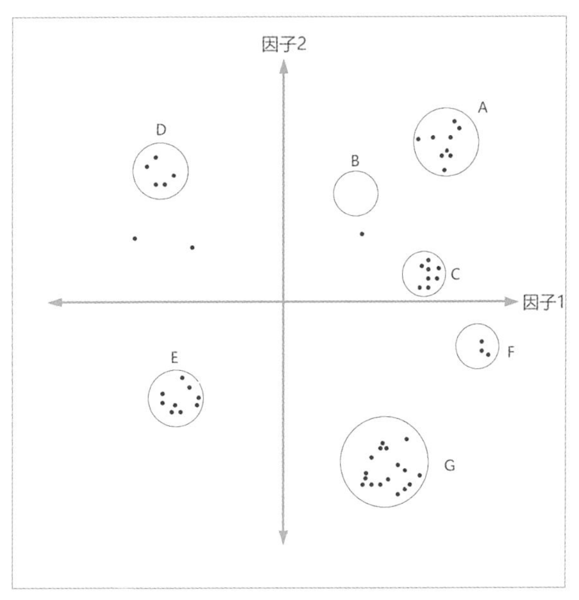

图 4-15 定位图示意

图中是某个汽车品牌的定位图，公司将一新上市车型定位为成功人士的象征，在定位图上它应处于 A 点，但经调查后发现，消费者觉得它只是一辆上班人士的普通座驾，在消费者心目中它处于定位图上 B 点位置，这一差距应引起公司的重视，需要重新进行定位，或改变宣传策略。（图 4-16）

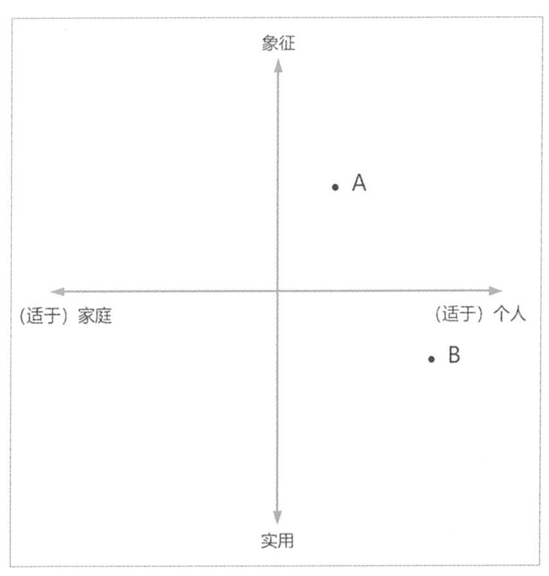

图 4-16 某个汽车品牌的定位图

由此可见，并非定位完成之后就可以一劳永逸，企业需要定期跟踪消费者的品牌认知情况，以检测沟通活动和营销工作的有效性，并确定是否需要实施品牌重新定位计划。

定位的角度和方法多种多样，并无定式，如何选择合适的定位工具和方法，确定怎样的品牌定位，需要企业对行业市场、竞争者、消费者及品牌自身有全面的了解和深入的洞察，以高超的策划能力和执行智慧进行创新设计。

第三节　品牌核心价值策划

品牌定位是一个品牌如何在特定市场中将自身与竞争者相区别，然而同一品牌可能进行产品延伸，产品会覆盖不同的市场，并拥有不同的定位，那么该如何保持某个品牌形象和价值的一致性呢？此时需要考虑为品牌赋予一个与生俱来的、不会轻易改变的核心与灵魂，以确保品牌随着时间流逝，当定位发生改变时，企业自身、消费者以及大众依然能清晰地知晓品牌是什么、品牌该做什么、未来的发展方向在哪里，这些事关品牌精髓和宗旨的就是品牌核心价值。通常以一组抽象的词语组合来描述品牌核心价值，表达品牌最重要的特征以及品牌能提供的利益与价值。

一、品牌核心价值的影响因素

提炼品牌核心价值需要考虑以下几个方面的影响：产业的核心价值、企业的价值基础与发展战略、消费者的品牌知识。

（1）产业或行业的核心价值。首先，需要了解支撑整个行业发展的核心元素，这些元素可能是技术、品质或者商业模式。以汽车行业为例，不论是奥迪“突破科技，启迪未来”诉求的科技感、宝马“终极驾驶机器”诉求的驾驶乐趣，还是沃尔沃“关爱生命，享受生活”诉求的健康和安全，核心价值始终都聚焦在安全性能和驾驶体验感这两个方面，这也是整个汽车产业的核心价值所在。（图 4–17）

图 4–17　汽车品牌核心价值描述

（2）企业的价值基础与发展战略。品牌核心价值也是企业价值、宗旨和文化的体现，核心价值不能与这些背道而驰，要符合企业已经积累的价值基础和发展目标，巩固和强化已有的企业文化与观念。耐克一直以来致力于研发和生产创新的、技术尖端的、性能良好的运动用品，因此耐克的品牌核心价值宣言为“真正的运动表现”。品牌核心价值宣言既是一个标杆、一个承诺、也是对品牌发展边界的清晰界定。

（3）消费者的品牌知识。消费者的品牌知识直接影响他们在实际消费行为中对品牌的态度和选择，如果是新进入市场的品牌，要确定品牌核心价值，需要充分考虑消费者对该品类其他品牌的认知，以此为参考来确定本品牌的核心价值；如果是处于成长期或者相对较成熟的品牌，则需要以该品牌在消费者心目中已经形成的认知为蓝本来进行深化和提炼。

二、品牌核心价值的内容

品牌核心价值主要包括 3 个方面的内容：品牌的理性价值、品牌的感性价值、品牌的象征价值。（图 4–18）

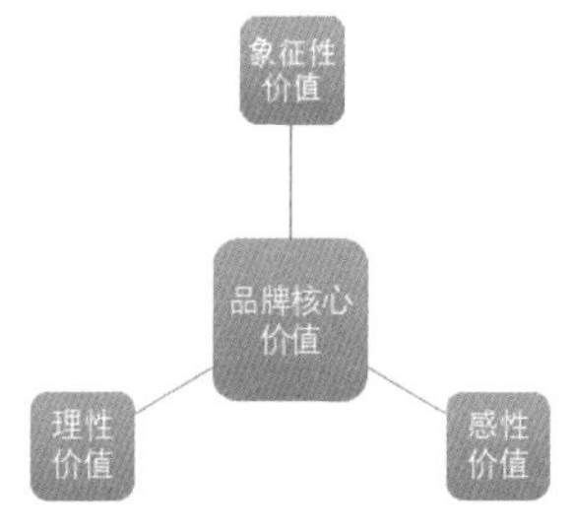

图 4–18 品牌核心价值的构成

（一）品牌的理性价值

品牌的理性价值来源于品牌所代表的产品表现，是对产品功能价值的评价，以及能给消费者带来的直接利益。产品的功能、特性、质量、价格、便利性、可靠性、耐用性等都属于品牌的理性价值，是产品能够为消费者解决实际问题的能力。鞋子要贴合脚型，舒适不磨脚，方便行走；空调要能制冷和制热；护肤品要能补水保湿，缓解过敏。

品牌的理性价值是消费者考虑和选择某个品牌产品最直接的影响因素，也最容易被理解和接受。随着产品同质化程度越来越高，理性价值在消费决策中的影响力逐渐被削弱，除非品牌在理性价值层面的优越性非常突出，否则仅仅运用理性价值来说服和打动消费者，几乎是很困难的事情。因此，将理性价值作为品牌的核心价值，缺乏足够的吸引力，同时也会限制品牌持续发展的生命力。

（二）品牌的感性价值

品牌的感性价值是寻找品牌与消费者之间的某种情感联系来建立品牌核心价值，这种品牌价值是在理性价值基础上更深层次的价值诉求。

消费者在消费某种产品和服务的过程中，由于一些特殊的场景或者生活经历，会使消费者与品牌之间产生某种情感联结，这种情感联结会因为消费经验、产品品类的不同而呈现出一定的差异性。总体来说，品牌的情感价值主要体现为以下几种类型：熟悉、怀旧、自我概念、合作、承诺和依赖。

消费者与品牌之间的情感关系越强烈、唯一、持久，品牌的感性价值就越大，品牌越不可取代。对于许多美国消费者来说，可口可乐是开心时刻的陪伴，是深植在美国人生活中的熟悉、传统又有怀旧情结的特殊品牌。

（三）品牌的象征性价值

象征价值是消费者在使用该品牌时所具有的对自我个性和自我形象的投射与表达，是最能体现品牌个性的价值元素，也是构建和体现品牌象征性意义的重要内容。关于象征性价值，我们在本书的第一章做过详细的讲解。

消费者在购买和消费某个产品时，倾向于选择能体现和彰显个人成就、形象与个性的品牌，企业可以通过赋予品牌一些独特的意义来吸引和打动消费者，以此提升品牌的附加价值。传统高粱酒创新品牌江小白以“我是江小白，生活很简单”为品牌理念，坚持“简单纯粹，特立独行”的品牌精神和“简单包装、精制佳酿”的反奢侈主义产品理念，通过精心打造的“我是江小白”这一品牌 IP 与消费者进行互动，表达了一种青春而简单的品牌个性，符合现代年轻人的生活形态和自我认知。

策划案例分享：迪士尼乐园品牌定位与核心价值策划

1. 品牌概述

迪士尼乐园是迪士尼公司旗下主题乐园的总称，公司全称为 The Walt Disney Company，迪士尼公司是总部设在美国加利福尼亚州伯班克的大型跨国公司，主要业务包括娱乐节目制作、主题公园、玩具、图书、电子游戏和传媒网络。迪士尼乐园于 1955 年开园，是世界上最具知名度和人气的主题公园。

迪士尼乐园是迪士尼度假区中的一部分，除乐园外，迪士尼度假区还包括主题酒店、迪士尼小镇和一系列休闲娱乐设施。迪士尼乐园包含许多主题园区，不同主题园区内有不同游乐设施。如今，迪士尼乐园已拥有 6 个世界顶级的家庭度假目的地，分别是美国加州迪士尼乐园度假区，奥兰多华特迪士尼世界度假区，日本东京迪士尼乐园度假区，法国巴黎迪士尼乐园度假区，中国香港迪士尼乐园度假区，中国上海迪士尼度假区。

2. 品牌定位策略

首先，迪士尼将目标消费群体定位为以家庭为单位的所有成员，希望为家庭里的成人和儿童都带来梦幻般的娱乐体验。创始人华特 · 迪士尼想要建造一个成年人也可以尽情享受的儿童乐园，因为他相信“每个人内心都有个孩子，你所要做的只是让他找到方法出现”。与其他许多儿童乐园不同，从一开始，迪士尼乐园的目标消费群体就不只是儿童，而是家庭的所有成员，这一目标消费者定位不仅帮助迪士尼乐园收获了一个更广阔的市场，同时也延长了每位消费者在迪士尼的消费时间（从 2 岁到 80 岁）。从营销的投资回报率来说，迪士尼可能是世界上最高的。

其次，持续不断的品牌创新。1955 年，加州迪士尼乐园开幕当天，华特 · 迪士尼说了一句名言：“只要幻想存在于这个世界，迪士尼乐园就永远不会完工”，这表明迪士尼品牌会致力于持续创新的品牌愿景。从早期的米老鼠、唐老鸭到今日的巴斯光年与侏罗纪公园，迪士尼不断地发掘消费者的潜在需求，设计不同的卡通人物，以满足不同时代、不同年龄消费者的童话和幻想需求。持续的创新，除了可以在竞争环境中让自己保持领先以外，还能不断引发消费需求，获得更多商机。

最后是贯彻至全员的品牌精神。不论哪一个国家的哪一个乐园，每一位迪士尼员工，从门口的售票员、商店的销售员，到清洁工人，永远都面带微笑地提供亲切的服务。迪士尼特别强调服务精神——“以最真诚的态度对待每一位顾客，因为这可能是他们这辈子最开心的一天”。迪士尼认为服务精神往往比有创意的营销活动更难得，服务的重要之处在于直接接触顾客。再好的营销活动，如果不能搭配好的服务，终究会功亏一篑，而发自内心的真诚服务，不仅能打动顾客的心，充分放大营销功效，还可能超越顾客期待而感动顾客。

3. 品牌核心价值

迪士尼公司的品牌核心价值宣言为“有趣的家庭娱乐”，迪士尼乐园是迪士尼企业重点打造的产品，其经营和管理也遵循这一核心价值，成为人们诠释人生欢乐的品牌，帮助迪士尼公司成为了全球首屈一指的品牌。迪士尼品牌核心价值具体体现在以下几个方面：

· 创新：迪士尼一直坚持创新的传统

· 品质：迪士尼不断努力追求卓越，迪士尼品牌的所有产品都必须保证高质量

· 共享：迪士尼拥有积极和包容的态度，迪士尼创造的娱乐可以被家庭里各代人所共享

· 故事：每一件迪士尼产品都会讲一个故事，故事能给人们带来欢乐和启发

· 乐观：迪士尼娱乐体验总是向人们宣传希望、渴望和乐观坚定的决心

· 尊重：迪士尼尊重每一个人，迪士尼的乐趣基于自己的体验，绝不取笑他人

本章思考题

（1）星巴克、苹果、耐克、路易威登各自在消费者心目中创建了怎样的品牌形象，这些品牌形象是通过怎样的渠道或方法建立起来的？

（2）选择一个品牌，分析其品牌资产的构成和具体表现。

（3）你与哪个品牌有最大的情感共鸣？这种共鸣是怎样形成的？

（4）是否所有的品牌最终都能与消费者达成共鸣？如果不能，说明其原因。

（5）结合书中对星巴克品牌定位影响因素现状的分析，思考星巴克现有品牌定位面临的问题。如果你是星巴克的品牌管理者，接下来该做些什么以强化品牌定位和品牌形象？

（6）列举你认为定位成功的品牌，分析其品牌定位成功的原因。

（7）品牌定位与品牌核心价值之间有什么区别和联系？

课程实践（自创品牌策划第二步）：品牌定位与核心价值策划

在这一阶段，基于对品牌资产构成的理解，结合对各种影响因素的分析和思考，选择合适的方法确立品牌定位并进行定位描述，同时，凝练品牌的核心价值。

第五章　品牌视觉设计

设计能以充满惊喜的方式将品牌与人们的日常生活相联结，是传达品牌信息的最好方式，设计也能成为传播的核心，吸引人们的注意。如今，人们越来越习惯用眼睛去感受世界，品牌与产品给人的视觉感受和视觉体验也越来越重要，有时甚至变成主要的考虑因素。本章我们主要讲解与品牌相关的视觉设计，包括品牌基础视觉识别及主要的品牌元素设计、产品视觉设计、包装视觉设计等，关注品牌视觉设计的原则和发展趋势，并探讨了企业应该如何进行有效的品牌视觉资产管理。

“绝对伏特加”（Absolut Vodka）是世界知名的伏特加酒品牌，虽然伏特加酒起源于俄罗斯，但绝对伏特加却是来自瑞典南部小镇。多年来，绝对伏特加通过采取富有创意、高雅而又幽默的方式持续诠释着品牌的核心价值：纯净、简单、完美。绝对伏特加通过对酒瓶形态的符号定义和精彩演绎，创造了令人惊奇的品牌意义，独特的造型特征和神奇的视觉沟通策略，使绝对伏特加成为经典品牌。

绝对伏特加的第一个广告展示了一个绝对伏特加酒瓶，采用光晕打底，文案是简单的“绝对完美 ABSOLUT PERFECTION”。（图 5-1）

“绝对完美”成为一个样板，在随后几年的广告设计中，创意人员始终遵循着“统一与变化”的原则，画面是不同背景或者视觉效果衬托下的酒瓶特写，瓶子始终与醒目的光晕同时出现，文案在瓶子下方，开头永远是“ABSOLUT”，后面跟着一个表示品质的词，从而形成了绝对伏特加独特的“绝对”系列。延续最初的创意元素，在此基础上进行创新和更改，对于形成品牌形象和品牌影响力能持续发挥重要作用。（图 5-2）

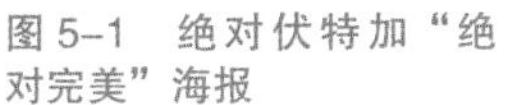
图 5-1　绝对伏特加“绝对完美”海报

图 5-2　绝对伏特加“绝对”系列海报

1985 年，在多年成功的广告攻势后，公司决定开始创造绝对伏特加的附加价值，总裁提出了一个新的创意，让一位画家画出绝对伏特加的瓶子，如果能找到合适的画家，则表明绝对伏特加品牌不但能站在现代文化时尚的最前沿，还具有深刻的文化内涵。

基于这一创意想法，当时美国最受欢迎的艺术家安迪 · 沃霍尔创作了“绝对沃霍尔”；年轻涂鸦艺术家凯斯 · 哈林创作了“绝对哈林”。这些具有艺术影响力的作品一经发布，市场反响热烈，绝对伏特加销量骤然上升，仅用 2 年时间就成为美国市场第一伏特加酒品牌。随后，品牌又吸引了超过 500 位艺术家参与设计，有许多来自雕塑、音乐、时装等领域的设计师也参与其中，大大提升了绝对伏特加在消费者心中的地位，它不再仅仅是酒，而是代表了一种有品位的生活方式。（图 5–3）

图 5–3　绝对伏特加酒瓶创作

除了与视觉艺术家合作之外，绝对伏特加还邀请知名 DJ 和作曲家为品牌创作主题音乐，并在绝对伏特加的酒吧和各种主题俱乐部播放这些音乐，与音乐的结合丰富了绝对伏特加的感觉体系，从视觉到听觉，绝对伏特加构建了一个立体化的品牌识别系统。

30 多年前绝对伏特加刚打入国际市场时，伏特加酒市场主要由 Stolichnaya 和 Smirnoff 等品牌主宰。当时酒类普遍都在包装中传达产品出身，伏特加酒主要源自俄罗斯，有些品牌利用标志来描绘沙皇时代的盾形徽章、皇冠、画像图案等符号，以传达出可信赖的形象，但从某种程度上来讲，这些品牌不论是形象还是设计，都比较雷同且缺乏活力。随着绝对伏特加的推出，“绝对”这个词表达了某种宣言，代表一种无拘束、年轻自信与自负的情感，这种品牌宣言打破了该类产品品牌设计的已有联想，它不在传统与出身这样一些旧有的信息诉求上去竞争，也不去关注先前其他品牌营造的情感可能性，而是启发人们用一种积极的态度重新认识此类产品：关于与众不同、关于叛逆，从而改变了整个产品类别的品牌联想，由此，我们可以想象设计能帮助一个品牌取得多大成功。

设计能以充满惊喜的方式将品牌与人们的日常生活相联结，是传达品牌信息的最好方式，设计也能变成传播的核心，吸引人们的注意。绝对伏特加的瓶身设计影响了它的广告活动，也影响了人们对该类品牌的态度，从1990年至2002年，如果将绝对伏特加与琴酒（另外的烈酒类型）的销售作比较可以发现，琴酒销量数从1 100万箱降到970万箱，而伏特加从2 200万箱增加到3 600万箱。来自瑞典的绝对伏特加，以其创新设计包装，不仅改变了人们看待烈酒的方式，也改变了整个产业，推动整个产品类别走向成功。

第一节 视觉设计与品牌

英国作家和艺术家奥斯卡·王尔德曾说过，“只有肤浅的人不会以貌取人，世事的奥秘皆在皮相”。品牌是现代社会诞生的一套完整且含义丰富的符号系统，构成品牌表相的视觉设计作用不容小觑。

今天人类进入了知识经济的时代，也是一个美学经济、体验经济的时代，人们在消费生活中越来越重视品牌来源、品牌设计、品牌形象等附加值。“颜值”主导的时代，人们习惯用眼睛去感受世界，品牌与产品给人的视觉感受和视觉体验越来越重要，有时候甚至变成主要的考虑因素。

一、品牌是视觉设计的原点和支点

视觉设计是将品牌个性具象化的过程，出色的品牌视觉设计超越理性，触及人们的生活，能激起人们的兴趣与兴奋感。视觉化是品牌价值的实现过程，也是品牌价值的展示方式。

品牌视觉设计必须基于对品牌战略的深入理解，使设计真正有利于传递品牌价值、塑造品牌形象、增加品牌资产。品牌视觉设计并非脱离品牌实际的艺术创作，必须基于品牌现状，致力于解决品牌发展中遇到的问题。

（1）品牌定位对品牌设计的影响：品牌定位是最基础也最重要的品牌战略决策之一，品牌视觉设计要遵循品牌定位描述，要符合品牌目标消费群体的审美特征，要与品牌形象相一致。当出现品牌老化、定位模糊等问题，或品牌扩展至新的市场时，往往需要对品牌进行重新定位，此时，品牌视觉系统也要同步进行更新。

（2）品牌创新对品牌设计的影响：当一个品牌发展进入衰退期，产品销售情况和盈利能力都日渐衰退甚至面临消亡，再对这样的品牌进行强化，需要付出极大代价且面临巨大风险，此时，可以考虑开发一个全新的品牌，新的品牌意味着新的起点和新的面貌，当然也需要对品牌视觉识别系统进行重新设计。

（3）品牌时尚化与年轻化趋势对品牌设计的影响：每个人都希望自己能永葆青春，每一家公司也都希望自己的品牌能紧跟时代步伐，向消费者展示出年轻、创意、激情的品牌形象，以免在竞争中落伍，视觉设计能以超越想象的方式帮助品牌实现时尚化与年轻化的形象塑造和形象传播。

案例 5-1　麦当劳的品牌“变脸”

进入2000年后麦当劳在全球市场发展遇到巨大挑战，快餐食品对消费者健康的影响、民族和文化意识的崛起、品牌老化是麦当劳发展受困的三大主要原因，其中品牌老化是最大问题。

2003年麦当劳在全球同步推出“I’m lovin’it”（我就喜欢）品牌更新活动，这是麦当劳首次在全球采用统一的广告与品牌宣言进行品牌推广。这一活动被很多人称为麦当劳的“变脸”行动，麦当劳一改几十年不变的“迎合妈妈和小孩”的快乐形象，变成年轻化、时尚化的嘻哈形象。以前，笑容可掬的麦当劳叔叔对于儿童、青少年、父母等细分市场都非常有亲和力，是不错的品牌代言人，但随着时间的推移和外部社会环境的变化，麦当劳的定位以及品牌概念显得很陈旧。很多年轻消费者认为麦当劳叔叔的形象非常老土、可笑，麦当劳儿童游乐场的设备让他们认为自己不属于这里，麦当劳是适合小孩子去的地方。如果麦当劳不进行品牌更新的话，只会一年年老下去。

通过“I’m lovin’it”（我就喜欢）品牌更新活动，麦当劳把目标消费者定在了流失最快、公司最需要抓住的年轻一族，所有的品牌营销活动都围绕着“酷”“自己做主”“我行我素”等年轻人推崇的理念来开展，摒弃了“合家欢”诉求，“更多欢笑，更多麦当劳”的口号让位于“我就喜欢”的新主张。（图5-4）

许多年轻人表示，“‘我就喜欢’里面的‘就’字很酷，我特别欣赏。”麦当劳还创作了活动同名歌曲，歌曲中文版的创作者及演唱者王力宏在年轻人中很有号召力，是有主见、有活力、有上进心的年轻人的代表。王力宏创作的《我就喜欢》主题曲推出之后登上了很多歌曲排行榜，在年轻人中非常流行，为麦当劳赢得了不少关注。与此同时，麦当劳连锁店的广告海报和员工服装的基本色都换成了时尚前卫的黑色和灰色。（图5-5）

直到现在，在全球120个国家和地区都能看到麦当劳的金色拱门和脍炙人口的“I’m lovin’it”（我就喜欢）品牌宣言。在此次全球范围的品牌更新中，麦当劳基于新的品牌定位，通过更新品牌口号、品牌代言人、品牌主色调、品牌店铺环境等视觉元素和识别要素设计，成功实现了品牌形象的更新和转型。

图 5-4　麦当劳品牌“我就喜欢”主题广告

图 5-5　麦当劳黑灰色为主的店铺外观与员工服饰

品牌视觉系统设计包括产品形态、品牌标志、品牌包装、广告宣传、品牌网站等，这些内容可以且必须随着品牌发展作出改变，但品牌的含义和核心价值，它遵守的承诺应该始终如一，这也决定了品牌需要在创新设计中延续一些传统的格调，保留品牌发展过程中积累的某些积极元素，才能让消费者保持长期信任和忠诚。

二、通过视觉表现力构建品牌

视觉可用作一种语言，视觉设计是表现手段，传达信息才是其最主要的功能，所以好的品牌视觉设计应当基于品牌策略，展示强大的表达力。

首先，信息的传递要清晰明确。清晰是信息的基本品质，对品牌信息的展示是否准确到位，是衡量品牌视觉设计最重要的标准。设计的手段和技巧不是目的，传递信息才是目的，如果设计很难被理解，即便是有很好的形式感，那也算不上是好的设计。视觉设计要明确所需表达的信息，选择合适的表达方式和媒体，使品牌信息明白易懂。

其次，品牌视觉设计应该具有独特性和可辨识性。不同的品牌有不同的形象、定位和价值，品牌视觉应该基于这些独特性进行设计，以展示品牌与竞争对手的区别，吸引消费者注意，在消费者心目中留下深刻的品牌印记。

再次，易产生联想。品牌的视觉不仅要便于记忆和识别，同时还要能引发意义联想，让人们可以寄托自己的各种期待。信息传达并不只是品牌单向地发出信息，更需要考虑人们对信息的接受。视觉设计在传递信息的同时，要能引发人们的想象、反思和行动，信息传递和受众接受与反馈之间的良性互动共同实现了品牌信息的传达。

通过长期的传播和互动，当消费者一看到某个品牌的外在形象就可以联想到该品牌的产品特征以及品牌含义。比如，当我们看到可口可乐的红色和字体，以及飞扬的丝带时，就能联想到可口可乐快乐、积极的形象；当我们看到耐克的折钩，就能想到其“just do it”的品牌宣言，以及拼搏向上的运动精神。（图 5–6）

图 5–6　耐克品牌标志

最后，品牌视觉设计应该具有冲击力。所谓冲击力，就是引起注意的能力。品牌设计最首要的是要具备视觉、听觉、心理的冲击力，非此不能引起人的注意。设计作品最直接的目的就是要取得目标对象的注意和参与，除非设计能被观众注意到，否则绝无机会达到目标，能否引起受众的注意对于视觉设计至关重要。

视觉策略旨在为品牌进行全方位的视觉包装，所包含的视觉形象并不局限于品牌商标或 Logo，还包含整体 VI 系统、产品视觉、包装设计、品牌接触点视觉和应用系统视觉设计等多个方面，本章接下来的内容将主要从这几个方面来展开讲述。

第二节　品牌视觉识别系统及品牌元素设计

一、品牌视觉识别设计

品牌视觉识别设计通常也称为品牌的 VI（visual identity）系统，是以品牌标志、标准字体、标准色彩为核心而展开的完整的、系统的视觉设计，是将品牌信息、品牌个性、品牌定位、品牌价值以及企业的理念、文化特征、服务内容、企业规范等抽象的语义信息转换为视觉符号，从而塑造出独特的品牌形象。VI 是企业 CIS（企业识别系统）中的一部分，CIS 包括 3 部分内容，分别是 MI 理念识别、BI 行为识别、VI 视觉识别。作为整体 CIS 系统的一部分，优秀的品牌视觉识别设计对外需要能以特有的、具有感染力的视觉符号系统吸引公众注意力，传达企业和品牌的经营理念与文化价值观，要具有明显的识别性，将自身与其他品牌区分开来，建立品牌的独特性和不可替代性；对内要能唤起员工对品牌的自豪感和归属感，提高企业凝聚力。

品牌 VI 视觉设计分为基础视觉识别设计和应用视觉识别设计两个部分。“基础视觉识别设计”主要包括品牌名称、字体标识、图形标识、品牌口号等；“应用视觉识别设计”是指基础视觉识别设计在品牌可能出现的各种场合的应用。品牌基础视觉识别设计要素在各种应用项目上的组合关系一经确定，就应该严格固定下来，以确保视觉传达的统一性和系统化，从而在消费者心目中构建统一的品牌认知。接下来我们先主要给大家讲解以品牌标识 Logo 为主的基础视觉识别设计和其他一些重要的品牌元素设计，品牌应用视觉识别设计的内容放到本章最后第五节进行讲解。

品牌基础视觉识别设计（以下简称“基础识别”）主要包括品牌名称、字体标识、图形标识、品牌口号、品牌标准色等，这些内容构成了我们通常提到的品牌 Logo。图 5-7 展示的是沃尔玛（Walmart）的品牌 Logo 设计。

图 5-7　沃尔玛品牌 Logo 设计

Logo 对品牌形象的塑造至关重要，好的 Logo 设计能在第一时间引发消费者对品牌特征的联想。小米的 Logo 设计虽然简单，却充分体现了其用心，“MI”是 Mobile Internet 的缩写，代表小米是一家互联网公司，“MI”也理解为 Mission Impossible，即小米要完成不可能的任务，最后，小米的 Logo 倒过来是一个“心”字少了一点，意味着小米要让客户“省心一些，放心一些”的品牌承诺。（图 5-8）

图 5-8　小米品牌 Logo 设计

对品牌来说，Logo 不仅是一个中性标识，它还透露出有关品牌的所有意义，品牌愿景与无数未来发展的梦想，都紧紧围绕着品牌的 Logo 精心打造，才能变得令人难忘。

（一）品牌名称

对于品牌来说，名称是其最重要的识别元素，有了名称，这个品牌才能被记住、被谈论。品牌名称以非常简洁的方式来反映产品或服务的内容及主要联想，品牌名称一般包括中文名称和英文名称，如 Jeep / 吉普，Evian / 依云。

对于一个品牌来说，更换标志、包装、广告甚至产品，相对来说都比较容易，但若要更换名称就意味着以往有关品牌建设的工作几乎都一笔勾销，也无异于重建一个新的品牌。品牌如果挑选了一个好的名称，就意味着市场营销和品牌设计的工作已经成功了一半。

有人列出了一个好的品牌名称需要具备的 6 个标准，即简单明了、与众不同、恰到好处、容易拼读、可爱、具有延伸性。

“Coca-Cola”刚进入中国时，有个拗口的中文译名“蝌蚪啃蜡”，因为独特的口味和古怪的名字，产品销量可想而知。到了 20 世纪 30 年代，负责拓展全球业务的可口可乐出口公司在英国登报，以 350 英镑的奖金征集中文译名。旅英学者蒋彝从《泰晤士报》得知消息后，以译名“可口可乐”应征，被评委一眼看中。“可口可乐”是迄今为止被公认最好的品牌中文译名，它不仅保持了英文的音节，而且体现了品牌核心概念“美味与快乐”，更重要的是，它简单明了，朗朗上口，易于传诵。

苹果公司的品牌名称为“Apple”，中文直译“苹果”，这个名称也非常简单、可爱、易拼读，且具有延伸性，伴随苹果产品线的扩充，该名称也非常适宜。同时“苹果”含义丰富，在希腊神话中，苹果是智慧的象征，也有人说该名称是为了纪念计算机之父艾伦 · 麦席森 · 图灵（注：图灵是英国数学家、逻辑学家，计算机科学之父，人工智能之父，因吃下含有氰化物的苹果中毒身亡。有人说苹果公司标识那咬过一口的苹果，正是为了纪念吃下毒苹果而亡的图灵）。早期苹果公司的 Logo 是坐在苹果树下的牛顿，那时候几乎所有的科技公司都喜欢给自己起一个非常具有技术感的名称，而“苹果”这个名称从一开始就表明，这是一个关注人文的公司。

（二）品牌标志

品牌标志是 Logo 的主要构成部分，是以图形或者文字符号为主的品牌视觉识别元素，标志是品牌含义的简略表达方式，先有品牌理念，才有品牌标志，有太多刚刚起步的公司会本末倒置。

标志可以是商标，比如使用文字符号的 Coca-Cola / 可口可乐，Uniqlo / 优衣库，也可以是抽象的图形符号，比如麦当劳的“M”金拱门，劳力士的皇冠等。（图 5–9）

图 5–9　品牌标志设计

看似简单的标志设计其实暗含深意，形态是吸引力的根本。设计的形态主要由点、线、面构成，哪怕是最简单的“点”，其大小、形状、位置、距离的差异都会造成不同的感觉。单个的点能聚焦消费者的注意力，多点按规则形状排列会给人理性、中规中矩的感觉，若多点随机排列则会显得比较灵动、有亲和力。

“线”主要分为规则的线和随意自由的线，线有弧度，可以像歌声一样抑扬顿挫；线有硬度，可以像人一样刚柔并济；线是有性格和感情的，既能代表刚强、理性，也能体现柔软、感性和变化。

同样，不同形态的“面”也能给人不同的联想，引起不同的情感反应：形状规则的面给人理性、规矩的感觉；随意的面给人随性、舒缓的感觉。

美国著名的平面设计师保罗·兰德曾说过，理想的标志设计应该是简单、优雅、经济、灵活、实用和令人难忘的。对于标志本身来说，它只是一个符号，但经过不断的重复之后就会被人们所熟悉，就可以代表品牌，可以直接作为品牌的名称。无论是单纯的文字符号，如“Panasonic”，还是立体复杂的图形符号，如美国电话电报公司 AT & T，它们都应该是对品牌理念、价值观和利益的视觉暗示，根据内容的不同，形式也可以不同。只要观众能够联想到这个品牌，采取何种形式都不是固定的。（图 5-10）

图 5-10　品牌标志设计

案例 5-2　华为品牌标志的含义解读

华为标志以简洁现代的风格清晰地传递了品牌的核心理念：聚焦、创新、稳健、和谐。标志中所有的图形均指向底部中心，代表品牌始终坚持一切从客户需求出发，以人为本，将多元化的企业员工视为企业的核心资产。灵动活泼的红色图形给人积极有力之感，图形中各部分不同的渐变红色，充分展现出华为开拓进取，为客户不断创新的企业精神。标志中饱满的放射图形体现华为的自信、成熟与专业，光晕的巧妙运用使标志自然灵动，象征华为开放合作、坚持创造和谐商业环境以实现自身健康成长。（图 5-11）

图 5-11　华为的品牌标志

（三）品牌口号

品牌口号（slogan）也叫品牌标语，是用来传递品牌的描述性或说服性信息的短语，有时候口号会和标志一起成为品牌 Logo 的一部分，比如，上文中我们提到的沃尔玛品牌口号“save money，live better”，以及耐克的“just do it”。品牌口号也经常出现在包装和广告中，如士力架的品牌口号“横扫饥饿”，戴比尔斯的“钻石恒久远，一颗永流传”。（图 5-12）

图 5-12　戴比尔斯品牌标志与口号

品牌口号是品牌宣传的有力方式，能迅速有效地帮助消费者抓住和领会品牌的含义，了解该品牌是什么，有哪些特别之处。有些品牌口号是通过对品牌名称进行演绎，从而建立品牌认知、树立品牌形象的。比如，美宝莲的品牌口号“美来自内心，美来自美宝莲”；金利来的品牌口号“金利来，男人的世界”。还有一些品牌口号是对品牌核心价值的展示，如舒肤佳品牌的核心价值是“有效去除细菌，保护家人健康”，多年来舒肤佳的广告和包装上都会出现“专业保护，健康全家”的品牌口号。

优秀的品牌口号之所以会让人记忆深刻，是因为它们都能从消费者立场出发，以简单、清晰明了的表述方式将品牌价值传达给消费者。

二、其他品牌识别元素设计

除了上述品牌名称、品牌标志、品牌口号这3个最基础的品牌识别设计之外，还有另外一些非常重要的品牌识别元素设计，这里我们再补充介绍一下品牌形象代表、品牌色彩、品牌视觉风格。

（一）品牌形象代表

"品牌形象代表"（brand character）是品牌符号的一种特殊类型，是品牌形象的传递者，品牌形象代表在本质上属于品牌标识，它常取材于人类本身或现实生活，并通过广告形式推出。品牌形象代表包含两种类型：虚拟形象和现实人物原型。虚拟形象的代表有：米老鼠、米其林先生、海尔兄弟等。由现实人物原型组成的形象代表有：肯德基的山德士上校，桂格麦片商标上身着桂格派教友服装的男子等。

图 5–13 肯德基与米其林品牌形象代表

品牌形象代表的作用主要体现在以下几点：首先，品牌形象代表往往色彩丰富、充满想象力，在建立品牌识别和与消费者沟通方面，品牌形象代表非常有用；其次，形象代表通常还具有人性的吸引力，能帮助建立品牌的乐趣感，比如，M&M巧克力豆色彩缤纷的卡通人物形象、米其林可爱的轮胎人形象；最后，品牌形象代表是超越产品的，它们能比较方便地跨越品类，当进行品牌延伸时对新的产品也适用。（图 5–13）

在设计品牌形象代表时，需要注意以下几点：

（1）为形象代表创造完整的生活故事，以丰满其形象。完整的故事能保证形象代表具有长久的生命力，具有成长性。

（2）形象代表的个性无须完美无缺。就像每个人都有缺点一样，形象代表也可以有一些瑕疵和奇特的个性特征，比如，趣多多设计的"曲奇人"形象就具有一些疯狂的、无厘头、傻乎乎的、充满怪异方法的个性特征，但这些角色个个形象鲜明生动，深入人心，惹人喜爱。

（3）形象代表要具有长远的影响力。不要仅仅为了创造新的形象代表，就摒弃已有的形象，消费者对于为时甚久的形象具有情感依赖性，随意摒弃这些与消费者建立了固有情感的品牌形象代表无异于自我放弃。

（4）形象代表的诉求点要集中，不要太多。带有简单任务或目的的形象代表更有说服力，滥用形象代表会削弱其影响力。

（二）品牌色彩

品牌设计中很多问题都会涉及色彩的使用，比如，标识中的色彩、包装中的色彩、广告中的色彩，以及品牌销售环境中的色彩等。

对于品牌管理者和设计师来讲，首先，需要掌握颜色的自然性质，比如，有些颜色代表大胆、动态感、容易辨认；其次，需要考虑色彩以及色彩组合给人的感觉，比如，有的颜色具有安抚效果，有些颜色让人觉得尊贵；再次，需要了解色彩在不同文化中的含义，以及色彩和文化之间的关联性，甚至在同一文化中对于颜色象征意义的理解也会发生变化；最后，还需要掌握一些基本的色彩学知识，了解颜色之间的搭配效果，能准确判断在不同环境中运用的品牌色彩是否合适。（图 5-14）

色相	色彩感受
红色	血气、热情、主动、节庆、愤怒
橙色	欢乐、信任、活力、新鲜、秋天
黄色	温暖、透明、快乐、希望、智慧、辉煌
绿色	健康、生命、和平、宁静、安全感
蓝色	可靠、力量、冷静、信用、永恒、清爽、专业
紫色	智慧、想象、神秘、高尚、优雅
黑色	深沉、黑暗、现代感
白色	朴素、纯洁、清爽、干净
灰色	冷静、中立

图 5-14　色相与色彩感受

早期的艺术家和设计师们非常认真地训练自己对色彩的运用，并且从中归纳、总结出一些以自然法则为基础的颜色运用规则，这些规则一直沿用至今，在设计中遵循这些规则，能使设计作品更有深度和感染力。

让我们想想，为什么国内外的通讯软件产品品牌设计喜欢使用绿色作为主色调?（图 5-15）首先，绿色有“通行、畅通”之意，我们经常会说快速的“绿色通道”就是这个意思；此外，自从有了移动电话之后，“红色键”和“绿色键”就分别代表“挂断”和“接通”,这个灵感可能来自红路灯，被通讯领域作为传统一直沿用下来，这种色彩选择符合通讯软件给人畅通、连接的感觉。

图 5-15　绿色的通讯软件品牌标志

色彩的组合运用也非常重要，颜色的运用既可以让一幅设计作品给人以热情的感觉，也可以让作品变得冷淡。色彩组合可以让标志、广告牌、网站和宣传册的识别度发生重要变化，色彩运用上的差池有时候也足以让消费者对品牌产生厌恶情绪。人们对于色彩的反应是可以揣测的，对于色彩的认知和理解也具有一致性，比如，认为白色象征着纯洁，红色象征着热情，其最大的差异来自于不同文化的影响。

如果进行品牌设计时能在品牌和色彩之间建立密切的联系，那将成为一种品牌优势，因为色彩可以成为品牌强大的记忆点，如果品牌坚持采用一种固定的理想颜色，长此以往，这个品牌就拥有了这种颜色，不用看品牌的名称和标识，也不用看产品特征，单从颜色上我们就可以辨认出这个品牌，消费者会在心中将某种颜色同特定的品牌联系起来，如麦当劳的黄色，可口可乐的红白配色。

案例 5–3　宜家品牌的色彩运用

宜家品牌标准色

宜家是瑞典品牌，品牌的主色黄色和蓝色来自瑞典国旗。宜家在全世界的店面外装都较为统一，采用蓝色外墙和黄色“IKEA”的搭配，颜色对比鲜明，人们在很远的地方就能注意到这个巨大的“蓝盒子”和上面清晰的“IKEA”标志。（图 5–16）

图 5–16　宜家购物中心外装及色彩运用

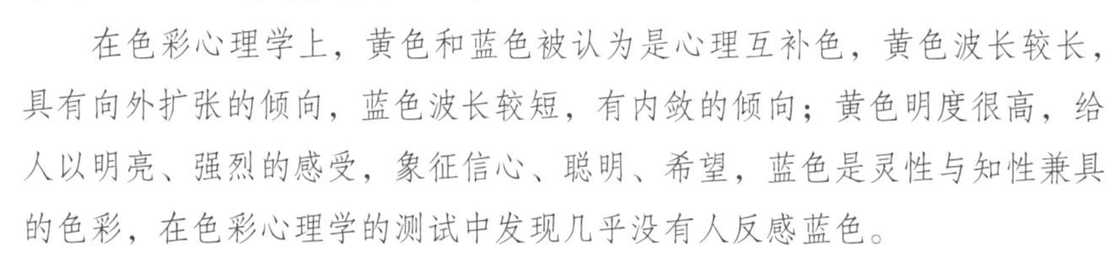

在色彩心理学上，黄色和蓝色被认为是心理互补色，黄色波长较长，具有向外扩张的倾向，蓝色波长较短，有内敛的倾向；黄色明度很高，给人以明亮、强烈的感受，象征信心、聪明、希望，蓝色是灵性与知性兼具的色彩，在色彩心理学的测试中发现几乎没有人反感蓝色。

宜家以黄色和蓝色为主的店面外装缩小了品牌与消费者之间的心理距离，表达了宜家品牌的简洁与内敛。宜家的很多细节部分，以及平面海报也大都使用黄色与蓝色的搭配，色彩运用的高度统一对企业文化和品牌内涵都起到了很好的展示作用。

其他辅助色彩（图 5–17）

在宜家，除了作为标准色的黄蓝两色相互搭配之外，宜家还使用了一些其他颜色作为品牌辅助色，并且每一种颜色都代表了一种相应的主题。

图 5–17　宜家品牌辅助色的运用

1. 象征新品的绿色

宜家几乎所有新产品的陈列区域都使用绿色作为背景墙颜色，绿色代表自由和平、新鲜舒适，同时，绿色也象征自然与年轻，给人以自信心、稳健与优越感，这些都与新产品的内涵相契合，给人眼前一亮的感觉。

2. 纯净简单的白色家具

白色象征纯洁、神圣、善良、信任与开放，宜家不少储物和置物类家具的主色调都为白色，以板式结构为主，既便于包装运输，也体现了宜家产品简洁的特色。此外，白色家具几乎可以与任何家居风格搭配而不冲突，是家居中的百搭色。

3. 充满设计感的黑色

黑色象征权威、高雅、低调、创意，宜家卖场内所有与设计师相关的图片均采用黑色背景，突出宜家产品强烈的设计感。

4. 耐用的灰色

灰色象征诚恳、沉稳、优雅、考究，现代工业设计中常以灰色表现产品的精确、耐用和质感。宜家店内子品牌的展示区全部采用灰色背景墙，以体现产品的可靠性。

5. 天然的原木色

宜家卖场内相当一部分家具保留了木材的原色，不仅降低了产品的生产成本，减少了加工程序，还使家具具有了强烈的自然气息，也凸显了产品的环保特征。

（三）品牌视觉风格

品牌视觉风格是指除色彩之外，品牌在广告主视觉创意、插画、摄影、印刷品等视觉作品中的图像画面所呈现出的主题与风格特征。统一的、持续的视觉风格也能帮助消费者理解品牌特征，并快速识别出品牌。

图像内容和风格应该反映出品牌的特色，如果你的汽车是奢华宽敞的类型，那就不要让拍出来的照片显得车很廉价或看上去空间狭小；加入你提供的服务是为了吸引一个特定阶层的人，那么广告中的模特就应该真正体现出这个阶层的特点。

在整个巧克力市场，多数品牌都以“甜蜜浪漫”作为品牌主题，而德芙则从巧克力的产品属性出发，着力打造丝滑的感觉。如何将作为味觉体验的丝滑感通过视觉设计传递给消费者呢？德芙几乎在所有广告和宣传品的视觉作品中都展示了一块与巧克力颜色和质感接近的褐色丝绸作为象征物，不论是动态的电视广告和视频画面，还是静态的平面媒体画面，都利用丝绸的柔美，充分展示出巧克力能给消费者带来丝滑的味觉感受。（图 5-18）

无印良品（MUJI）在品牌视觉设计上也具有强烈的个性和风格。日

图 5-18 德芙巧克力品牌视觉风格

本文化有一个重要特征是非常重视物与环境之间的和谐关系，无印良品选择了素雅的视觉风格来彰显品牌，在产品及广告作品中主要运用单色与自然色，在其色彩体系中，白色、米色、褐色、黑色等自然色被大量使用，除了 Logo 上深红色的“MUJI”之外，几乎看不到纯度高的色彩，视觉风格纯净内敛、不夸张，令人心情平和。

无印良品还持续使用系列化、风格化海报来对外展示品牌简朴、诚实的设计精神，通过“虚无”“空寂”“单纯”的画面风格，以趋近于“无”的形式反映了日本的禅宗意识，也展示了无印良品纯粹、简约、还原商品本质的产品特征和静谧、优雅的品牌格调。

品牌视觉风格设计中常用的创意手段包含隐喻和意义的嫁接，基于品牌的价值、意义和形象，通过合适的符号载体，将人们在日常生活中已经形成的某些经验和感知转嫁到品牌上，通过设计语言展示出来，当人们看到这些充满意义的符号时，会将符号的意义同品牌进行联结，从而实现了品牌价值和形象的传递。

三、品牌视觉识别设计的新趋势

随着互联网、移动通信技术的发展，传播媒介发生重大变革，品牌视觉识别设计也随之发生了很大变化，从媒体维度到设计风格，都呈现出许多新的发展趋势。

首先是品牌标志设计越来越扁平化。随着智能手机和移动应用的发展，企业的视觉设计趋向扁平化，品牌标志逐渐摒弃那些已经流行多年的高光、阴影、渐变、浮雕等视觉效果，通过抽象、简化、符号化的设计呈现出一种干净整洁、扁平的视觉效果。

扁平化设计变得流行的主要原因可能有以下几个方面：首先，扁平化设计更能节约资源，传统拟物化设计会因为使用尺寸的增加而占用更多系统资源；其次，扁平化设计具有更多拓展性，拟物化设计如果在不同的设备上进行展示可能会出现颜色和形态的失真变形，影响视觉效果。作为一种新的设计思想，扁平化设计能够适应媒介的发展变化，减少误读图形的可能性，提升设计的传播效率和观看体验。

苹果的首款 Logo 由罗恩 · 韦恩（Ron Wayne）设计，他是苹果的创始人之一，韦恩将苹果的 Logo 设计为一块铭牌，图案是孤独的牛顿在苹果树下读书冥思，铭牌的边缘刻着英国诗人威廉 · 华兹华斯的诗句，四周环绕着丝带状的苹果企业标识，韦恩设计的 Logo 内涵丰富，但过于复杂，难以牢记。苹果后期的标志设计逐渐抛弃了复杂的装饰，逐渐扁平化，呈现出简洁的视觉效果。（图 5–19）

图 5–19　苹果标志设计的扁平化趋势

还有许多其他企业也在跟随扁平化设计的浪潮，包括汽车、航空、媒体等领域，甚至更多。（图 5–20）

图 5–20　品牌标志设计的扁平化趋势

除扁平化之外，品牌视觉设计还呈现出简洁化、数字化、年轻化等趋势。许多品牌都在为自己的设计做减法，使设计输出越来越简化，不管是扁平化还是简洁化，核心都是“极简主义”，放弃装饰和多余元素，使视觉效果更集中、更突出。这一方面是为了配合移动端及展示设备多元化的媒介发展现状；另一方面，也是为了更有效地抢占受众有限的“注意力”资源。此外，为了配合移动数字平台设备的发展，许多品牌对标志系统还进行了数字化的转型设计，或者推出标志和视觉设计系统的数字化版本。

第三节 产品视觉设计

产品设计不仅包括功能开发还涉及形式和美观。产品外观非常重要，许多企业都会在功能和外型之间顾此失彼，但也有不少产品在这两方面都做得很好，因为独特的产品风格而被人们所喜爱，能够在产品设计中兼顾功能和美观的公司自然就能创立伟大的品牌，比如：苹果、博朗、宜家、耐克等。

随着社会发展与消费升级，产品的功能变成前提，人们越来越重视产品消费中的情感和体验，产品形式不再只是服务于功能，而更多是承载了人的理想和情感，人们在消费选择过程中也会体现出对品位、个人审美偏好的重视，这也是为什么产品识别设计变得越来越重要的原因。

一、产品识别设计

产品识别也称为产品形象（简称 PI），它是企业在产品设计中有意识、有目的地使用一些特征策略，使消费者和社会公众能对该品牌的产品产生一种相同或相似的认同感，帮助消费者顺利地将已有的使用经验转移到后续产品中，也可以通过产品识别传达企业理念和品牌文化。

产品识别设计的具体方法包括形态识别、界面识别、材质识别等方面。形态识别在某些产品领域非常常见，比如汽车行业，在某些阶段，同一汽车品牌的不同车系车型都会拥有一些家族式的 PI 设计，如宝马车头的“双肾”型双格栅设计（图 5–21）、天使眼大灯、C 柱的“霍夫迈斯特”拐角，高尔夫从第一代车型开始传承至今的经典 C 柱设计。（图 5–22）

图 5–21 宝马车型“双肾”双格栅设计

图 5–22 高尔夫车型 PI 设计

产品特有的风格通过形态、外观设计表现为产品形象，其目的也是为了迎合特定目标消费群的需求，通过产品风格的差异性来强化品牌的形象和差异性。

图 5-23 斯沃琪手表

案例 5-4 斯沃琪手表外观视觉设计

斯沃琪（Swatch）名字中的“S”不仅代表产地瑞士，而且含有“second-watch”，即第二块表之意，表示人们可以像拥有时装一样，同时拥有两块或两块以上的手表。

斯沃琪不仅是一种新型的优质手表（图 5-23），同时还带给人们一种全新的佩戴观念：手表不再只是一种昂贵的奢侈品和单纯的计时工具，而是一种“戴在手腕上的时装”。斯沃琪手表持续使用绚丽的色彩，大胆而开创性地运用塑料材料，其惊人的产品设计震撼了腕表界。在斯沃琪之前，没有任何手表品牌具有像它这样强烈的视觉特征，并能在极短的时间内占据全球爱好者的心。

斯沃琪通过创新的产品设计为品牌注入了时尚精神，并举办了很多相关的艺术设计大赛来烘托其品牌形象，如斯沃琪创意大赛、T 恤设计比赛，还邀请了众多的现代艺术家来设计手表的图案款式。

设计优秀的产品识别，需要企业将全部的产品按照统一的理念和风格进行系统化的设计，以建立起独特的产品形象，使产品具备品牌归属感，从而成为企业创建品牌差异和积累品牌资产的有效手段。

案例 5-5 苹果公司的产品识别设计

20 世纪 90 年代末期，苹果公司业务逐渐衰退，乔布斯执掌苹果之后，将目标消费者定位于那些有勇气打破成规、特立独行的人，那些具有空杯心态愿意学习新事物的人，那些不甘平庸追求个人理想的人，那些想改变世界的人，并大力调整产品开发与营销策略，重新树立起苹果公司的创新文化。

借助“数码生活”的概念，2001 年 10 月，苹果公司推出第一款 Mp3 播放器（iPod G1），这成为苹果公司辉煌的起点。iPod 外观流畅简洁，突破性的外观和色彩设计，瞬间成为时尚的象征、市场的宠儿。随后 iTunes 以及 iPhone 相继推向市场，乔布斯成功地打造了苹果产品的形象：设计、科技、创造力、高端的时尚文化，苹果产品成为全球业界和消费者关注的热点。（图 5-24）

基于“大道至简”的理念，苹果公司打造了与同类产品迥异的风格特征，其产品识别设计主要体现为半透明风格、与众不同的色彩运用、极致主义、简约。独特而系统化的设计使苹果产品树立了鲜明的形象和风格，也使苹果公司获得了极大成功。

iPod shuffle　iPod nano　iPod classic　iPod touch　配件

MacBook Air　MacBook Pro　Mac mini　iMac

图 5-24　苹果产品集锦

二、产品识别设计对品牌的意义

大多数企业会认为产品识别设计是只有当企业发展到一定程度，品牌有一定知名度之后才考虑的事情，事实并非如此，产品识别设计作为品牌发展的基础，与企业规模的大小、资金是否雄厚无关，有远见的企业会在品牌诞生之初就谨慎设计其产品识别，确定产品特征、风格及系统性设计原则，可以说，产品识别设计使得品牌理念不再是一个虚构的远大目标，它是使品牌价值变得切实和可感的重要手段。

在过去很长一段时间里，品牌管理的工作主要是营销管理，通过市场营销手段和大规模媒体广告投放来推广品牌，却很少意识到需要从更前端的产品设计上下功夫。好的产品识别设计能使产品自身变成一个优秀的传播者和有力的说服者，通过产品设计来强化产品优势和竞争力，增强品牌的差异性和独特性，让用户在产品接触和使用中产生独特的使用体验，也由此感受到品牌的内涵和价值。

具体来讲，产品识别设计对于品牌的意义体现在以下几个方面：

（1）产品识别设计有利于用户识别品牌。一些有着独特风格特征和形象一致性的产品更容易在众多产品中被用户所识别，上面我们讲到的斯沃琪手表，凭借鲜明而绚烂的色彩设计、独特的材质运用，一下子就在手表行业中脱颖而出，消费者非常容易将其与其他瑞士手表相区别；苹果产品凭借简洁的无边框外观设计、色彩运用和材料的质感，使其诞生至今一直被模仿却从未被超越。从这个层面上来讲，产品识别设计也需要符合品牌的形象和定位，不能与品牌自身的形象和定位相背离。

（2）产品识别设计能帮助品牌顺利实现延伸和跨界。品牌在发展过程中需要不断调整发展策略，包括延伸产品线，跨界经营等。如果采取统一的品牌策略，并将品牌识别设计中的某些成功元素予以保留，就能帮助消费者将已有的品牌价值和品牌形象认知转移到新产品中，帮助品牌顺利地实现延伸和跨界，节省品牌推广费用。

（3）产品识别设计能够实现品牌溢价，为品牌带来更多附加价值。对企业来说，从战略设计的角度将品牌识别融入产品设计中，不仅必要而且颇具价值。产品直接与用户产生关联，良好的产品识别设计能增强用户对产品积极的感知和认知，甚至产生依赖感，用户会愿意以更高的价格购买产品，并且多次重复消费，这些能帮助品牌实现溢价，为品牌带来更多附加价值和市场收益。戴森产品的成功，除了工业和技术创新之外，还因为旗下产品具有极强的外观可识别性，以吹风机为例，戴森吹风机采用流体设计，造型美观无噪声，外形具有金属质感，设计也非常时尚和小巧，配备的 3 款风嘴能满足不同的美发造型需求，这使得戴森产品深受时尚人士喜爱，具有很高的市场溢价。

三、产品识别设计的原则

有远见卓识的企业通常在品牌创立之初就会将产品设计纳入企业的整体发展战略，在苹果公司，产品设计甚至被置于整个公司发展战略的第一位。对不同的公司来说，进行产品识别设计时应该遵循以下一些原则。

（一）统一性原则

形象的建立是一个长期投入的过程，在这个过程中，产品识别设计必须保持一致，只有这样才能让用户在长期的接触中形成统一的认知。如果同一种产品在发展过程中外观造型、材质、形态不停发生变化，没有任何延续性和继承性，或者同一品牌旗下的不同产品差异太大，缺乏一致的形象，人们就无法进行有效识别。只有将企业理念、设计风格融入产品中并坚持稳定和系统的设计策略，才能强化产品风格，在建立产品识别的同时，也能传递品牌独特的经验理念和文化内涵。

案例 5–6　施华洛世奇的产品识别设计

施华洛世奇（Swarovski）为全球首屈一指的仿水晶制造商，除拥有自有品牌首饰之外，还为时尚服饰、灯饰、建筑及室内设计提供仿水晶元素。

施华洛世奇在仿水晶切割工艺上精益求精，产品以设计和切割工艺出名，至今这家古老而神秘的公司仍保持着家族经营方式，把水晶制作工艺作为商业秘密代代相传，独揽与水晶切割有关的许多专利和奖项。

施华洛世奇宣称“珠宝是物质的，施华洛世奇是精神的”，致力于为世界各地的女性缔造独一无二的时尚风格，产品造型以天鹅为核心，天鹅元素在产品中随处可见，姿态优雅的天鹅象征着忠贞不渝的爱情与美。施华洛世奇产品设计充分发挥了水晶传统的高贵气质，糅合高科技与创意，具有较高的文化性，尤其注重产品的展示设计，以创造一种优雅、清新、灵动的品牌印象。（图 5-25）

图 5-25　施华洛世奇产品的天鹅元素

（二）创新性原则

创新是企业管理的重要内容，其中，产品创新是企业创新的引擎和驱动力，产品创新包括产品设计创新、工艺创新等。

社会环境、经济环境、大众心理都会不断发生变化，这些会导致人们对产品功能、外观和审美等方面的需求也发生变化，企业必须顺应形势，在不伤害品牌既有认同感的前提下，创新产品识别设计，以适应环境和消费需求的各种变化。值得一提的是，这种创新应该是渐进式的，且始终包含着品牌的情感诉求、价值诉求、理念诉求，如果新产品过分标新立异、过于颠覆而没有传承品牌精神，就会破坏消费者心目中已经建立的品牌认知，会损害品牌资产。

（三）独特设计风格和经典设计元素的传承

品牌发展过程中创新与传承是并行不悖的，创新是品牌发展最大的驱动力，也是为了适应社会环境和消费环境变迁作出的积极反应，品牌的传承既包括品牌核心价值、品牌精神的延续，也包括对产品某些独特设计风格和经典设计元素的保留，这是形成产品识别、构建和稳固品牌认知的重要手段。

“风格”的原意是指作家、艺术家在创作中所表现出来的创作个性和艺术特色，人们用“风格”来品评艺术家、文学家及其作品的美学特征。产品风格来自于产品设计中各种要素的组合，是产品设计呈现出的独特氛围和格调，是人们在看到这个产品的瞬间就获得的一种具有强烈感染力的总体感觉。产品风格具有稳定性、一贯性等特征，是一种存在于产品中的较稳定的特征，是经过长时间探索和实践后才形成的，产品风格能体现成熟的美学观点、审美理想和情趣。

无印良品具有非常鲜明的产品风格，其产品设计注重淳朴、简洁、环保等理念，是对日式美学中“禅宗”与“侘寂”思想的完美诠释，给人一种质朴、安静、惬意的美好感受。（图 5-26）

产品经典设计元素是指某个产品经过一定发展历程后为消费者普遍认同的、具有某个产品专属特征的一些设计元素，包括产品独特的材质、

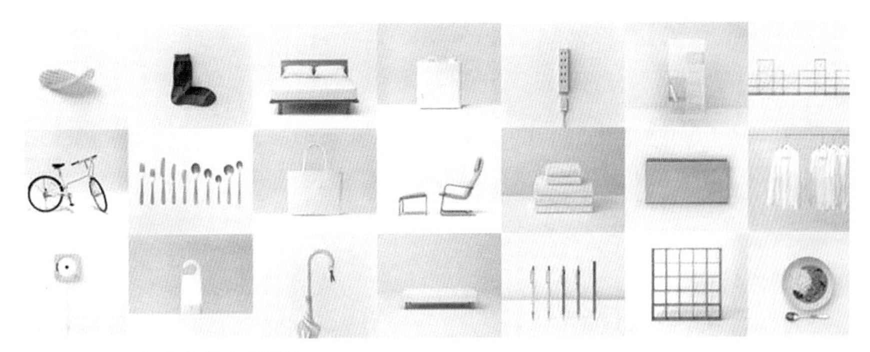

图 5-26　无印良品的产品风格

颜色、图案与图形、包装、产品形态等。产品的经典设计元素通常具有高度的可辨识性，甚至能跨越语言限制被全世界的人们所接受，到最后这些元素不仅仅只是一些外在的图形、图案、颜色或形态，而是具有了符号特征，包含了丰富的语意，能对人们的日常生活产生重要影响。这些经典的设计元素是品牌资产的重要组成部分，企业需要视之为珍宝予以保留和传承。

经典的产品设计元素在各种产品类别中都能看到，比如，施华洛世奇的“天鹅”元素、匡威运动鞋的“五角星”图案、绝对伏特加独特的酒瓶造型等。在奢侈品行业中对经典设计元素的保留也很常见，如 Alexander McQueen 的头骨元素、Gucci 的蜜蜂元素、Cartier 的猎豹元素，以及 BVLGARI 的蛇形元素等。

第四节　品牌包装视觉设计

在品牌的视觉元素中还有一个非常重要的部分，那就是品牌包装。包装本身能够承载和传递信息，独特的包装不但可以让消费者在同类产品中即刻识别出你的产品，也可以让消费者对产品产生或有趣、或优雅、或质朴等美好的联想。独特的包装形态以及经典设计元素在包装中的运用，成为识别品牌的重要手段，同时也能增强消费者对品牌的记忆，是品牌最重要的视觉资产之一。

一、包装的概念与作用

在中国《包装通用术语》国家标准（GB 4122-83）中对包装的定义为：包装是在流通过程中保护产品、方便储存、促进销售，按照一定技术方法而采用的容器、材料及辅助物等的总体名称，包括为了达到上述目的而进行的操作活动。因此，从行为和活动的角度来看，包装也指设计和制造产品的容器或包裹物品的过程。

包装的历史非常悠久，早在公元前2000年，在埃及就出现了玻璃容器，早期人类用树叶或动物外皮遮盖和携带食物与水。如今包装材料的运用更加广泛，常用的包装材料包括塑料、纸制品、木材、玻璃等。

包装的基本作用有以下几点：

（1）识别产品归属。包装上通常会有产品名称、生产厂家等基本信息，因此，消费者能通过包装将本产品与其他同类产品相区别，识别产品归属，并依据已有经验进行消费的初步判断和决策。

（2）传递产品描述性和说服性信息。包装上还有产品的使用指南和关于成分的文字说明等信息，这些信息既是对产品的详细描述，也能在一定程度上传递产品的特色和优势，起到说服消费者的作用。

（3）方便产品的流通运输和保护产品。保护产品是包装的重要作用之一，产品在流通过程中，可能受到各种外界因素的影响，引起商品破损、污染、渗漏或变质。科学合理的包装，能使商品抵抗各种外界因素引起的破坏。包装也为产品流通提供了条件和方便，将产品按一定的数量、形状、规格、大小及不同的容器进行包装，这样既有利于商品的分配调拨、清点计数，也有利于储运效果，提高产品的经济效益。

产品包装设计包含两方面的工作：一是包装设计的美学层面；另一个是包装设计的功能层面。从功能层面来讲，包装结构设计和材质运用是关键，结构设计直接影响到包装的实用性和整体美观性。包装材料的使用既要充分考虑产品成本、环保与节约能源，又要体现产品特征，能直观地将产品定位于某个产品类别或价格区间，如酒类产品包装通常使用瓶型结构，玻璃或陶瓷材质，包装方式也成为识别某个酒品牌市场定位的重要途径。

从美学层面来讲，需要选择合适的尺寸、形状、材料、颜色、文字和图案。现代印刷工艺的革新使包装图案的设计越来越多样，也更富吸引力，能够在消费者购买的那一刻传递丰富多彩的信息内容，创造令人心动的瞬间。从品牌视觉设计的角度来讲，包装设计主要是指美学层面，即包装的外观，接下来的内容，也主要针对包装设计的外观形式和美学特征等视觉层面。

二、包装设计对品牌的价值

除了保护产品、识别产品、介绍产品信息、提供产品使用指南等基本作用之外，包装发展到现在又延伸出许多其他的功能，从品牌的角度来讲，包装设计也有许多重要价值。

（一）识别品牌和传递品牌特征

包装上通常会有品牌名称、标志等基本信息，有些还会包含品牌口号和宣传语，在超市或者商店等购物场所，品牌包装往往能创造出广告牌的视觉效果。此外，还能通过包装讲述品牌故事、传递品牌价值，塑造品牌形象，有时候包装甚至能成为品牌与消费者进行情感交流的媒介。

案例 5-7　啤酒品牌江小白的包装设计（图 5-27）

江小白是专为年轻人量身打造的白酒品牌，该品牌突破传统白酒过于死板的特点，引发了白酒市场上时尚与传统的碰撞。江小白呈现出青春和简单的品牌特征，在产品包装设计上，江小白走精简的个性化路线，没有包装盒，裸瓶销售，瓶形厚但不高，瓶体采用玻璃磨砂，有质感，拿起来也很合手，由于瓶子本身比较重，质量比较好，给人感觉简单而不失高档。

江小白在包装上没有沿用传统白酒奢华与高贵的风格，而是着力打造青春洋溢、富有时尚感的品牌风格，包装上勾画了一个“80 后”男孩的卡通人物形象，一副黑框眼镜、一身休闲西装、一条简单的围巾，即青春时尚又充满朝气，配上短小幽默的文字，使包装显得新鲜另类。卡通人物和个性化语录的结合，牢牢抓住了消费者追求个性的心理，萌化的卡通人物成了品牌的形象符号，个性化语录通过描绘年轻人的生活与情感现状拉近了产品与消费者的距离，使消费者产生了极大的情感共鸣。

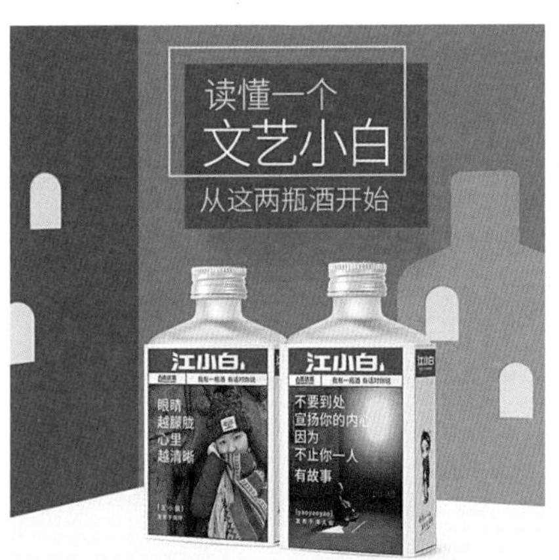

图 5-27　白酒品牌江小白的个性化包装设计

（二）促进销售，创建品牌资产

如今，消费者变得越来越富裕，他们能够也愿意为更有质感、更高级的产品包装买单，产品的包装设计也逐渐成为品牌创新的手段，新包装可以扩展市场，俘获新的目标消费者。

精美的产品包装可起到美化商品、宣传商品和促进销售的作用。在一些繁忙的零售场所里，包装能以其新颖独特的艺术魅力吸引人们的注意力，成为促进消费者购买的主要影响因素。有调查显示，普通消费者逛超市的时间一般在 30 分钟左右，期间他们会看到约 2 万种甚至更多的商品，他们事先可能并没有确定要买哪些产品，对许多消费者来说，第一次接触新产品就是在超市的货架上或商店中，在某些品类中，产品之间的差异并没有那么明显，此时包装的价值就体现出来了，包装能在短时间内提高品牌的竞争力。

包装被称为是“营销的最后 5 秒钟”“永久的媒介”“最后的销售员”等，在一些成熟的产品市场，包装创新往往能在短期内明显推动销售增长。20 世纪 90 年代，软饮料行业面临整体衰退，许多企业纷纷改变产品包装，百事可乐推出了 24 包纸盒装、8 盎司百事迷你罐、1 升大口瓶装等，创造出更多新的使用场景，百事还对其使用多年的传统包装进行了改进，重新设计的“太空蓝”包装图案一直沿用至今。（图 5-28）

图 5-28　百事可乐“太空蓝”包装设计

（三）创造品牌体验，延续品牌记忆

包装设计必须反映品牌的特点，比如，是华丽的还是廉价的？是浮华的还是质朴的？是为那些非常注重自己外形的人设计的，还是为那些没有时间打理自己的人设计的？为了营造不同的品牌形象，迎合不同的消费需求，包装设计也会呈现不同的风格。在接触到包装的那一刹那，消费者会形成对品牌的第一感知，特别是对于一些快速消费品来说，消费者购买产品时，几乎完全是依据包装带来的感受来选择产品，从这个意义上来讲，包装创造了品牌体验。

而在产品使用完之后，有些包装还能成为一种纪念品，比如，印有“收藏品”字样的果酱瓶、乐高的塑料积木桶、蒂芙尼（Tiffany）的蓝色礼盒等。经典的蒂芙尼蓝色礼盒（Tiffany Blue Box®）是蒂芙尼的注册商标，是品牌最重要的资产之一，这一色调昭示着完美无瑕的品质、令人屏息的美感和极富传奇色彩的浪漫情调，它如同一位充满活力的蓝色使者，向世人呈现蒂芙尼的每一个精美之作。很多人在购买或收到蒂芙尼的珠宝之后，会用心珍藏蒂芙尼的包装盒，还有些人甚至会在给别人送礼时，特意将礼物放进蒂芙尼的蓝色包装盒中，以显示礼物的珍贵。（图 5-29）

图 5-29　蒂芙尼蓝色包装礼盒

三、包装设计原则与趋势

如今，一方面，人们的审美能力日渐提升；另一方面，整个社会也开始关注人类行为对环境和自然的影响，有些品牌开始改变包装方式，使用环保包装或最低限度的包装。消费心态、市场环境、社会认知都会对产品包装设计产生影响，那么，包装设计应该遵循哪些基本原则呢？

首先，包装是浓缩的品牌呈现，包装设计需要符合品牌形象，体现品牌含义。对于品牌来说，包装是非常重要的形象传播载体，当包装设计与品牌特征和形象相吻合时，包装就成为品牌识别的重要元素。人们对包装会产生非常微妙和深远的情感，有研究表明，品牌如果改变广告方式，消费者非常容易接受，但改变包装很容易引起人们的不适应、争议甚至是反对。

可口可乐饮料著名的裙型瓶是品牌特征不可分割的一部分，多少年来虽然会有一些细节的创新和改变，但总体瓶型被珍视和保留，并得到人们的广泛认可，这种认可反过来又给了可口可乐品牌更多的自信和设计自由，在裙型瓶的基础上进行包装图案的创新，设计了一系列时尚的、反传统的可乐瓶。（图 5-30）

图 5-30 可口可乐裙型瓶包装创新设计

如果有些品牌本身广告宣传很少，就特别需要依赖包装的力量来吸引消费者，此时包装又成为品牌推广的有力因素，依云（Evian）矿泉水就主要依靠包装设计来传递品牌纯净的特征和健康生活方式的代表等相关信息。

其次，包装设计需要创造独特的视觉表达。包装能够利用的物理尺寸通常都很小，表达的空间和体积都很有限，在这种情况下，只有运用独特的视觉语言和符号进行创新设计，才能使产品在拥挤不堪的商店和同质化严重的竞品中脱颖而出。

图 5-31 农夫山泉学生水系列包装设计

农夫山泉学生水系列产品包装采用了色彩鲜艳的“插画风”设计，由英国著名插画师 Brett Ryder 创作而成，通过手绘形式展示了水源地长白山一年四季的自然景象。系列包装通过对自然符号的艺术化处理，充满风情与趣味，打造了梦幻般的视觉效果，获得了年轻消费者的一致好评。（图 5-31）

最后，包装要致力于创造与消费者之间的情感联结。除了实用性目的之外，通过富有想象力的创意设计，把包装形式和平面设计转化为一种能迅速与消费者产生联结的呈现方式，调动消费者的各种感觉和情绪，让他们与产品产生一种独特的联系，使产品成为一种表达个性、风格、身份、情感认同的象征物，让消费者能够单靠包装设计就开始喜欢上这件产品。

包装设计呈现出的情感和格调必须与消费者的欲求相吻合才能引起消费者的共鸣，如果出现错位，就很容易被忽略、被冷落。就像任何红酒包装，不管酒的价位是多少，我们都期待它是高雅的；对于香水包装，我们则期待它浪漫、性感迷人；对于软饮料包装，我们希望它出人意料，充满激情；食品包装要有美味的吸引力；家居产品包装要体现出某种生活方式。

如今，包装设计越来越专业化，设计师们将艺术形式和科学技巧融入包装设计中，以达成各种营销目标。消费者的个性化意识、情感化消费趋势在包装设计上也有体现，出现了越来越多的个性化定制包装，如可口可乐的“台词瓶”“昵称瓶”，江小白的“语录瓶”等，既体现了品牌个性和风格，又满足了消费者情感表达和自我尊重的需求，这些都使得包装设计越来越充满艺术性、趣味性、情感化和人性化。

第五节　品牌应用视觉设计及品牌视觉资产管理

一、品牌应用视觉设计的概念

“品牌应用视觉设计”是对品牌基本视觉识别设计在品牌可能出现的各种媒体上的应用所做的具体而明确的规定。当品牌视觉识别的基本要素包括品牌标志、标准字、标准色、品牌口号、形象代表等被确定后，需要考虑这些要素在日常生活中的组合运用，设计各种应用场景和相关材料，确定各种要素的组合关系，以统一和强化品牌的整体视觉效果。品牌应用视觉设计大致有如下一些应用场景。

品牌视觉设计常用于便笺、名片、徽章、工作证、请柬、文件夹、资料袋等企业日常办公用品，将品牌视觉元素按照规定的办公用品形式进行完整、规范、统一的设计，进而表现企业精神，创造自豪感和凝聚力。

企业建筑环境也是品牌视觉设计的常用场所。内部建筑环境包括办公室、会议室、休息室、企业内部展陈空间及各种销售空间；外部建筑环境是指企业形象在公共场合的视觉再现，主要包括建筑造型、旗帜、门面、招牌、公共识标牌、路标指示牌等。

品牌视觉设计还会被广泛应用于数字与网络媒体、交通工具和其他广告媒体，主要是品牌对外的各种广告传播。广告投放是现代企业传达品牌信息的主要手段，是品牌视觉设计元素最主要的运用场景，这部分内容我们在后面品牌传播策略中会详细介绍。

案例 5-8　华为品牌视觉的应用规范

华为公司非常注重品牌视觉形象管理，在快速国际化的过程中，公司对品牌标识的应用进行了非常明确的规定。

限制区域

为更加清晰有效地传播品牌标志，标志周边必须保持一个最小尺寸的空白空间，该空间称为限制区域，该区域内不得出现任何文字、符号和其他图形元素。图例“x”“y”的高度分别对应竖式和横式品牌标志中HUAWEI字体的高度，在竖式品牌标志中，限制区域的宽度和高度为“x”，在横式品牌标志中，限制区域的宽度和高度为“0.5y”，当标志尺寸改变时，限制区域大小随之改变。（图5–32）

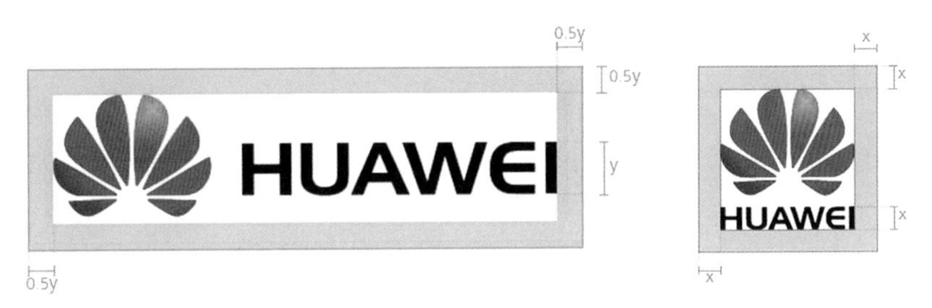

图5–32　华为标志应用的限制区域

最小比例

在各种印刷品中品牌标志的最小尺寸如图5–33所示，如果品牌标志小于该尺寸，标志将难以辨认。

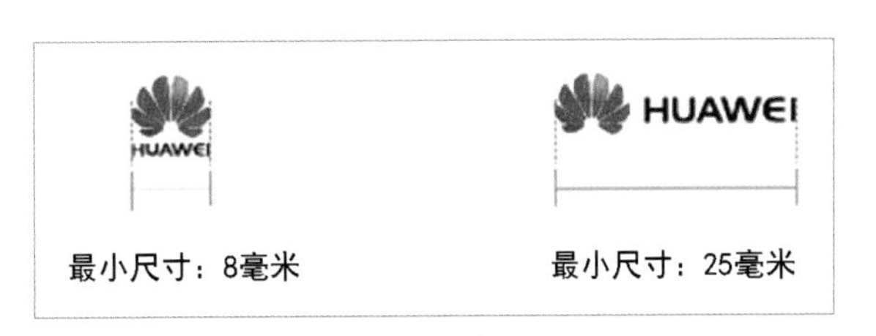

图5–33　华为标志应用的最小比例

颜色规定

标志红和标志黑共同组成品牌标志的渐变色板，公司专用色对于强化活力充沛和值得信赖的品牌形象至关重要。华为规定，红色广泛应用于除文具以外的各种传播系统，包括印刷品、广告、多媒体、招牌等，除品牌手册中的特殊规定外，红色的面积不得超过应用设计中全部面积的八分之一。（图5–34）

广告系统

华为认为在广告系统中保持视觉一致是非常重要的，但也需要保持一定的灵活性，因此在品牌手册中，华为展示了该如何灵活应用视觉元素，设计了横式、竖式多种广告页面模板方案，应用的广告类型包括招聘广告、广告牌、地铁广告、海报、多媒体网络应用（网页、发布会、PPT等）、公司招牌、建筑指示牌、背景板、交通运输、展览版式（挂旗、组合展板）等，尽可能保证华为积极的品牌形象。（图5–35）

单色金属质感标志

无色钢印标志

单色黑标志
传真和包装上使用

印章或单线标志

两色印刷
包装上使用

图 5-34　华为标志应用的颜色规定

运输系统

多组展板

包装纸

横版广告

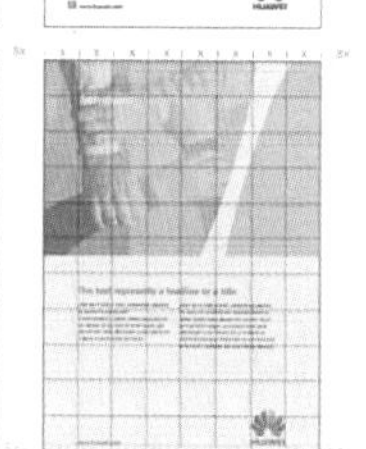

竖版广告

图 5-35　华为标志在广告系统中的应用模版

二、销售空间环境设计

当消费者走进某个品牌的商店或者卖场时，实际上走入的是品牌为消费者构建的一个专属空间，这个空间所展示的东西、所营造的氛围是品牌特征和形象的体现。

最出色的销售空间能让身处其中的消费者体验到消费的乐趣，给他们留下深刻而真实的印象，能呼应品牌的理念和价值观，在视觉和感官上与品牌特征保持一致与关联。要达到这种效果，需要在销售空间和销售环境设计上下功夫，可以采用一些明显的装饰，比如，大面积的装饰墙和定制的陈设品。

苹果零售店的设计颇具开创性，整个空间设计注重对细节的极致追求，色彩简洁，布局留白，外观通透，配合室内大面积白色和金属灰色支撑结构，为顾客和服务人员提供了舒适的交流环境，彰显了品牌“轻松使用”的形象。苹果零售店里还运用了很多高科技元素，整体氛围酷炫、简洁，具有科技感和体验性，充分展现了苹果产品的专注和极致，也凸显了品牌的创新特征。（图 5–36）

图 5–36 苹果体验店的空间环境设计

除空间设计外，也可以使用一些不太明显的氛围营造方法，比如，灯光或者空气中的特殊气味，精心安排的气味可以提升消费体验，喜来登酒店和新加坡航空公司都为自己开发出专属气味，并进行了商标注册，许多旅客会称赞新加坡航空公司飞机里的气味很好闻，殊不知这种香味是品牌刻意加进去的。

案例 5–9 诚品书店的空间环境设计

诚品书店是一个多元化的书店空间，以阅读为中心，将书店提升为一个复合式文化场所。（图 5–37）书店的设计以创造充满人文艺术气息的氛围为目的，以沉稳、优雅、温馨的色系为主，打造明亮、开阔的空间，注重人文关怀，阅读区中天花板和地板的设计大量运用实木，让读者在此空间里能够舒服地阅读，还有 15 度空间面板设计，使柜面板保持 15 度倾斜，

图 5-37 苏州诚品书店

令书架上的书伸手可及，提升读者的阅读体验。书店内动线的设计流畅合理，四通八达，读者能快速到达自己想去的区域，且通道宽敞，没有死角，不必走回头路。

每家诚品书店还会依据当地的人文特色，设计出各异其趣的陈设风格及书籍内容。以苏州诚品书店为例，苏州诚品书店在整体环境中融入了苏绣、昆曲、评弹、核雕等苏州传统文化特色。

诚品不只是一个书店，更是一个文化卖场，综合了书店、商场、零售的空间特点，“复合式经营”涵盖了书店、画廊、花店、商场、餐饮诸多业态，并长期举办各项演讲、座谈、表演、展览等阅读延伸活动，内容涉及文学、戏剧、环保、舞蹈、美术多个领域，创造了多种与读者进行对话的可能。

三、品牌视觉资产的管理

随着媒体和信息技术的发展，消费者的信息接收渠道变得越来越多元，也越来越碎片化，单一的传统媒体广告传播方式日渐式微，品牌在大众媒体以外的传播机会越来越多，这些在无形中增加了品牌的接触点。

“品牌接触点”是指消费者有机会面对一个品牌的情景，接触点是消费者获取品牌信息的来源。接触点管理是整合营销传播中的核心概念，是指将一切与品牌、产品及市场活动相关的信息传递给目标消费者或潜在消费者的过程与途径。（图 5-38）

在人们的日常生活中，每一次消费体验都包含了一个或者一系列的品牌接触点，而每一个品牌接触点都在传播着品牌信息，并对购买决策产生或多或少的影响。成功的品牌都善于通过接触点来影响顾客，而不是仅仅依靠广告或者主题传播活动。常见的接触点包括产品销售环节、消费者口碑、企业对内对外的日常沟通事务，以及更多的网络和数字化媒体渠道。

当前，品牌设计管理工作的挑战在于：如何在所有的品牌接触点和视觉传播形式中将品牌调配整合成同一种视觉语言，传达到广告、平面媒体、网络及所有其他传播渠道中，使品牌与人们的生活相结合，展现出积极的

图 5-38 品牌接触点示意图

活力、连贯一致的信息和统一的个性，这些涉及企业是否对品牌视觉资产进行了有效管理。

品牌视觉资产是指品牌独有的某些视觉元素，它们是能发挥巨大效力的品牌元素，包括我们上面讲到的品牌名称、品牌标志、品牌口号、品牌色彩、品牌包装、品牌形象代表、产品的经典设计元素，等等，若能对这些视觉资产进行有效地管理，就可以与人们建立强有力的情感联结。理解这些品牌资产的意义，有助于建立人们对品牌及其承诺的积极认知。

品牌视觉中的每种图像都各有不同的含义和价值，进行品牌视觉资产管理的第一步就是通过思考品牌意义和它的传播目标，找到那些能被当作资产提出来的视觉元素，这些元素必须能支持品牌的成长与未来发展。第二步要思考该如何为每一项视觉资产指派角色，即各种视觉资产适合出现在什么场合，是在功能层面还是在情感层面去影响消费者？若能理解不同的视觉元素会对消费者产生的影响和意义，并以充满活力和创意的方式将这些资产整合进品牌各种形式的传播中，将能增强品牌传播的效果。

案例 5-10 巴宝莉（Burberry）品牌的视觉资产管理

巴宝莉（Burberry）是来自英国的世界知名高端奢侈品牌，对于巴宝莉来说，最主要的视觉资产就是经典格子纹。格子是英国的一大象征，极具绅士魅力，1924 年，巴宝莉将带有浓郁苏格兰风情的格子图案注册成商标，该图案原是巴宝莉雨衣系列的衬里设计，是由红色、驼色、灰色组成的格子，如今这种图案已经成为巴宝莉的经典标志，既有美感又有代表性，它代表着品牌历史、代表着英国，也是美观与高品质的保证。

巴宝莉也深知这种格子图案对品牌的意义和价值，将其视为品牌非常重要的视觉资产加以管理，使得巴宝莉的格子成功渗透到从服装、配饰到居家用品等各个领域，深受消费者追捧与热爱，这个来源于英国传统文化的格子图案，逐渐成为巴宝莉品牌专属的、珍贵的视觉标识。（图 5–39）

图 5–39 巴宝莉的格子图案及其应用

本章思考题

（1）任选一个品牌，找出它所有重要的视觉元素，分析这些元素各自对品牌有什么价值？

（2）除了书中的案例之外，有没有哪些品牌的产品视觉设计和包装视觉设计让你觉得非常成功，请尝试分析其成功的原因。

（3）品牌销售空间的环境视觉设计中有哪些设计原则和重要的设计要素？

（4）如何理解品牌视觉资产的概念？品牌视觉资产管理的要点和步骤是怎样的？

本章延伸阅读：以设计为品牌加上情感识别证

在过去的几十年里，社会的经济基础从生产变为了消费，消费过程中的重心从理性转向欲望，从客观转向主观，消费者在选择商品时，会比以往更多地动用感受和直觉，而不仅仅只用大脑来做判断，这些都要求企业管理者重视对人们心理状态的理解。对于今天的品牌建设者来说，单靠产品和服务已经不足以开拓新的市场，甚至难以维系已有的市场，理解人们的情感需要和欲望，成为公司成功的关键。

未来品牌创建工作将主要依赖对人们的悉心倾听，品牌要能为消费者带来快乐，使生活质量得到提高，并从情感上与人们建立联结，所以品牌创建演化为情感型品牌创建，设计能帮助品牌实现从“信息告知”到建立“情感联结”。

一家公司的标识是其文化、个性、产品和服务的表达，也是公司价值观的象征，标识的设计，不论是颜色、图案、字体还是这些要素的组合，都具有情感意义，是品牌战略的重要部分，可口可乐的独特字体和强有力的红色，既鲜明又难以忘记，奔驰的三叉星是汽车纯正血统和高质量的标志，自然而然地成为其拥有者品位和地位的象征，这些标识都极富感染力，是品牌最有效的广告手段，深刻影响着消费者对品牌的感知。

除了标识之外，产品外观与风格、包装和店铺设计都体现出品牌对形象战略的思考，在不同的品牌接触点和接触情境中，通过不同的设计手段和视觉元素的运用，能触发消费者的情感，使品牌与消费者之间建立强有力的情感依赖。

在品牌视觉设计中，每种图像都代表不同的含义。可口可乐带给我们的品牌感受包括朝气蓬勃、心旷神怡、活力和欢乐，基于此，可口可乐创建了四种主要的视觉资产：

· 经典玻璃瓶：最神秘又最容易辨认的图形，几乎是所有瓶型中最具影响力的；

· 飞扬的丝带：更富现代感的视觉图形，提供了一种新的全球性视觉语言；

· 可口可乐手写字体：全世界最好辨认的字体设计，也是品牌历史的识别标志；

· 红色：特别适用于可口可乐铝罐识别与促销活动的背景。

可口可乐为上述视觉资产指派了明确的使用场景，有些视觉符号是为了与消费者建立理性连接，有一些是为了与消费者建立感性连接，另外还有一些是为了与消费者建立本能连接。理性连接图形作用于消费者头脑的理性层面，是可见的、可识别的图形，常用于文字沟通、品牌营销与简报，如“可口可乐字体”与“红色”；感性连结图形更具感官性，常出现在社交场所，家庭聚会与运动比赛场合，可口可乐的经典玻璃瓶形，常出现在海滩、电影院等场所，表达一种身心幸福的感觉；本能连结图形让品牌具有情感色彩，与年轻人的生活方式和朝气活力有关，常出现在涂鸦墙、夜店、激进的海报及新品开发中，令人产生惊讶、大胆、冲动的感觉，如可口可乐飞扬的丝带，体现了活力与激情。

通过对品牌视觉资产的有效管理，企业能展示自身的经营哲学，能展现丰富、有活力、有趣的、积极的品牌形象，能打动消费者，能帮助品牌实现与消费者之间的情感互动，从而成功打造情感型品牌。

课程实践（自创品牌策划第三步）：品牌视觉识别系统设计

在这一阶段，要求对自创品牌的基础视觉识别元素进行设计，确立产品视觉风格和包装设计风格。本阶段作业成果为品牌视觉形象手册。

第六章　品牌营销战略策划与品牌体验设计

营销活动是企业创建品牌资产，实现品牌价值的根本途径，本章重点在于从品牌化的视角来分析营销战略策划。企业会为特定的目标市场确定一个具有成本效益的营销组合，该组合主要包括产品、价格、分销和营销传播，我们要思考如何将品牌有效地融入营销组合的设计中。因此，本章我们主要讲解了品牌的产品策略、定价策略、销售渠道策略，基于营销环境变化，我们还分析了品牌个性化营销方案策划、品牌社会化营销方案策划，以及品牌体验营销策划。

乐高公司（LEGO）于1932年创立于丹麦，至今已有90年的发展历史，公司生产的积木无毒、安全、耐磨、色彩持久、精度高，具有教育性和启发性，深受全世界儿童喜爱。乐高将积木按照适用年龄进行分类，包括年龄1~5岁、4~7岁、5~12岁、7~16岁，因为其趣味性和专业性，许多成年人也热衷于玩乐高积木。

图6–1　乐高积木产品

乐高开创了一种全新的产品类别，其生产的塑胶积木具有非常明显的特征，乐高积木一头有凸粒，另一头有可嵌入凸粒的孔，形状有1 300多种，每一种形状都有12种不同的颜色，以红、黄、蓝、白、绿色为主，小朋友自己动脑动手就可以拼插出变化无穷的造型，令人爱不释手，被称为“魔术塑料积木”，产品形状深入人心。（图6–1）

乐高的销售方式也很独特，部分乐高实体店为儿童开设积木体验区，培养儿童的动手能力与创造力，有些店铺还提供专业的乐高教育活动，目前，在中国20多个省份设置了乐高活动中心，旗下品牌乐高教育提供从幼儿园到高中不同年龄段的教育课程，课程中使用的积木规格虽然与普通乐高相同，但会针对不同的教育科目有所侧重，比如，拥有大量人仔、动物的得宝产品，各种物理、机械类的教育产品，这类产品在普通零售版乐高中很难见到，为顾客提供了良好的游戏体验，大大提高了品牌的形象与口碑。

在销售渠道策略上，乐高兼顾了实体店和网络销售，实体店主要销售新品，展示品牌形象，保障消费者体验，乐高官网只能寄送私人地址且有个数限制。乐高非常注重在产品销售过程中为消费者创造舒适、愉悦的用户体验，乐高的品牌体验设计包括如下方面：（图6–2）

1. 产品体验—接触试用产品

乐高授权专卖店提供全球同步销售的新品和丰富多彩的玩乐体验，专卖店内产品区和体验区的面积比例为1∶1，为用户打造了一个集快乐、创新、知识为一体的潮流体验店。

2. 产品陈列——直观呈现，营造轻松购物的氛围

乐高专卖店在每个货架前面设立了3D模型展示柜，这些透明柜子里展示着对应货架上产品的模型，消费者可以直观地看到拼搭完成的模型作品。

3. 销售方式——有趣的同时更为人性化

散颗粒墙是乐高专卖店内的标配，装有不同种类散颗粒的圆形小罐布满整整一面墙，消费者可以根据自己的需求挑选所需要的积木塞进圆罐子里，积木按罐收费，考验顾客如何利用有限的空间塞入最多的积木。

4. 空间环境——文化体验

伦敦专卖店的伦敦街头电话亭、纽约店的帝国大厦、香港店的旺角街景……每一家乐高授权专卖店都设有展现自己城市特色的大型积木模型。

乐高还构建了许多网络社区，最著名的是“My Lego Network”（我的乐高网络，简称MLN），这是一个专门针对乐高粉丝的社交网络，此外众多与乐高产品相关的原创网站，在这些网站和社区中，乐高用户有机会认识其他有相同爱好的人，交流游戏经验和心得。乐高将创造网站内容的机会交给了用户，让用户感觉自己成为了公司成就的一部分，乐高品牌也因此获得了更高的用户忠诚度。

图6-2 乐高积木的销售体验

第一节 品牌营销工具策划

一、市场营销与营销工具的概念

什么是市场营销？1985年，美国市场营销协会给市场营销下了这样的定义：通过计划和实施针对某种思想、产品或服务的构想、定价、促销和分销策略来实现交换的过程。此定义奠定了营销战略要素的四个基本组成部分：产品、定价、促销、分销。

到今天，市场营销的观念发生了一些新的变化，其中最突出的部分是将消费者的需求视为市场营销的重要前提，将为消费者创造价值视为市场营销的最终目标。基于此，有人认为市场营销就是“通过卓越的价值承诺来吸引新顾客以及通过创造满意来留住和发展顾客”，还有人提出市场营销是“企业为从顾客处获得利益回报而为顾客创造价值并与之建立稳固关系的过程”。

目标市场、消费者需要、协调营销、创造价值是市场营销的四个重要支柱，从选定的目标市场出发，以消费者的需求为中心，协调各种可能影响消费者的营销活动，通过满足消费者需求，为顾客创造价值的同时，企业得到销售额和利润的增长、长期顾客忠诚等形式的价值回报。这一过程中使用的营销手段包括产品、价格、分销和营销传播，这四种手段结合在一起，就是我们平常说的营销组合（Marketing Mix）、营销工具或4Ps。

营销战略（Marketing strategy），说明企业计划如何实现自己的营销目标，营销战略一般包括3个步骤：

（1）确定具体的目标市场；

（2）确定品牌战略定位；

（3）为各市场制订出相应的营销组合。企业的营销战略决定企业通过提供何种满足需求的解决方案，以何种营销组合方式来为消费者和自身创造价值。

选择目标市场和品牌战略定位在前面第二、第三、第四章已经讲过，本章主要讲述营销战略策划中营销工具的组合运用。企业会为每个目标市场确定一个具有成本效益的营销组合，该组合要综合企业能控制的各种营销因素：产品、价格、分销和营销传播。

二、品牌的产品策略

营销组合的第一要素是产品。产品是提供给目标市场以满足其欲望和需要的一切东西。产品包括有形物体（汽车、保温杯）、服务（金融理财、音乐会）、人物（奥巴马、贝克汉姆）、地点（拉斯维加斯、新加坡）、组织（联合国、世界自然基金会）和观念（保护环境、禁烟）等。

（一）产品的层次

进行产品策划之前，营销人员需要从以下5个层次来理解产品的概念。（图6–3）

图6–3 产品的五个层次

“核心利益”是消费者真正要购买的服务或利益，它回答“顾客真正要购买的是什么”这一问题。每个产品都是为解决问题而诞生的，对于电影院，顾客购买的是“娱乐”，对于旅馆，宾客购买的就是“休息和睡觉”。消费者隐藏在每一产品内的基本需要就是核心产品，核心产品位于产品整体的中心。

明确产品的核心利益后，接下来需要把核心利益转化成产品形态，也就是“形式产品”。旅馆的形式产品就是包含有许多出租房间的建筑物。

产品的第三个层次是“期望产品”，也就是消费者购买产品时期望产品所具有的一整套属性和条件。对于旅馆客人来说，期望的是干净的床、香皂和毛巾、浴室、电话、衣柜和安静的环境。如果大多数旅馆都能满足这种最低限度的期望，旅行者对不同的旅馆就不会形成特殊偏好，只会选择一家最便利的旅馆住下。

产品的第四个层次是“附加产品”，也就是产品包含的附加服务和附加利益，附加产品可以把一个产品与其他同类产品区别开来。对于旅馆来说，可以通过提供电视、饮品、吹风机、鲜花、快速结账服务、美味餐饮和优质房间服务来增加其产品的竞争力。

现代竞争主要发生在附加产品的层次，有些最成功的公司为其产品增加附加利益，不只是为了满足顾客需要，更是为了取悦他们，给产品加上意想不到的惊喜。旅馆的客人如果发现可以享受一篮子免费水果，他们会非常高兴。当附加产品的竞争成为普遍期望的利益时，就应当重视产品的第五个层次——潜在产品。

产品的第五个层次是“潜在产品”，是产品最终可能的所有增加和改变。附加产品表明了产品现在的内容，而潜在产品则指出了产品可能的演变，是公司努力寻找的满足和取悦消费者并使自己与竞争者区别开来的各种新方法。

（二）产品策略

企业在制订具体的产品策略时，还需要明确产品层级，确定品牌—产品矩阵，制订产品差异化策略。

1. 产品层级

“产品层级”是指企业多个产品之间的关联性及产品组合，从产品所提供的基本需要开始，一直延伸至满足这些需要的特定产品类别和一些具体产品项目。根据产品概念涵盖面的大小，产品分为七个层级，从最基本的需要类型（涵盖面最大的层次）到具体的产品项目（涵盖面最小的层次），我们以轿车产品为例来进行说明。

（1）需要类型：产品所应满足的基本需要的种类，轿车产品需要类型为“交通、出行”。

（2）产品门类：用以满足某一需求种类的广义产品，“交通工具”就是一个产品门类。

（3）产品种类：产品门类中具有某些相同功能的一组产品，交通工具中“汽车”就是一个产品种类。

（4）产品线：同一产品种类中密切关联的一组产品，它们有基本相同的功能和作用，以具有同样需求的消费群体为市场，并以基本相同的方式和渠道进行销售，“轿车”就可构成一种产品线。

（5）产品类型：在同一产品线中，可以按某种性质加以区别的产品组，可能由一个或几个产品项目构成，在轿车中有“微型轿车”“普通轿车”和“豪华轿车”等不同的类型。

（6）产品品牌：用以命名某一个或某一系列产品项目的产品名称，主要用于区别产品的特点或渊源，如“丰田”“福特”“通用”“雪铁龙”都是轿车的品牌。

（7）产品品目：某一产品线或产品品牌中一个具体明确的产品单位，主要以品种规格来加以区分，“雪铁龙”轿车中有雪铁龙 C5 和雪铁龙世嘉等具体品种。

产品层级，一方面，反映了产品概念的涵盖面；另一方面，反映了消费需求的个性化程度。越是接近“需求类型”层次，消费需求的共性就越突出，越是接近“产品品目”层次，消费需求的个性化就越明显，所以，产品层级是市场逐步狭窄化和细化的过程，企业可依此进行市场细分，选择目标市场，建立产品个性特征。

品牌—产品矩阵

一个公司通常会有多个产品和品牌，如何管理公司所有品牌与产品之间的组合关系对于产品开发来说非常重要，公司可以通过品牌—产品矩阵图来表达。（图 6–4）

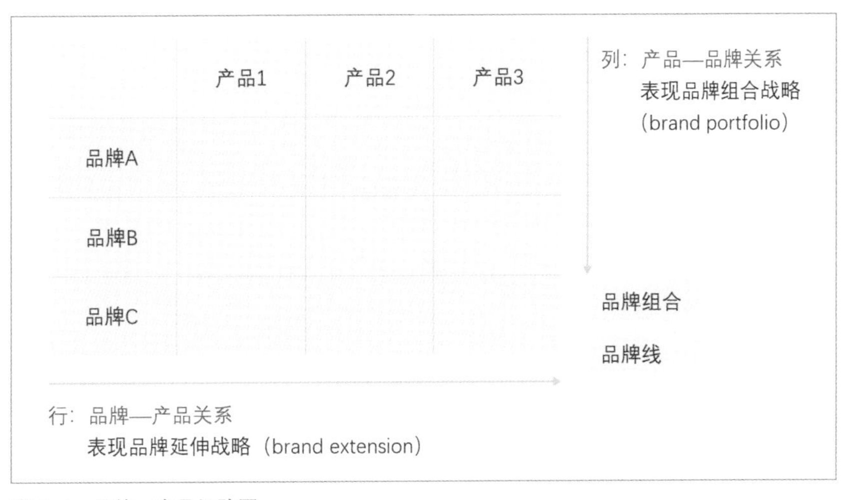

图 6–4　品牌—产品矩阵图

品牌—产品矩阵图反映了一个公司的品牌战略，可以从两个维度来进行描述，其中，品牌—产品关系称为品牌线，是某个品牌名下的整个产品大类，表现为品牌延伸战略；产品—品牌关系称为品牌组合，是产品大类下的所有品牌，表现为品牌组合战略。

“品牌延伸”（brand extension）是使用一个已有的品牌推出新产品。星巴克通过增加在超市出售的包装咖啡、杯装咖啡及家用咖啡机等，在咖啡连锁店业务之外不断进行扩张，宝洁公司的飘柔品牌除洗发水产品之外，还推出了护发素、焗油精华露等产品。品牌延伸能使新产品迅速被人们识别和接受，也能节省建立一个新品牌所需要的高额广告开支。

“品牌组合”（brand portfolio）是企业在同一个产品类别中引入多个品牌。可口可乐公司经营的汽水饮料有可口可乐、健怡可口可乐、雪碧、芬达、醒目等多个品牌；宝洁公司生产的洗发水除了上述的飘柔，还有海飞丝、潘婷、伊卡璐、沙宣等多个品牌。多品牌战略能为每个品牌确定不同的定位以迎合不同的购买需求，能帮助企业在销售终端占领更多的货架空间，从而获取更多市场份额。通过在不同的细分市场定位不同的品牌，可口可乐公司的软饮料品牌联合起来远比单个品牌获得的市场份额要更大。

企业在制订品牌组合策略时，要注意市场覆盖最大化，不要忽略潜在顾客，同时，要为每个品牌设定独特的目标市场和定位，避免自相残杀；在制定品牌延伸策略时，要使不同产品之间具有品牌关联，不同产品能共享一些品牌元素和品牌信息。

2. 产品差异化

产品差异化策略可以从 3 个方面着手：产品差异化、服务差异化、设计差异化。

可以从 8 个方面来为产品创造差异：产品外形、特性、定制化、性能、质量一致性、耐用性、可靠性、可维修性。“外形”是指产品的尺寸、形状或物理结构，对于有些本质上相同的产品，可以在外形上创造差异；“特性”是指产品性能、外观、材质、配件等方面的独特点；“性能”是指产品基本特征运行的好坏；“质量一致性”是指所有产品都要与说明书承诺的规格一致；“耐用性”是指产品预期使用寿命的长短，诸如交通工具、家具、厨具等耐用物品的重要价值属性；“可靠性”是指衡量产品在一个特定时间段内发生故障或损坏的可能性；“可维修性”是指产品出现故障或损坏时维修的容易程度。

服务差异化可从以下方面入手：售前咨询、订购便利性、送货、安装、顾客培训、维护与修理、退货等。越来越多的公司开始推行后营销计划，通过实施顾客购买之后的营销活动来加深消费体验、提升消费者忠诚度，后营销计划包括设计和制作尽可能友好的用户手册，方便用户理解产品性能和使用方法，或进行用户满意度调查，对重要客户给予更多重视和优待等。

设计差异化是通过创造独特的产品风格和包装风格，从外观上将本产品与其他产品进行区分。设计是产品一系列综合特征的体现，影响消费者对产品外观、感觉及功能的评价，优秀的设计始于对消费者需求的深刻理解。博朗公司将剃须刀、干发器、美容仪、食品加工机等产品的设计提升为一项高超的艺术,打造了博朗产品现代、简约、纯正和高品质的产品风格。

三、品牌的定价策略

营销组合的第二个要素是定价。定价是企业出售商品和劳务的经济回报，企业定价策略包括确定产品的价格区间和具体的价目表。

“价值定价法”被认为是以市场为导向的定价策略中最好的定价方法。价值定价法能体现消费者对品牌的价值感知，尽量让产品的价格反映产品的实际价值，以合理的定价提供合适的质量和良好的服务组合，旨在达到产品质量、成本和价格之间的巧妙结合，同时，满足顾客需求和公司利润目标。

2012年大众新款速腾车上市，新款速腾在重要的配备设施上进行了设计调整，减少了一些配置，由此出现了车辆断轴等严重事故，更重要的是此款车在减配的同时，并没有降价或其他优惠，这无疑与消费者的心理预期不符，当时在网络上针对这款车出现了“一切不以降价为目的的简配都是耍流氓”这一说法。由此可见，价值定价不只涉及定价决策，如果企业无法让消费者在现有的价格下感觉到物有所值，那么企业就必须对产品进行重新设计、重新包装、重新定位以及在保证有满意利润的前提下重新定价。

溢价是品牌最重要的资产，“溢价”是指较正常竞争条件下所确定的市场价格高出的那部分价格，获得溢价是品牌发展的重要目标。菲利普·莫里斯公司曾经频繁地提升万宝路的价格，使得万宝路的零售价在10年之间增加了3倍多，直接导致其市场份额大幅下跌，幸亏公司管理层及时调整定价策略，将万宝路的价格与一般香烟品牌的价差削减至合理的范围，从而挽回了市场份额，重新获取了更多顾客。万宝路的案例说明，强势品牌能获得溢价，但强势品牌并不能获得超乎寻常的溢价，当品牌价值没有相应增加时，价格增长只会削弱品牌的竞争力。

通常消费者会根据品类中的价格阶梯来评价品牌，并以价格为基础来推断产品的质量，评估产品的价值，有时候太便宜和太贵一样都会将消费者拒之千里，曾经有零售商对资生堂的化妆品进行打折促销，对于这些售价低于价目表的零售商，资生堂请求法院赋予其停止供货的权利，这是为了维持产品的质量形象和对顾客的服务水平。对于像香水、高级轿车这类感知型产品，以及奢侈品，保持高端形象至关重要，品牌经营者会非常谨慎地评估定价和促销方式，会尽量避免降价打折等促销方式。（图6-5）

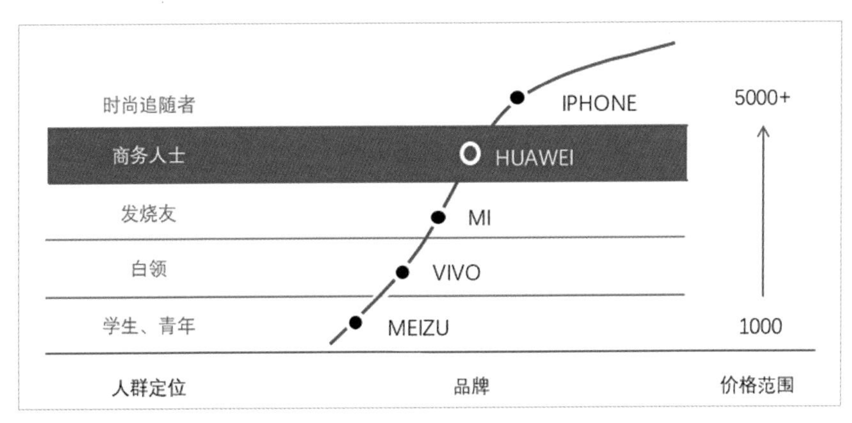

图6-5　手机品牌的价格阶梯

企业的定价策略也会影响到广告的风格，不在价格上开展竞争的企业一般会采用形象广告来打造品牌特征或品牌个性，它们也可以采用常规价格促销，但不会在广告中表现价格；注重价格竞争的企业则会采用减价广告、清仓广告或特价广告，一方面，可以增加店铺的客流量；另一方面，可以给人天天低价的印象。

总之，价格的含义非常复杂，产品价格在消费者面前扮演着多重角色，企业管理者必须全面理解消费者如何感知品牌价格，了解消费者对产品质量和价值的判断，结合产品的生产制造和销售成本、竞品价格来制订价格策略。

四、品牌销售渠道策略

营销组合的第三个要素是销售渠道。关于品牌销售渠道策略，我们要关注两个部分的内容：一是品牌常规的销售方式和渠道设计；二是品牌的O2O营销策略，即品牌线上与线下相结合的销售策略。

（一）品牌销售渠道设计

世界奢侈品教父、LVMH集团缔造者贝尔纳·阿尔诺（Bernard Arnault）曾经说过："如果你控制了工厂，你就控制了产品质量，如果你控制了分销渠道，你就控制了品牌形象。"可见销售渠道对品牌有多重要。

"销售渠道"（Marketing channels）是指产品或服务从生产制造到消费者使用的过程中所涉及的一套相互依赖的组织，是企业为使产品进入或到达目标市场开展的种种活动，包括产品流通的途径、环节、仓储、运输等。

从渠道开始，产品进入价值交付环节，渠道与物流也是产品属性的重要组成部分。关注消费者的企业通常非常关心销售渠道设计，希望看到消费者花最少的力气就能买到产品。

常用的销售渠道类型和组合多种多样，总体而言，可以分为直接渠道和间接渠道。其中，"直接渠道"是指企业不经过中间商，而直接把产品出售给潜在客户（图中的渠道1）；"间接渠道"是指通过第三方中间人出售产品（图的渠道2和渠道3）。绝大多数生产商都要和营销中间商打交道，这些中间商包括批发商、分销商、代理商和零售商等，以便将产品提供给市场。（图6-6）

图6-6 销售渠道分类

从企业角度来看，更多的渠道层级意味着渠道结构更复杂，企业对渠道的控制力更薄弱。间接渠道的选择需要关注零售商形象与品牌形象之间的匹配，如果品牌致力于打造高端形象，就需要选择较为高档的零售商，使商店形象与出售的产品形象相互作用。如果品牌选择直接渠道，则需要着力在直接渠道中进行品牌的深度展示，重点打造消费体验。

很少有公司只使用某一种渠道，常见的渠道策略是选择多种渠道类型的组合模式，通过整合间接渠道和直接渠道的多种形式，提供完整的购物体验。

案例 6-1　苹果公司的销售渠道设计

苹果公司采用了直接渠道和间接渠道的多种形式，销售其手机、电脑、手表、平板电脑等相关产品。目前，苹果公司在全球有超过 500 家直营零售店 Apple Store，苹果零售店是帮助苹果展示其品牌特性的最佳渠道。

每家苹果零售店设计都非常对称，简洁大方，店内光线充足，窗明几净，员工热情的招呼和接待会让顾客有宾至如归的感觉。苹果还将自己的零售店变成了指导消费者如何更好使用苹果设备的场所，同时还会提供 Photo Walks、Kids Hour 和 Music Lab 等工作室项目。这些从店面设计到用户体验、技术服务等多方面的销售设计，无不渗透着苹果品牌的艺术气息与人文关怀。

目前，在中国除了直营门店 Apple Store 以外，苹果还有多个授权专卖店 APR（Apple PreMiuM Reseller），这些都是苹果公司的优质经销商，地位仅次于直营店，这类店面的设点位置、店面大小、设计风格与装潢细节等，都需要经过苹果官方的同意。在授权专卖店之下，还有授权经销商 AAR（Apple Authorized Reseller），比如苏宁、国美等 IT 产品卖场。苹果官方对授权经销店的条件要求与限制没有像授权专卖店那么严格，渠道经营者有较高的自主性。此外，苹果公司还与移动、联通和电信三家运营商也建立了合作关系，通过与运营商和大型商场的合作，苹果在中国拥有 4 万多个销售网点。

苹果公司也积极发展线上渠道，拥有 Apple 官网，天猫苹果官方旗舰店、苏宁易购官方旗舰店、苹果产品京东自营旗舰店等网络直营和网络授权经销平台。

苹果实行的是全渠道零售，在互联网和电子商务时代，零售商通过各种渠道与顾客互动，将各种碎片化的媒介渠道整合成“全渠道”的一体化无缝式购物体验。

（二）品牌的 O2O 营销策略

O2O 模式是一种简称（Online To Offline 及 Offline To Online），是伴随着互联网发展，企业打通了线下销售方式与线上销售方式，将两种销售渠道和销售方式相结合的策略。在这种模式下，企业需要建立自己的线上渠道，可以加盟某些大型商业平台，也可以自建平台。与传统单一的线下实体店销售方式相比，O2O 模式能为消费者提供更多、更全面的产品信息和更便捷的购买渠道，商家也能在扩展产品销售渠道的同时，基于大数据搜集用户信息，以制订更精准的营销策略。

常见的 O2O 模式分为以下几种：

（1）“线上社区 + 线下消费 / 社区”的营销模式。在这种模式下，线上主要负责提供信息、在线交流互动，同时，也可以开展一些优惠或者促销活动，但消费行为必须在线下完成。这种模式适用于一些必须亲自到场消费的行业，比如餐饮、宾馆、旅行社等行业。

（2）“线上消费 / 社区 + 线下社区”的营销模式。在这种模式下，销售在线上进行，线上同时也可以开展一些交流或者促销活动，线下主要进行产品展示、消费者体验或者面对面交流互动。这种模式适用于没有线下门店仅有线上网店的纯线上电商产品。

（3）“线上消费 / 社区 + 线下消费 / 社区”的营销模式。在这种模式下，线上与线下都可进行销售，同时，线上与线下都能提供交流互动，也能分别开展优惠与促销活动。这种模式适用于线上有网店并且线下也有实体店的企业。

（4）“线上社区 + 线下社区”的营销模式。这是一种无销售业务的模式，适用于同时需要线下及线上交流的社交平台，或是一些社会性组织。

华为公司是既有网店也有线下实体店的企业，其 O2O 策略将线上消费和社区交流与线下消费和交流相结合。（图 6–7）

图 6–7 华为公司的 O2O 策略

消费者在 H&M 购物时，若门店出售的单品无法提供消费者所需要的尺寸或颜色，可使用 H&M 移动应用中的“扫描购买”功能，查看网店是否提供该款产品，若可以，顾客在购买后可直接快递上门，这种从线下向线上的引流，能增加商品成交概率，解决实体店的库存局限性问题，并提升用户的消费体验。优衣库也欢迎消费者在店内“掏出手机”，消费者可以通过手机了解产品的更多信息，如成分、穿着效果等，当然也可以直接在线上进行购买。从优衣库的销售数据来看，门店开得越多的地方，线上销售也会越多，这是线上与线下渠道相互之间成功引流的结果。

五、品牌的传播沟通策略

营销工具组合的最后一个要素是营销传播。“营销传播”是企业宣传其产品和说服消费者购买所进行的种种活动，以刺激消费者欲望和兴趣，使其产生购买行为。

最常见的营销传播方式是广告，此外还包括促销、公共关系、事件和赞助等。伴随互联网社交媒体的发展，越来越多的企业会进行网络传播和社交传播，企业可根据自己的营销需求、营销目标和营销战略来决定是否使用这些工具，以及如何进行营销传播方式的组合运用。

营销传播策划既是企业营销策划的重要组成部分，也是品牌策划和品牌管理工作的重要内容，我们将在接下来的第七章详细讲解品牌营销传播策略。

第二节　品牌个性化营销方案策划

互联网与数字技术的发展使企业拥有更多、更强大的分销渠道和信息传播渠道，能够收集更全面、更深入的有关市场、消费者、竞争者与合作者的信息，能够与消费者进行双向的、个人化的沟通，能够为单个消费者定制产品和服务。来自消费市场的最大变化在于，消费者日渐分化、消费需求日渐多样化，同时，消费者也拥有了更多权利，渴望通过消费实现个人化、情感化的满足，这些都驱动着营销者和品牌管理者在传统营销方式之外，去思考更个性化的营销策略。

一、个性化营销的概念与发展背景

20 世纪 70 年代，美国 Claritas 市场研究公司开发了一套市场细分工具——PRIZM，该工具以一些人口统计因素为标准，将大众市场划分为不同的子市场，认为同一子市场对某类产品有相同的需求。这种细分市场的方式在当时是一种突破，直到现在，这套工具仍是企业进行市场研究和制定营销战略的基本工作模式。当确定了一个或若干个细分市场作为目标市场以后，营销人员通过制定一系列针对目标市场进行销售和建立长期关系的计划，以实现其商业目标并打造有价值的品牌。

然而，由于社会、经济、技术的发展，作为消费者的社会人群分化严重，消费者的需求越来越多样化，差异也不断增大，对于企业来说，一方面，要确认有共同需求的人群将越来越难；另一方面，想以无差异的产品和服务去满足不同需求的人群，也会增加营销失败的几率。因此，企业要想获得成功，需要去与消费者交流，去了解消费者真实的想法，去发现个体的特定需求，这使得个性化营销应运而生。

“个性化营销”是指企业把对人的尊重、人的个性释放及人的个性需求的满足作为开展营销活动的前提，使企业与市场逐步建立一种新型互动关系：通过了解不同消费者需求，向消费者提供一种个性化的产品、服务和销售方式，消费者也可根据自己的需求提出商品性能要求，企业尽可能按其要求进行生产和营销，通过生产者与消费者之间的协调合作来创造价值，进而提升企业竞争力。

互联网和大数据的发展也为企业开展个性化精准营销提供了技术支持。我们主要讲解一对一营销和许可营销两种个性化营销方式。

二、一对一营销

“一对一营销”是企业或商家针对每个客户开展个性化的营销沟通，并根据客户的特殊需求来相应地调整自己的经营行为，这些特殊需求可能是客户主动提供的，也可能是商家从各种各样的渠道搜集到的。一对一营销能帮助企业拓展并巩固客户群体，打造忠诚用户。

在以前，收集每个客户的信息和需求对企业来说意味着高成本和高投入，所以一对一营销更多被应用于一些高端奢侈品行业。如今，信息技术的发展为大规模实施一对一营销提供了可能。一对一营销包含识别和挑选客户、与客户进行沟通、为客户制作独特的产品这 3 个阶段的工作。

（一）识别和挑选客户

在开展一对一营销之前，需要对现有顾客及其需求差异进行深入分析，依照顾客对公司的价值，识别出重要的目标客户。以前，企业会通过建立数据库，使用传统的数据分析手段来进行客户管理，如今大数据分析技术成本更低、效率更高，能够比较精确地勾勒出一个丰富饱满的消费者形象，这个形象不再只是基本的人口统计学信息，而是立体的、全面深入反映用户需求与行为模式的用户画像。

（二）与客户保持良性沟通

一对一营销的第二步是与挑选出的重要客户进行交流和沟通，了解客户对产品和服务的具体需求。对企业来说，每一次互动和交流都是了解和打动客户的机会，每一次互动对产品的整体成功都至关重要。

（三）调整产品或服务，以满足每个客户的需要

接下来，企业就需要因人制宜地为不同顾客提供个性化的产品或服务，这可能会涉及大量的客户定制工作，也可通过改变产品包装、提供一些迎合客户偏好的附加特色、商品运送方式及结账方式来实现，甚至是购买过程中的特殊服务和流程等，都能凸显专门化、个性化特征，进而满足顾客的价值观和尊崇感，这些都是实现一对一营销的有效手段。

图 6–8　优衣库店内提供 iPad 设计 T 恤图案

如今，一对一营销越来越普及，成为各类企业营销战略的重要组成部分。优衣库不仅有“适合所有人穿着的服装”，顾客在某些门店还可以获取独特而充满趣味性的定制商品。在位于上海淮海中路优衣库旗舰店五楼的 UT FACTORY，顾客可以在手机上完成米奇形象的自行配色，也可以在店铺内的 iPad 上将 40 个大类的印花图案进行拼贴设计，或是利用徽章和刺绣来点缀现有的商品，设计自己的专属定制款服装。在优衣库的相关门店内，顾客也可以在试穿后调整衣服尺寸、颜色，以及衣领、袖口等细节处的长短，定制最适合自己身材的衣服，优衣库还计划在全球拓展这种服装半定制服务。（图 6–8）

耐克的“NIKEiD 计划”（现已更名为 Nike By You）是大规模定制的成功案例。Nike ID 是由 Nike 提供的一种服务，它可以让客户定制、设计自己的耐克产品。Nike ID 诞生于 1999 年，Nike ID 在中国大陆地区于 2008 年起在线上推出，在这个线上平台里，你可以任意选择一款产品，然后通过 DIY 的形式对钟爱的球鞋、服装和运动配件进行个性化设计，通过选择配色和材质，或加入个性化符号，设计出一款专属于自己的产品。（图 6–9）

图 6–9　“NIKEiD 计划”官网截图

三、许可营销

“许可营销”是指在得到消费者许可后才对其进行的营销活动，是企业消除营销活动的混乱状态并建立顾客忠诚的一种有效方式。与传统干扰式的大众媒体传播方式相比，许可营销针对获得事先许可的消费者开展营销活动，使营销信息的传播更受消费者欢迎。

许可营销的主要方法是通过电子邮件、电子刊物、网络社区等形式，在向用户提供有价值信息的同时附带一定数量的商业广告。一些公司在你注册为会员或者填写在线表单时，会询问你“是否希望收到本公司不定期发送的最新产品信息”，或者给出一个列表让你选择自己希望收到的信息。以宜家为例，消费者在申请宜家会员时，会被询问是否愿意接收最新的宜家产品推广信息，如《家居指南》。作为宜家每年的重头戏，宜家的《家居指南》制作精美，内容翔实，征求会员同意后可以寄送给会员，以展示宜家对流行趋势的理解和把握，以及接下来一年的主要产品和室内展示灵感。早先宜家会给会员邮寄纸质版的《家居指南》，最近几年由于电子会员兴起，会员数量激增，宜家不再寄送纸质版而改为电子版，现在纸质版主要放在商场，供顾客领取。（图 6–10）

图 6–10 宜家《家居指南》

早期的许可营销主要通过邮寄商品目录、电话等方式进行，现在随着互联网的发展，许可营销也发生了翻天覆地的变化。

网络公司中，亚马逊是许可营销的开创者，通过使用数据库软件跟踪顾客的购买习惯，亚马逊将个性化的营销信息发送给顾客。每次从亚马逊购物后，顾客都能收到一封跟踪邮件，向顾客推荐可能感兴趣的其他产品信息。若顾客购买了一本书，亚马逊会把该书作者的其他书单或购买该书的其他顾客所购买的其他书目，通过邮件发送给顾客，这些信息都是根据顾客过去的购买记录、具体偏好及顾客期待所定制的。

从某种程度来讲，许可营销既是一种渠道方式，即企业直接针对消费者开展营销活动，没有中间商的介入，同时也是一种传播沟通手段，随着互动式沟通媒介的发展，许可营销进一步深化了品牌与消费者的沟通，是一种更加具体的个性化营销。

第三节 品牌社会化营销方案策划

社交媒体具有高度的互动性，在社交媒体上个人可以生成内容，并对内容进行讨论、修改、与他人分享，这给人们创造了意见表达的机会，由此带来一种意义深远的变革：传播民主化，即权力由组织向个人转移。传统大众媒体不再是信息的唯一制造者和传播者，个人可借助各种社交媒体形式在传播中扮演重要角色，他们既是信息的接收者，也是制造者和传播者。

许多组织利用社交媒体开展品牌营销活动，推动消费者参与品牌互动，以构建与消费者之间的特殊关系，提升品牌忠诚度。

一、品牌社会化营销的概念与现状

“社会化营销”是指品牌利用社交网络、在线社区、博客或者其他互联网协作平台进行营销，是数字化时代品牌新的营销方式。

目前，世界上大部分的交易都在数字网络中进行，人们借助互联网随时随地接触品牌信息、了解品牌、彼此联系。互联网从根本上改变了人们对于便利、速度、价格、产品信息、服务和品牌互动的看法，给品牌管理者提供了一种为顾客创造价值、吸引顾客参与并建立关系的全新方式。无数商业化社交媒体应运而生，为消费者提供了一个个可以彼此聚集并交换想法和信息的网络虚拟空间。

调查显示，到 2019 年 2 月末，中国整个社交网络行业的用户装机规模是 9.73 亿，安装渗透率达到 88.5%。微信仍然是当之无愧的国民级应用，月活跃用户达到 9.9 亿，用户的日均使用时长是 64 分钟，日均启动次数达到 17 次，有超过 50% 的用户表示对微信比较依赖或非常依赖；QQ 的月活跃用户数是 6 亿，日均使用时长也有 57 分钟；新浪微博的月活跃用户数达到 3 亿，日均使用时长是 34 分钟。除了这些引人注目的大型社交媒体之外，还有无数小型的社交媒体也很活跃，这些小型社交媒体能迎合各种兴趣群体的需求，也是营销者定位并服务于一些特定消费群体的理想选择。

有些企业选择加盟独立的商业社交媒体平台，此外还有许多企业也会建立自己的线上品牌社区，吸引用户关注和参与品牌营销活动。

星巴克十分注重利用互联网打造线上社区为其整体品牌形象服务，以配合和促进线下门店销售。除进驻各种大型社交媒体之外，2008 年，星巴克推出了“MSI——我的星巴克点子”网站，这是一个专门用于进行消费者网络互动的网站。通过这个网站，星巴克可以搜集消费者关于产品和服务的创意想法，可对其他人的建议进行投票评选和讨论，还可以看到星巴克对这些建议的反馈或采纳情况。通过 MSI 网站，星巴克不仅从消费者那里获得一些极具价值的设想，用来帮助开发新的饮品、改进服务体验和提高公司的整体经营情况，更重要的是，星巴克能够与消费者进行实时的交流，强化了消费者与星巴克的亲密关系和归属感。

百事公司也为其激浪品牌建立了品牌网站和品牌社群，吸引顾客参与多种品牌社群活动，包括设计自己的激浪生活方式，共同创造广告活动，决定应该退出或撤销哪种限量口味的产品等，仅仅通过让顾客挑选口味，激浪每年的销售收入都能增加数亿美元。通过与消费者进行直接互动，激浪创造了大量具有激情的品牌忠诚消费者。

二、品牌社会化营销的策略与挑战

企业社会化营销并不只是在微博官方账号或者品牌社区里发布品牌促销信息那么简单，许多公司会设计全面的社交媒体布局来支持品牌的各项营销活动，与品牌的其他要素和策略相配合，不同平台具有不同的职能，整合多种社交媒体，创造与品牌相关的各种社交分享、互动及社群关系，而不是仅仅追求消费者的点赞个数或回复数。

首先，企业社会化营销布局最重要的是建立自己的官网群，这是品牌信息的核心来源。官网群中有一些网站主要用于营销，还有一些网站是品牌社群网站，这类网站不销售产品，主要展示品牌信息，吸引消费者关注，鼓励消费者参与互动。品牌社群网站通常发布种类丰富的品牌动态、视频、博客、活动和互动话题。

其次，品牌需要进驻一些有影响力的社交媒体平台，比如，在新浪微博建立官方账号，在微信建立公众号、订阅号。这些优质的社交媒体平台聚集了大量活跃用户，哪里有消费者聚集，哪里就应该成为营销者重点关注的地方，调查显示，美国有近 90% 的企业将社交媒体网络纳入营销组合中。

尽管创造和管理社交媒体内容可能需要付出巨大的成本，但相对于电视和平面媒体这些昂贵的传统营销媒介而言，社交媒体的投资回报率很高，即便是资金有限的小型企业或初创品牌也能够使用。

最后，企业还需要与各类分散的触点媒体保持互动，将品牌的生态群延伸至更广泛的空间。触点媒体包括各类口碑网、论坛、SNS 网站兴趣小组、有影响力的公众号、舆论领袖等，这些零散分布的社交媒体是品牌可能的接触点，用心维护这些触点媒体，能提升品牌的关注度和活跃度。

多层次社交媒体相互配合，能保证企业社会化营销顺利开展。然而，社交媒体也并非百利而无一害，由于消费者对社交媒体内容有很大的控制权，邀请他们参加某些品牌活动可能会产生事与愿违的严重后果。麦当劳曾经利用推特（Twitter）发起以“麦当劳故事”为标签的话题讨论，希望引发人们的积极反应，然而有用户将标签改为具有负面意义的主题让人们发布关于麦当劳的糟糕体验，仅仅两小时后麦当劳就被迫撤回了该活动，但活动对品牌产生的不良影响却无法抹去。

基于社交媒体营销的重要性及可能面临的挑战，企业在管理社交媒体时，需要谨慎对待，让营销活动和话题自然融入消费者的生活，持续开发具有吸引力的内容，将消费者视为品牌重要的合作者，努力创造与消费者的情感联结，真正尊重消费者，通过提升消费者的网络互动体验来增强品牌的吸引力和好感度。

第四节　品牌体验营销策划

随着产品同质化程度越来越高，企业的品牌化经营越来越困难，与此同时，消费者对品牌的要求也越来越严苛，许多企业在创新产品开发的同时，也在致力于为消费者创造更美好的品牌体验。对一些企业来说，体验一直都是营销方式的重要组成部分：迪士尼将为消费者创造梦想和回忆视为品牌的核心价值，迪士尼主题公园就是围绕创造体验来打造的；宜家鼓励消费者试用产品，设计颇具北欧风格的样板间，进行商品的交叉展示，采取不受打扰的购物方式，为消费者打造了“快乐的、如旅行般的”购物体验。

有些公司通过创新产品和服务方式来打造体验，有些公司通过设计品牌形象来打造体验，还有许多公司通过改变沟通和销售策略来打造体验。露华浓很早就预见了体验的重要性，提出“在工厂制造化妆品，在商店出售希望”这一营销宗旨；耐克也一直宣称，“鞋子虽然重要，但更重要的是你穿着它的感觉”，为此耐克设立了创新体验店和全新概念店等各种店铺类型，位于纽约耐克公司的“耐克体验中心”是实施终端体验营销的成功典范，消费者可以在这里与耐克产品专家进行一对一的交流，表达自己的产品感受。

一、体验营销的概念与类型

（一）体验营销的概念

简单来讲，“体验营销”就是使消费者产生独特的、印象深刻的经历和感受的营销方式。体验营销通过看、听、使用、参与的手段，充分刺激和调动消费者的感官、情感、思考、行动等感性因素和理性因素，帮助消费者感知产品或服务，从而促使消费者理解、喜好并购买。

体验营销不仅要突出产品的特性和利益，更重要的是要将产品与某种独特有趣的经验、经历和感受联系起来，即“关键不是卖出商品，而是说明本品牌如何使客户的生活更加精彩”，这是营销管理者在设计体验营销方案时需要铭记于心的重要准则。

20 世纪 90 年代末，当体验经济的概念被正式提出时，体验被定义为一种经济产物，是继农业经济、商品经济、服务经济之后的另外一种经济形态，在这种经济形态下，体验所产生的价值是基于产品和服务但又超越产品和服务的，是一种致力于为消费者创造良好的感觉、情绪、精神力量的活动。科特勒认为，体验营销通过让消费者感知产品、确认价值、促成信赖并进而主动接近产品，成为产品和服务的忠实粉丝。

（二）体验营销的类型

《体验式营销》一书的作者伯恩德 · H. 施密特提出了五种不同的体验类型：感知、情感、思维、行为和关联，这种体验分类方式主要来源于人的认知心理规律。

感知体验即感官体验，是指在体验营销设计中主要作用于消费者的视觉、听觉、触觉、味觉与嗅觉等知觉器官，通过打动消费者的感官来创造美好而难忘的品牌体验；情感体验，即关注消费者内在的感情与情绪，使消费者在消费中感受到各种情感；思维体验，即以创意的方式引发消费者的惊奇、兴趣，对问题进行集中或分散的思考，为消费者创造认知和解决问题的体验；行为体验指通过增加消费者的身体体验，指出他们做事的替代方法或替代的生活形态，丰富消费者的生活，使消费者被激发或自发地改变生活形态；关联体验是一种较综合的体验，是指通过激励消费者进行自我实践和自我提升，产生自尊和尊重，或通过品牌使消费者个人与整个社会系统产生关联，从而建立个人对某个品牌的偏好。

也有研究者结合当下一些企业的实践，将体验营销划分为美学营销、娱乐营销、生活方式营销、氛围营销、文化营销五种类型，这种分类方式更具体，可操作性更强。

“美学营销”是指以人们的审美情趣为诉求，经由知觉刺激，给消费者提供审美愉悦、兴奋、享受与满足。这种体验模式要求品牌在营销中有效运用色彩、音乐、形状、图案、风格等知觉元素。奢侈品主要诉诸消费者的感性需求，所以美学体验营销在奢侈品行业非常盛行。

“娱乐营销”是指通过创造娱乐感受以愉悦消费者来达到营销目标。简而言之，这种营销方式就是要给消费者制造快乐和开心的经历。

“生活方式营销”是指通过将公司的产品或品牌演化成某一种生活方

式的象征，或者身份、地位的识别标志，吸引消费者并创建品牌忠诚，宜家的体验营销就是典型的生活方式体验。

“氛围营销”是指品牌通过营造某种独特的环境或氛围，使置身其中的人流连忘返。氛围营销特别适合于品牌的店铺设计，通过空间环境和产品陈列方式来打造独特的品牌消费体验。氛围体验在服装与珠宝饰品销售行业比较常见，蒂芙尼（Tiffany）专卖店的设计就颇具匠心，常运用雕花玻璃、大理石、精钢材质营造出充满历史韵味的环境氛围，大面积蒂芙尼经典蓝的运用，展现出品牌高贵优雅的气质与传统内涵。

“文化体验”包含两个方面：一方面，是将艺术、文学、音乐等高雅文化融入品牌的营销活动中，这与上述美学营销有相同之处；另一方面，是在营销中展示一些独特的、异域的、小众的文化形式，通过让消费者接触和了解多样文化，获得文化熏陶，产生新奇感。宜家家居店及购物中心所营造的北欧风格，对光临其中的顾客来说既是一种生活方式体验，也是一种文化体验。

二、体验营销策略

传播手段、视觉 / 听觉形象和符号、产品陈列、品牌联合、空间环境、销售员及沟通方式等都可以成为企业建立体验式营销活动的重要方式。综合上述内容，这里我们提出四种主要的体验营销策略：从产品着手营造体验、从销售环境着手营造体验、从沟通方式着手营造体验、从品牌形象着手营造体验。

（一）从产品着手营造体验

产品是企业所有营销活动的出发点。产品形态和外观、产品蕴含的生活方式和价值观、产品包装、产品的交互与使用方式，都可以成为体验营销策略的着力点。

产品构件所采用的材质、产品的外观，以及产品感受是温和、厚重、犀利还是有趣，这些都会影响消费者的产品体验。

苹果公司提出“设计即营销”，所有苹果产品都遵循统一的风格，包括简洁无赘饰的外观、一体成型、情感色彩设计等，都从产品设计入手，苹果为消费者营造了极简的美学体验，优雅、从容的使用体验，以及颇具包容性和自由感的生活方式体验、星巴克将咖啡视为品牌体验的载体，在星巴克看来，咖啡的质量品质是企业的灵魂，为了让人们品尝到一流的、纯正的咖啡，企业对产品质量的要求达到了疯狂的地步、兰蔻公司通过产品包装来创造体验，消费者在线上购买了兰蔻产品，当收到邮寄的产品时，会看到一个用丝带缠绕的红色礼盒，产品摆放精美妥帖，同时，还有给顾客的手写体致信及精美卡片，这些给消费者带来了极大的惊喜感和尊崇感。

（二）从销售环境着手营造体验

对于品牌来说，销售空间不仅仅是产品货物销售的摆放地，更重要的价值在于，这是企业构建的一个品牌专属空间，这里可以展示品牌理念、愿景，表达品牌特征、形象，讲述品牌故事，打造品牌梦想中的世界。因此，企业需要用心设计销售空间和环境，出色的销售空间和环境设计能够带给人们探索的刺激、审美的愉悦、开心的娱乐及对未来的想象。通过创造美好的购物体验，可以让消费者在品牌空间里流连忘返。

在星巴克店内，看似随意的物品陈设都是精心设计过的：起居室风格的装修、仔细挑选的美式风格家具和装饰物、恰到好处的灯光散发出温馨感、轻柔的音乐、精美的书刊杂志，再加上煮咖啡时的嘶嘶声，这一切烘托出独具魅力的“星巴克格调”。

优衣库的创始人柳井正在企业建立之初就立志把店铺打造成一个“让顾客可以自由选择的空间”，因此，优衣库创新性地采用超市型的服装自助购物方式，在店铺装修方面，要求店内必须开阔有空间感，主通道必须笔直宽敞，尽量不吊顶，露出水泥框架也无所谓，要保持环境干净整洁、一尘不染，不管在什么时候，商品看上去都要整整齐齐，并且做到及时补货。

随着互联网、大数据和人工智能的发展，结合线下与线上销售的新零售模式，通过对商品的生产、流通和销售过程进行升级，使消费者对购物过程的便利性与舒适性需求得到更好满足。有些新零售店铺在面积允许的情况下，还会跨界加入其他餐饮、娱乐等功能，这些都能更有效地留住消费者，延长他们的购物时间，有些新零售空间还通过构建社群聚落和社交场所，进一步增加品牌黏性。

（三）从销售沟通方式着手营造体验

销售人员是最终将产品从企业交付给顾客的人，销售人员的沟通方式和沟通技巧不仅影响消费者的购买决定，还会影响消费者购买时的心情和感受。许多企业会对销售人员进行严格的培训和管理，引导销售人员从顾客的感受出发，依据消费情景来与顾客进行沟通，而不是单纯地考虑产品的功能特点和利益，硬性推销产品。

在星巴克店内不会有店员监视你或者打扰你，但是当你需要咨询时，又能在第一时间得到销售人员的帮助。当客人进入店铺的第一时间，吧台服务员无论多忙，都要抬头跟客人打招呼，笑着说“欢迎光临”，店员们讲话也温文尔雅，无论任何时候，当消费者与店员目光接触时，迎接他们的都是真诚的微笑。

星巴克通过制度设计来保证店员与顾客之间的沟通效果：坚决禁烟，不送餐，把吧台以外的物理空间和心理空间都留给顾客；不点任何东西也绝对不会有吧员来驱赶你或提醒你，可以免费要水喝；店内不许出现任何可能带来负面情绪的细节，比如找不到任何类似“如有破损、照价赔偿”的警告牌。所有这些规定在给顾客带来安全感和舒适感的同时，也让员工体验到了归属感。

（四）从品牌形象着手营造体验

通过品牌视觉设计、品牌代言人、品牌广告等各种方式创建品牌形象的过程，也是创造品牌体验的重要手段。威士忌品牌芝华士的电视广告中呈现出无瑕的冰山、纯净悠远的天空、气定神闲的远游者，以及陪伴在侧的芝华士，类似的广告在营造品牌形象的同时，也让消费者感受到了一种自由、时尚、活力、低调的生活方式体验。

中国创新茶饮品牌“茶颜悦色”在品牌视觉设计上始终围绕“中国风”这一主题，品牌 Logo 的基本色为红色与黑色，色彩搭配对比鲜明，视觉形象以手持团扇的古代美人为主，正八边形（象征中国古代建筑中典型的八角窗）作为背景，展现着中式古风的高贵和典雅，传递出一种女为悦己者容的唯美情愫，使观者在第一眼就有了新鲜的形象记忆。在茶颜悦色的包装上印有各种中式插图，包含各式各样的中国历史故事、古代美人、风景名胜，其中有些还是品牌花重金购买了版权的插画设计。在宣传海报方面，茶颜悦色同样贯彻国风满满的设计风格，每杯饮品介绍都会设计与国风相关的主题并进行详细解说。此外，茶颜悦色明信片、茶叶、手账等周边产品设计也都极为精美。上述种种，在打造茶颜悦色新中式茶饮的品牌定位和“中国风”这一品牌形象的同时，也带给消费者独特的审美体验。（图 6–12）

图 6–12　茶颜悦色 Logo 与海报设计

本章思考题

（1）如何理解产品？除了书中所列的产品类型之外，你觉得还有哪些新兴的产品类型？

（2）简要说明在进行产品策划时，有哪些需要重点考虑的问题？

（3）在企业的渠道策略中，线下实体店的角色在未来会发生什么变化？

（4）社会化营销有哪些优势，有哪些风险和挑战？

（5）体验为什么变得越来越重要？请举例说明企业开展体验营销有哪些常用的方式和手段。

本章延伸阅读：社交媒体对品牌形象的威胁

（一）社交媒体与品牌形象

开展品牌营销活动，推动消费者参与品牌互动，可以构建与消费者之间的特殊关系，进而提升品牌忠诚度。然而，社交媒体对品牌的潜在威胁也不可小觑，社交媒体实现了消费者的媒介赋权，使得组织在信息传播中逐渐失去控制权，导致其非常容易遭遇负面宣传的困扰，并危及品牌形象。

品牌形象体现公众对品牌的认知，是组织重要的无形资产。良好的品牌形象能增强组织的吸引力，提升员工积极性和自豪感，创造良好的公共关系。在社交媒体上，用户很容易生成与品牌相关的内容并快速传播，这种不受控制的内容生产和传播方式对品牌形象是一种潜在的威胁，当危机发生时，如果没有恰当的回应策略或挽救措施，会很快导致形象受损，并由此带来许多负面效应，包括销售量下降，市场份额减少，购买意愿下降，甚至造成法律纠纷。

（二）威胁的来源及方式

依据社交媒体用户与组织的关系，我们将威胁来源分为 3 个方面：消费者、员工、组织自身，他们各自产生威胁的方式也不同。

1. 来自消费者的社交威胁

“品牌不仅属于企业，也属于消费者”，这一理念在今天被进一步证实。凭借 UGC（用户生成内容）和 UGM（用户生成媒体），消费者在企业价值创造过程中能发挥更大的作用，如今越来越多的企业在品牌建设中将消费者纳入进来，有些是浅层次的品牌参与，如产品或品牌评论，有些甚至承担非常重要的角色，比如参与各种决策。消费者权力的增加以及与企业互动的增强，使得两者之间经常在产品及服务的提供、品牌价值观与社会责任等方面产生冲突。

互联网具有匿名性和实时性，用户可以随时发布内容，他们对于产品功能的不满、糟糕的品牌体验等负面评论可通过各种社交媒体瞬间传遍千家万户。同时，网络发布的信息能够被记忆、被保留，要彻底删除非常困难，多年后仍可被搜索到，这些负面信息对品牌形象和声誉来说都是严重的打击。

2. 来自员工的社交威胁

除消费者之外，组织也会面临一些来自员工的社交威胁，员工的行为状态会直接影响外界对品牌的认知。员工造成的社交威胁主要通过两种途径：一是作为个人用户在社交媒体发布有损品牌形象的信息；二是作为组织的社交媒体管理人员在工作中由于各种原因无意伤害到品牌形象。

首先，许多组织并不限制员工的社交媒体行为，员工可能会通过社交媒体发泄对组织和工作的不满情绪，也可能会对本企业的产品和服务进行负面评价，这些信息会被朋友复制转发，从而引发雪球效应。苹果公司曾因此解雇员工，因为后者在其个人脸书（Facebook）页面上发布了诋毁公司的话语，对品牌造成不良影响。此外，员工还可能做出一些不理性的个人行为，比如，肯德基美国加州一分店曾爆出丑闻，3 名女职员利用店内的洗碗盆洗澡，并拍摄照片上传至社交网站公开任人浏览。在社交媒体上，公共领域与私人领域、个人与职业的界限是很模糊的，一些来自员工个人的不良行为会严重损害品牌声誉，降低消费者对品牌的信任。

其次，许多组织会开发社交媒体平台来开展社会化营销，但其管理人员可能缺乏必要的社交媒体经验。社交媒体发展可谓日新月异，这要求员工必须对新技术及其应用保持高度的敏感，而年龄较长的员工在社交媒体应用的接受程度和熟悉程度上可能会存在不足，特别是出现一些突发状况时，可能会因应对错误而伤害品牌形象。

3. 来自组织自身的社交威胁

来自组织自身的社交威胁体现在 3 个方面：社交媒体营销策略偏差；没有针对员工制订完善的社交媒体政策；当出现社交危机时处理不当。

社交媒体为品牌的营销活动提供了新的渠道和平台，但社交媒体的运用应该与传统营销活动相结合，成为品牌整合营销活动的一部分，有些企业却将社交媒体独立出来，结果不仅不能通过整合营销策略达到预期的营销效果，还可能会发出与其他传播渠道自相矛盾的信息。此外，社交媒体的选择也很重要，平台不同特性也不一样，吸引的用户群体也不同，企业在进行社交媒体布局时要谨慎选择，为每一种渠道设定独特的功能和定位。

许多企业也没有制订任何社交媒体政策，这极容易导致员工泄露企业机密，也无法避免可能的负面评论。微软、苹果、戴尔等许多公司都制定了严格的社交媒体政策，对员工是否可以在工作时间访问和使用社交网站，在社交网站上是否可以或者能以何种方式谈论所在企业及其产品，如何将员工的私人生活与所在企业分开等问题予以详细而明确的规定。

最后，面对社交危机，企业不恰当的处理方式也会恶化事件结果，对品牌形象造成更严重的伤害。不当的处理方式有些是消极躲避，如关闭涉事的社交媒体平台、删除负面评论、阻止消费者发表意见等；还有些是回应失策，如发布不实的声明，面对自身问题拒绝承担责任，贸然采取法律行动与消费者直接对抗等。这些方式都回避了与消费者的互动和沟通，结果往往不但不能息事宁人，反而引发更严重的抗议行为。

（三）威胁的应对措施

首先，组织或企业要重视与消费者的沟通，保持与消费者之间的平等对话，在深入研究不同社交媒体特性的基础上进行合理的社交媒体战略布局。星巴克是世界上最成功的数字营销品牌之一，管理着众多的社交媒体，包括 50 多个脸书主页、30 多个推特发布口、20 多个 Instagram 名录，另外还有众多 Google+、Pinterest、YouTube 账户，在中国则以微博、人人网、微信公众号、Lofter 等媒体为主，通过经营这些账户的信息传播，星巴克编织了一个与消费者之间交流互动的完美网络。

然而，要管理和整合所有这些社交媒体的内容，并且选择消费者愿意接受的话语方式和主题进行沟通，将消费者的参与行为引向对品牌有利的一面，是非常困难而具有挑战性的，需要投入大量时间和精力。

其次，要重视对员工的培训，并制订合理的社交媒体政策。要让员工理解品牌形象对组织发展的重要性，使员工对品牌使命、价值观、发展战略有一致的认识，只有这样，才能产生品牌自豪感和责任感。还要结合组织特性，制订完善的社交媒体政策，规范员工的网络社交行为。苹果公司的社交媒体政策规定，未经公司许可，不管是否公开其员工身份，一律禁止对公司和产品发表任何言论。

为了提升社交媒体运营成效，组织还需要加强社交媒体团队建设。为了应对来自社交媒体的挑战，雀巢公司成立了“数字加速者”（Digital Accelerator Team，DAT）计划，聘请有经验的团队利用专业软件关注和捕捉网络上每天发布的数百万个与雀巢相关的内容，当不利言论积累到一定程度时，它们就会通过发帖的方式予以回应。福特、百事等许多著名品牌也都采取相同方式来监控网络上发布的跟品牌有关的言论，及时发现有消极意见的消费者，与之建立联系进行沟通，通过适当的引导，消除威胁隐患。

社交网络时代，组织要以开放的心态对待消费者的意见表达，逃避或对抗不是明智之举。当威胁品牌形象的事件发生时，组织必须深入了解事实情况，真诚地与社会公众沟通，勇于承担责任并采取挽救措施，通过改进产品和服务等方式消除消费者不满情绪，将负面效应最小化，确保顺利度过危机。

课程实践（自创品牌策划第四步）：品牌营销战略策划

在这一阶段，要求学生基于自创品牌的商业模式、品牌定位、核心价值等理性识别，制订品牌的营销战略，并结合个性化与社交化营销趋势，规划和布局相应的营销方案与营销平台。营销战略策划和设计的过程中要时刻关注体验营销的概念，要基于用户体验来设计品牌各层面的营销方案，以打造独特的品牌体验。本阶段作业成果为品牌营销策划案。

第七章　品牌传播策划与设计

本章将探讨营销组合中最后一个元素，也是品牌策划工作中最活跃的一个部分——营销传播策划。营销传播是品牌对外发出的声音，是与消费者对话并建立关系的手段。虽然广告是营销传播的核心，但广告并不是唯一，营销传播方案能否达成目标取决于传播活动策划中每个步骤的策略性与合理性，如何选择、组合不同的传播手段和传播渠道，以及传播方案的执行情况。此外，我们还介绍了新媒体以及数字化、智能化时代营销传播工作呈现出的一些新趋势。

提到品牌传播活动，我们很容易联想到可口可乐。作为一种传统的软饮料品牌，可口可乐仅凭一种产品就能在全球范围内取得如此大的成功，堪称奇迹。这种成就同可口可乐公司的品牌传播投入和传播策略是息息相关的。

可口可乐遵循整合营销传播法则，在统一的品牌价值和个性形象之下，灵活运用多种传播方式与消费者进行沟通。可口可乐公司很早就意识到，如果想获得消费者的认可，品牌就需要同大众产生情感联系，为此，产品必须要“触手可及”。除了建立广泛的分销网络之外，可口可乐公司还会努力举行流行的、打动人心的品牌传播活动。

具有百年历史的可口可乐不仅给人们带来了美味的享受，也贡献了许多精彩动人的广告创意，可口可乐广告风格以日常化、生活化为主，将品牌和创意融入人们的日常生活。在可口可乐的广告史上，有许多年广告主要专注于“解渴”功能，并表达可口可乐具有沟通人与人之间联系的神奇能力。随着国际化程度的加深，可口可乐公司允许品牌实施本土化传播，近几年在中国市场，可口可乐通过节日营销，持续打造着品牌“快乐创造者”的形象。伴随数字化和网络媒体的发展，可口可乐也通过网络平台开展了许多互动广告活动，并注意在活动中保持线上与线下传播的一致和互补。

促销也是可口可乐常用的营销传播手段。针对经销商和消费者，可口可乐公司经常会推出各种促销活动，如免费旅游、季度抽奖、免费品尝、特价销售、增量包装、联合促销、有奖销售、瓶盖兑奖等，通过各种促销活动，可口可乐持续给人们的日常生活带来小惊喜，变得人见人爱。

可口可乐还有另外一种具有战略重要性的营销方式，就是体育营销。从 1907 年赞助美国棒球比赛开始，对体育的赞助就成为可口可乐品牌传统中最重要的部分，可口可乐的目标是“哪里有体育，哪里就有可口可乐”，在各种大大小小的赛事中，几乎都可以看到可口可乐的身影。可口可乐通过赞助体育活动来营造消费氛围，强化品牌形象，提升品牌的美誉度。

为了维持年轻化、时尚化的品牌形象，可口可乐公司针对年轻消费者及忠诚消费者等不同圈子进行了细分营销，推出各种瓶身营销、跨界营销、情怀营销。继昵称瓶、歌词瓶、台词瓶之后，2018 年可口可乐公司开始推出城市美食罐，消费者使用 AR 扫罐身，就可以获得相应的城市故事和文化，领略各个城市的别样味道。在 2020 年疫情期间，可口可乐公司还专门为武汉推出了加油瓶。在可口可乐的各种营销活动中，经常会将瓶身作为创意传播载体，将地域作为重要的创意元素。（图 7–1）

图 7–1　可口可乐“城市美食罐”

可口可乐跨界联名几乎涵盖各个领域，从美妆、服饰、箱包、博物馆到食品饮料，等等，跨界营销不仅帮助可口可乐保持了较高的活跃度和话题度，同时也通过各种新奇的联名收获了年轻消费者的关注和好感。

通过种种创新性的营销传播手段，可口可乐不仅增加了品牌曝光度，提升了产品销量，也实现了品牌更新，向大众消费者传递出年轻、活力、时尚、有趣的品牌形象。

第一节　品牌传播的概念与策略流程

一、品牌传播的定义与作用

在品牌的整体策划中，不论是商业策略、品牌定位还是各种视觉策略，许多都属于“预谋”阶段，是企图征服消费者和社会大众的一种预先谋划，而品牌传播才是整体策略得以落地实施的开端。也就是说，许多策划的前期工作都是在企业内部完成的，主要由企业营销管理者和品牌管理者进行决策和达成共识，而传播活动则是检验这些决策与设想是否能在消费者和社会大众这方面被顺利执行和接受的最终环节。

品牌传播是企业或组织就自己出售的品牌，以直接或间接的方式告知、说服并提醒目标受众的手段。品牌日常传播活动可分为两类：一是品牌营销传播；二是品牌公益传播，其中绝大部分属于营销传播。虽然所有的品牌传播活动都有一个共同目标，那就是提升品牌资产，但营销传播与公益传播还是存在明显差别,前者以传递所销售的产品品牌相关信息为主，主要是为了提升产品销量、打造品牌形象、强化品牌忠诚度。公益传播是非营销传播，这类传播活动不以增加产品销售为目的，甚至不指向某个具体的产品品牌，主要是为了传播企业形象，传递企业社会责任感。在本书中，我们提到的品牌传播主要是指品牌营销传播。

我们可以从营销、沟通、经济和社会四个方面来理解品牌传播的作用。营销和沟通作用主要针对企业自身这一微观角度，经济和社会作用主要针对整个社会和大众消费者的宏观角度。

营销作用：传播是企业营销活动的重要组成部分，正如我们上面所提到的，绝大部分品牌传播工作都是围绕产品销售来进行的，或是直接推销产品，或者是通过扩大品牌知名度，创建品牌形象，引发正面积极的品牌判断和感受，强化消费者的品牌忠诚等，最终拉动产品销售，以实现营销目标。

沟通作用：仅靠优质的产品、吸引人的价格和使目标消费者能够方便买到产品的渠道设计,还不足以建立良好的客户关系,虽然产品设计、形态、价格、包装，以及销售渠道，都会向消费者传递产品或品牌的信息，但为了取得更好的沟通效果，企业还需要使用各种传播手段，并使传播沟通与营销组合的其他工具——产品、定价、渠道策略相配合，协调一致发挥作用。优秀的传播沟通对建立和维持品牌关系非常重要，而关系是品牌定义的重要组成部分，也是品牌资产构成的高级阶段，当公司试图建立各种客户关系时，有效的沟通显得特别重要。

经济作用：在一个供大于求的经济状态中，营销传播不断告诉消费者他们有多种选择，这能为企业更有效地争取消费者创造机会；营销传播能刺激竞争，当消费者的收入超过其基本生活所需时，营销传播还可以促进产品创新；通过营销传播，能带动无数相关产业的发展，推动形成健康的经济状态，促进国民经济的整体快速发展，提高国家的税收与财政收入，提升国家的综合经济实力。

社会作用：虽然营销传播是一种商业活动，是一种经济行为，但营销传播（特别是广告）不论在形式上还是内容上，都包含一定的人文性和社会性，是对文化和社会的思考及反映，因此，也具有明显的社会作用。品牌的营销传播告诉我们新产品和改良产品的信息，并教会我们如何使用这些新东西；它帮助我们比较不同的产品及特性，使消费者用以决策的信息更为充分，也帮助培育了更理性更成熟的消费者；它反映了时尚和潮流的发展趋势，影响着我们的审美观念。最重要的，品牌传播也帮助构筑社会文化和社会价值观，品牌广告中描述的理想生活方式，成为普通民众追求的目标，品牌通过广告彰显的形象及价值观也影响着人们的生活趣味和价值判断。

二、品牌传播的策略流程

企业开展一项传播活动需要投入巨大的人力、物力、时间、资金成本，如若策划不当或执行有偏差，不仅巨大的投入全都白费，还有可能造成不良的社会影响，损害品牌形象和品牌信誉。

经典的传播模式聚焦五个要素：谁（传播活动的发出者）、通过什么渠道（传播媒介）、对谁（传播受众对象）、说什么（传播信息）、产生什么效果(传播效果)。基于这 5 个传播要素，策划一个有效的品牌传播活动，通常有如下一些重要步骤。（图 7–2）

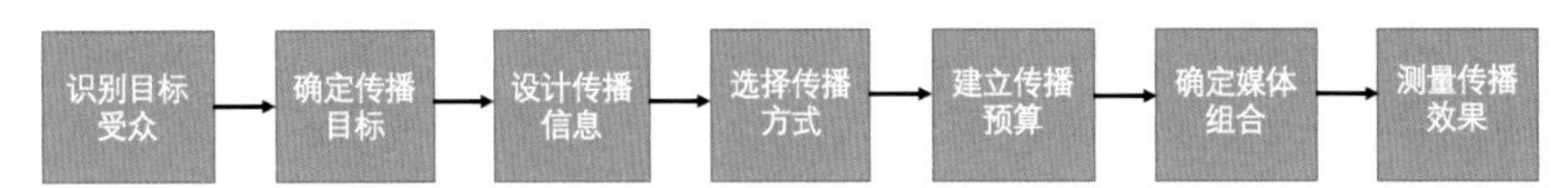

图 7–2　品牌传播策划的步骤

我们的讲解重点放在识别目标受众、确定传播目标、设计传播信息、选择传播方式、确定媒体组合这 5 个方面。

（一）识别目标受众

品牌传播活动要有的放矢，所有的传播活动在开始之前都要明确自己的目标受众，也就是本次传播活动针对的主要对象，避免出现“对牛弹琴”。目标受众是什么人决定了你该以什么方式和媒介去与他们进行沟通，也就是说目标受众是什么人对于传播策略中的信息策略、传播手段和媒介策略都起决定性作用。

对于品牌的营销传播来讲，目标受众通常是产品的现有用户、潜在用户、购买者、对购买行为产生影响的人，这些都是产品的目标消费者。除此之外，还有一些品牌传播活动的目标受众并不直接指向消费者，而是某些社会个体、团体、特定的社会公众或一般公众、媒体、政府人员等。

在前面的章节中，我们详细介绍了市场细分和选择目标消费者的方法，但在传播阶段，还需要了解不同的目标消费者在产品购买及使用行为中的角色。比如，家用电器类产品，在购买决策过程中，作为丈夫的男性会更多关注产品的功能和物理特征，会提出多个产品以供选择，且通常是最终的购买者，但作为妻子的女性会更多关注产品的效能和使用体验，通常是产品的实际使用者，因此，在购买决策中发挥着最终的决定作用，所以有某个冰箱品牌以“丈夫送给妻子的浪漫礼物”作为广告主题，在传播中将两类消费角色的作用和关注点充分结合起来。

运动潮牌 Vans 突破传统品牌传播方式，不进行大规模的媒介传播，而是始终致力于打造与品牌爱好者及潜在消费群体之间更具意义的互动平台与互动方式。通过持续支持滑板、冲浪、街头文化等年轻人热衷的领域活动，打造 Vans 音乐节，与品牌“小众化”的目标消费者建立联结。Vans 也基本从不邀请任何明星做代言人，他们认为这样可能会打破品牌“小众”的标签，不利于品牌培养顾客忠诚度。因为小众的特征，目标消费者在 Vans 的传播过程中扮演着“关键人”的角色，他们不仅是 Vans 的忠实客户，更是 Vans 文化和产品的自发传播者。（图 7–3）

图 7–3　Vans 音乐节现场

（二）确定传播目标

在识别出目标受众之后，就要依据目标受众对品牌的认知和情感状态，结合品牌发展现状来制订传播活动的具体目标。

受众对信息的接受依次要经历认知、情感、行为 3 个阶段，依据这 3 个阶段，我们将品牌营销传播的目标分为以下几个类型：

（1）建立品牌知晓度。如果多数目标受众并不知道某个品牌和其产品，那么传播活动就应该主要围绕建立知晓度来进行。品牌知晓度的建立，是品牌传播最基础的目标。

（2）传递品牌知识。如果受众知道品牌，但是了解不多或者理解有偏差，那么传播活动就应该将品牌知识的传递作为主要工作内容。

（3）建立品牌好感。如果目标受众已经对品牌很了解，那么他们是否喜欢这个品牌呢？如果受众对某品牌的看法虽然理性而完整，但是并不喜欢，或者评价比较消极，那就需要弄清受众不喜欢品牌的原因，在对营销策略进行相应的调整之后，再通过传播活动来建立品牌好感。

（4）建立品牌偏好。目标受众可能喜欢某个品牌，但相对于同类产品而言，并没有形成品牌偏好。此时，营销传播必须通过与其他同类竞争者进行质量、价值、象征意义或其他一些特征的比较，来凸显品牌优势，或强化与消费者之间的联系，从而建立品牌偏好。

（5）说服消费者购买。目标受众虽然喜欢并偏好某个品牌，但并没有发展出购买的信念，也没有产生购买欲望和购买行动，那么传播活动必须为他们提出一个购买理由、契机或者动力，比如，提供一些价格、奖励优惠措施，创造节日消费，引导他们完成最终的购买行为。

（6）维系品牌情感和忠诚度。目标受众是品牌的忠实消费者或重度用户，对品牌非常偏好，有稳定而强烈的购买意愿，那么品牌传播活动就需要通过有效的方式与消费者进行有针对性的对话、交流和互动，以维系情感和品牌忠诚。

在这里，我们按照信息接收和反应机制发生的步骤讲述了品牌传播的几种不同目标，对不同的企业来讲，发展阶段不同，品牌和产品所处的生命周期不同，面临的现实问题也不一样，因此，在品牌传播策划工作中，需要结合品牌具体发展状况制订更详细、更有针对性的传播目标。

（三）设计传播信息

传播策划的第三步是设计传播的信息策略，即针对一群特定的目标受众，想要达成既定的传播目的，需要在传播活动中使用的信息策略（说什么）和创意策略（如何说）。

在决定采取何种信息策略时，首先，需要了解目标受众的信息接受特征，也就是由生活方式、价值观及审美特征所决定的、目标受众喜欢的话语方式、信息内容和表达方式。其次，需要结合品牌自身的既有形象和定位来确定合适的诉求方式、传播主题和创意构想，这其中有些需要考虑产品或服务的表现（产品的质量、性能等），还有些需要考虑品牌价值（品牌的象征意义、流行性等）。最后，还需要思考采取怎样的劝服方式会更有效，是与产品预期利益相关的理性诉求、与消费者情感相关的感性诉求，还是与社会价值判断相关的道德诉求。

创意策略是关于信息和诉求如何被表达出来才更加有效，是在特定传播中转化信息的方式。创意可以遵循逻辑和推理法则，采用直接的方式来表达具体完整的信息内容，如说明型、比较型等传播方式；也可以通过煽动和激发情绪，采用间接的方式来表达转换后的信息内容，如广告中常用的隐喻和象征手法，以及幽默、娱乐等表达手段。

（四）确定传播方式

当我们提到品牌营销传播时，我们通常会首先联想到广告，因为广告是最常见的品牌传播方式，但现代营销中几乎所有的传播活动都是组合传播，而不会只使用广告这一种方式。营销传播组合包括以下几种主要的传播方式：

（1）广告。广告是一种由可识别的出资人通过媒介进行的有偿的信息传播方式，是通过报纸、杂志等印刷媒体、广播电视等广播媒体、移动终端和互联网等网络媒体、数字化电子媒体及广告牌招牌等户外媒体所进行的信息的非人员展示。广告因其影响的普遍性、表现方式的戏剧化和效果的可控性，成为品牌传播最重要的工具，品牌整体传播活动通常会以广告为核心展开。

（2）促销传播。促销也被称为销售促进，是多种短期激励工具的组合，用以鼓励产品和服务的销售。面向消费者的促销方式主要有惠赠促销、折价促销、竞赛促销（娱乐游戏、抽奖）、合作促销等方式。需要注意的是，促销虽然是销售刺激行为，但本质上也是一种与消费者之间的沟通行为，需要在活动中进行有效的信息传播。

（3）赞助和体验。品牌通过赞助各种活动或节目，进行与消费者之间的特别互动。赞助的传播效率非常高，通过与某个恰当的事件或活动产生联系，能有效提升品牌形象或商品的竞争地位，并迅速将消费者对活动的热情和忠诚转换为购买力量。常见的赞助包括体育、艺术、娱乐、公益事件及其他一些不太正式的活动。

（4）事件。企业通过策划、组织有传播价值的事件，使事件新闻化、社会化、热点化，以引起媒体的报道和社会公众的关注，从而达到传播企业形象和品牌信息的目的。

（5）公共关系与宣传。公共关系与宣传是企业针对内部员工或外部消费者、合作者、政府、媒体、公众发起的用来推广、保护公司形象的各种方案，常用方式包括新闻发布、媒体采访、特殊事件管理、参与公共事务等。

（6）口碑传播。口碑是个体之间关于产品或品牌的非正式传播，运用口碑可以使产品的相关信息通过公众间的人际传播网络进行扩散，使受众获得信息、改变态度，影响购买行为。随着人际交流媒介的发展，口碑从口头、书面，发展到现在的网络电子形式，口碑的影响也越来越大，有些口碑传播甚至直接发展为病毒传播，在互联网中产生爆发式的传播影响。

（7）网络互动。企业通过电子邮件、公司网站、官方微博、品牌社区等网络媒体与特定的或潜在的消费者进行直接的交流。基于网络互动发展起来的内容营销方式，能及时传递品牌及产品相关信息，能维系与消费者之间的情感，能获知消费者对于品牌的感受并及时做出相应的营销调整，所以网络成为品牌发起营销活动的重要宣传阵地。

（五）确定媒体组合

无论多完美的传播策略、多优秀的传播作品创意和设计，最终都必须通过一定的媒体才能到达消费者。因此，媒介策略和媒体组合的选择是整体营销传播策划中非常重要的一部分。在传统营销传播中，企业通常使用大众媒介，以大规模的广告投放最大限度地影响更多潜在消费者。随着媒介技术的发展及传播手段的多样化，品牌传播中可供选择的媒体也越来越多。

依照发展历程和传播形态可将媒体划分为传统媒体与网络新媒体两大类，其中，传统媒体分为报纸、杂志、广播、电视四种大众媒介，以及户外、宣传册、直邮等广告媒介；网络新媒体又分为以网站、电子邮件、搜索引擎为代表的web1.0时代（门户网站时代），以论坛、视频网站、博客、微博、社交网站为代表的web2.0时代（社交媒体时代），以各类移动应用程序为代表的web3.0时代（移动社交与应用时代）。

不同的媒体形式具有不同的内容生产与消费形式，会呈现不同的传播特征，而且，不同的媒体形式也具有各自明显的优点和缺点。企业在选择媒体时需要结合目标受众、传播目的、传播方式和手段、企业传播预算情况进行选择。

除了上述几个关键步骤之外，在实践工作中还有另外两个部分——传播预算和传播效果评估也是品牌传播策划不容忽略的重要内容。决定在营销传播上投入多少经费是非常困难的，因为影响因素很多，不同的行业、不同的公司都有很大差别，常见的方法有：量力而行法、销售比例法、竞争等价法和目标任务法。而对于投入的每一分钱最后能带来怎样的效果，则涉及如何在传播活动执行过程中或活动结束后进行传播效果的评估，许多企业会聘请专业的调研公司来调研传播效果，以确认投入产出比，在此基础上及时调整传播方案，或总结经验以指导下一阶段的传播活动。

三、品牌传播的新趋势

近年来，媒体技术的发展使得传播环境发生了翻天覆地的变化，企业通过大规模投放广告就能俘获消费者的时代已经一去不复返了，对于消费者来说，电视、广播、杂志和报纸等传统广告媒体的影响力逐渐衰退。数字技术的迅猛发展已彻底改变了我们的信息处理方式、社交方式、娱乐方式、购物方式，而这些基本涵盖了我们生活的全部内容，数字化引发的变革有目共睹，企业的营销传播工作也面临一些势不可当的新变革。

（一）社交时代的传播——UGC

UGC（User Generated Content）即用户生产内容，是指用户将自己原创的内容通过互联网平台进行展示或者提供给其他用户，基于UGC的传播模式也称为用户参与式传播。数字环境和互联网技术赋予了用户更多参与传播活动的可能，他们能够以生产者的身份来创造、改变文本内容并操纵叙事方式，从而重新定义了传统的作者—文本—受众这种单向度传播关系，媒体越来越成为专业工作者与用户共同创造和分享价值的领域。

用户参与在社交媒体中的体现最为显著，在社交媒体中，用户参与通常是指用户自愿的信息生产和分享行为。用户参与式传播的一个主要特点在于一个用户的参与也能驱动其他用户的参与，比如，某个品牌相关的新闻或任何消极与积极的言论，会通过互联网转发传播到其他更多用户，并在一定程度上影响他们的认知和行为。

基于这种深刻的传播模式变革，日本电通广告公司提出了一个新的消费者行为模式："AISAS 模式"，认为当下网络营销方式正从传统的 AIDMA 模式转向含有明显网络特质的 AISAS 模式。

AIDMA 消费行为模式是美国广告学家刘易斯提出的，该模式总结了消费者从接触产品信息到购买产品的整个过程，包括 Attention（关注）、Interest（兴趣）、Desire（欲望）、Memory（记忆）、Action（行动）这 5 个阶段。（图 7–4）

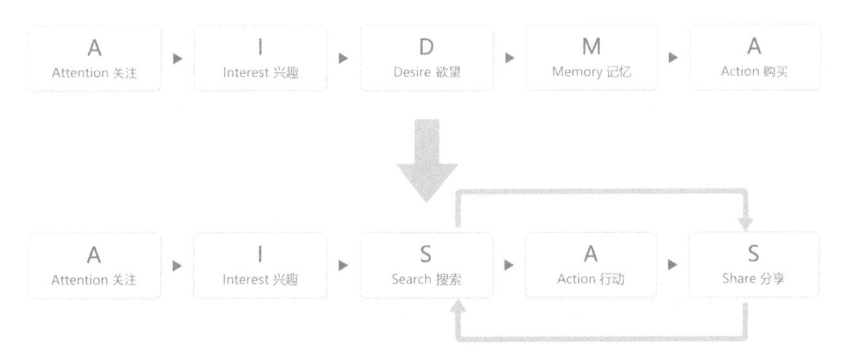

图 7–4 消费者信息行为模式的变化——从 AIDMA 到 AISAS

在全新的 AISAS 营销法则中，传统的 AIDMA 模型中的消费者购买欲望（Desire）和购买记忆（Memory）被两个"S"所取代——Search（搜索）和 Share（分享）。这种转变体现出分享和口碑的力量：在互联网消费行为中，用户根据个人需求主动搜索产品相关信息，在消费活动完成后还会将消费体验通过互联网进行分享，多人的分享行为叠加形成该商品的在线口碑。有调研公司发现，约有 77% 的网民在网购商品时会先参考网络上其他用户的商品评价；超过 90% 的大公司坚信，用户的强烈推荐和消费评价可以极大地影响潜在消费者是否购买该产品，这些都表明分享与口碑已成为互联网消费活动中影响用户消费信任的重要基础。

从对大众媒体营销传播与社交媒体营销传播的对比分析中也能发现用户通过参与对整体营销传播活动产生的重要影响。（图 7–5）

社交媒体使消费者能够同品牌在前所未有的深度和广度上进行互动，面对社交媒体发展和用户参与程度的加深，与消费者一起开展广告和营销

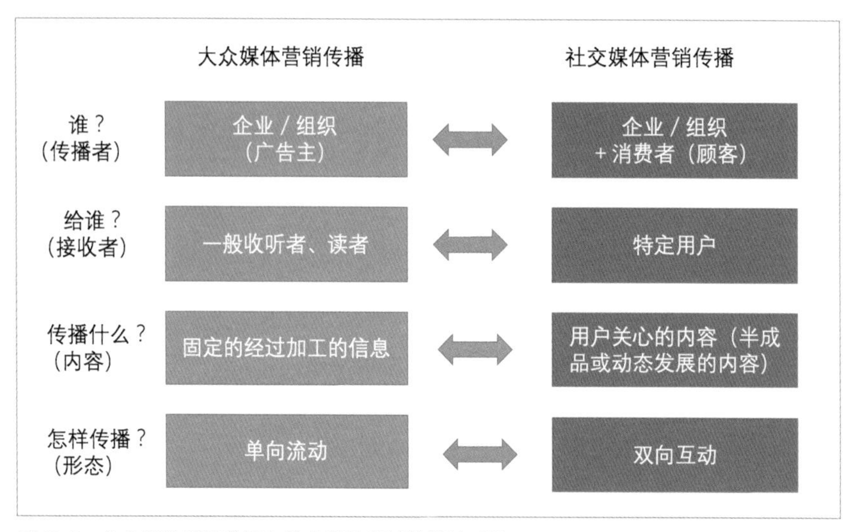

图 7-5 大众媒体营销传播与社交媒体营销传播的对比

活动已成为一种常态，对于企业来说，学习如何通过社交媒体来倾听消费者的声音，将消费者的声音反映在营销活动的各环节中，不仅仅是广告或者传播活动，还包括商品开发和客户关系管理等方面，也要增加消费者参与的相关策略。营销传播的目的要从单纯的产品销售发展为帮助企业成为“社会性”公民，通过社交媒体传播与消费者进行长期的沟通，不仅要促进人们对品牌意识的改变，还要唤起行动（包括购买行动和其他社会参与行为），真正使人们的生活变得更美好。

（二）移动时代的传播——场景化

以智能手机为代表的移动终端设备在消费者日常生活中扮演着越来越重要的角色，如今，这些工具不仅仅被用于通信，还会用于获取信息、娱乐、购物、社交。手机创造了独一无二的营销机会，因为无论是消费还是日常生活，手机总是和消费者相伴左右，通过定位技术，能知道消费者在哪里；通过网络浏览跟踪技术，能知道消费者喜欢什么，想要什么。移动设备、社交媒体、大数据、传感器和定位系统这五种要素能定义不同的消费场景，基于特定的场景，营销活动能实现真正的个性化。

品牌可以依据用户的实时状态判断最佳的传播时机，当用户位于电影院附近时，影院可以为用户推荐当下最热门的电影；工作日下午的 3 点 15 分，用户曾光顾过的某个咖啡品牌可以实时推送咖啡优惠信息，并贴心地附上购买方式；距离你上次购买某个品牌的护肤品已经有 3 个月了，你的护肤品快用完了吧，那么该品牌会贴心提醒你最近有什么新品上市了，可以尝试一下。如此这般，在特定的场景中为有特定需求的人提供有针对性的产品信息，这种传播方式能快速实现效果的转化，直接推动产品销售，有时候还能给受众留下深刻的品牌印象。

移动传播的场景化要求针对不同的时间、地点、需求，给消费者呈现不同的品牌信息和内容。2018 年 2 月出现了红月亮、蓝月亮的天文现象，当大家都在室外翘首以盼等待蓝月亮出现的时候，微信朋友圈出现了“你们盼望的蓝月亮来了”的主题图，人们以娱乐的心态去转发和分享，瞬间成为国民刷屏级的传播现象。（图 7–6）

WWF 为了呼吁人们关注全球变暖的问题，在巴拉圭首都的街头搭建起简易餐厅，以大地为灶台烹饪食物，把“地面温度”和“煎锅温度”联系起来，不少路人围观试吃，甚至亲自动手体验，直接感知全球变暖这一平时不易察觉到的问题。（图 7–7）

图 7–6　蓝月亮品牌微信端场景化传播

图 7–7　WWF 巴拉圭首都街头场景化传播

图 7–8　图书出版商离线页面场景化广告

在地铁公交上，满满都是拿着手机看资讯的年轻人，可是时常出现信号不好的情况，他们对着离线页面只能无奈叹息。新加坡图书出版商 Math Paper Press 利用这个场景，把图书中的段落植入到离线页面中，当用户访问网站遭遇断网时，就会看到这些段落和售卖书店的地址，既能帮用户打发时间，又能给书店带来生意。（图 7–8）

（三）智能时代的传播——人文关怀与沉浸体验

技术作为重要的推动力量持续改变着媒体的形态，同时也改变了人类社会的信息传播方式。在大数据、人工智能、虚拟现实、物联网等技术的影响下，人类社会正在由信息时代进入智能时代，营销行业是受智能时代影响最先发生变化的行业之一。谷歌、百度、阿里巴巴、腾讯等科技公司开发出的人工智能产品对传统广告业造成巨大冲击。传统广告业以大众媒体营销为主，依靠人的策划和创意来开展信息传播活动；智能时代的广告业以数字化营销为主，依靠大数据、物联网、算法和人工智能来开展信息传播活动。

借助各种智能技术和设备，品牌能实时掌握消费者的生活场景、心理状态，甚至生理状态，用户画像变得更加精准，消费者能向企业提供确切的需求信息，企业与消费者之间的距离被进一步缩小，企业能为消费者提供更具人文关怀的传播活动。

案例 7–1 宜家智能化传播活动“遇见未来的北鼻”（图 7–9）

2018 年，宜家和腾讯携手发起了“遇见未来的北鼻”数字化品牌传播活动，男女顾客在宜家门口利用智能设备扫描脸部后，走进样板间便会发现客厅、卧室、厨房和儿童房墙上的相框正在展出他们“未来北鼻”的相片，宜家还在样板间布置了一间“未来北鼻房”，这种黑科技的操作吸引了不少人前来宜家门店拍照打卡。此外，宜家同步上线 H5，让网民们在线合成自己的北鼻，满足更多群体对未来家庭的想象。

“未来北鼻房”真正的杀手锏是人工智能，运用人脸关键点识别、人脸特征点定位和人脸融合技术，将父母的照片合成转化为孩子的样子。“北鼻房”营造出温馨的生活场景，让人仿佛置身于现场，吸引了许多情侣和准爸妈前来体验，走过客厅、卧室、儿童房，参与者近距离地触摸和感受品牌，畅想未来家庭和育儿生活的模样。

图 7–9 宜家“遇见未来的北鼻”体验营销传播

虚拟现实技术（VR）的发展也为企业的营销传播创造了机会，生动形象的 VR 展示有利于促进信息的全景式传播，也能增加消费者的参与，实现传播过程的在场和瞬时交流，促使消费者产生购买欲望，随着传感器科技的进步，视、触、嗅、听、味多感官的立体互动体验也能通过 VR 技术得以实现。

第二节 品牌多元化传播策划

在上一节里我们主要介绍了品牌营销传播策划的流程和步骤，接下来我们将基于该策略流程，重点讲述企业在开展具体的营销传播活动时，应该注意哪些内容。

一、确立阶段性传播目标及主题

（一）确立阶段性传播目标

企业的营销工作通常是以年度为单位的，营销传播工作也是如此，通常在本年度的年末就要确定下一整年的品牌传播策略，包括整体传播目标和传播主题、主要的传播时间节点和相应的传播方案等。我们首先分析传播目标和传播主题设计。

在上面的内容中我们提到了品牌传播常见的目标分类，包括建立品牌知晓度、传递品牌知识、建立品牌好感、建立品牌偏好、说服消费者购买、维系品牌情感和忠诚度。对于营销管理者来说，在制定阶段性传播目标时还需要结合品牌现状具体问题具体分析。

影响阶段性传播目标的因素主要包括3个方面：企业与品牌发展现状、竞争市场情况、传播的目标受众。为了确定传播目标，企业需要进行系统的调研，对企业、产品、品牌、行业发展状况与竞争环境、一般消费者与目标受众各方面的相关信息进行分析，这些信息可以通过一手调研获取，也可以通过各种渠道收集二手资料。通过对上述多方面信息的分析，得出品牌当前面临的优势、劣势、机会与威胁（SWOT），识别出本阶段品牌传播应该把握的机遇、需要解决的问题，由此便可确定本阶段传播的目标。

如果企业目前的营销计划是要对某一品牌进行延伸，那么传播目标就是宣传同一品牌名称下的新产品。如果明年的营销计划是改善分销状况，扩大销售市场，那么传播的目标就变为在品牌认知度较低的地区进行开拓性宣传。不同类型的问题都要求不同的营销沟通策略。

案例 7-2 麦当劳“见面吧”营销活动目标

2009年麦当劳在促销调研中发现，随着社交网络的流行，大学生将主要的课余时间都花在了社交网络上，如人人网、微博等，通过进一步调研，麦当劳和传播代理公司发现如下问题与契机：

（1）金融危机的大环境下，麦当劳急需唤起用户忠诚，持续促进消费信心，麦当劳拥有门店优势，可提供一个最佳“见面的场所”。

（2）麦当劳主要目标市场是大学生群体，他们的媒体习惯是网络和手机而非电视，因此，在传播活动中掌握电脑和手机两个端口是必须的。

（3）独生子女一代的社交需求是现实中的好友，对于友情尤为珍惜，将“友情”重点推出作为大家“见面的理由”最贴切不过。

针对这个事实，麦当劳呼吁好友们能通过“线下真实见面，巩固友情”来达成传播目的，促使青少年进入麦当劳消费。

（二）设计传播主题

基于传播目标和主要的信息内容，就可凝练出传播活动的主题。所谓传播主题，简单来讲，是对某个传播活动或传播项目的称呼，传播主题对传播策略的执行效果影响很大。首先，有效的品牌传播总离不开一个好主题，传播主题是传播策略的高度综合与集中体现；其次，通过传播主题，消费者、目标受众和社会大众能在第一时间获取到传播活动的主要信息内容；再次，在整合营销传播中，通常以主题来统领本阶段营销传播的所有活动，以保证所有活动围绕统一的目标、主题和策略来进行；最后，以同一个主题来管理所有活动的开支，能方便企业和传播代理公司进行项目经费的管理。

提出传播主题的过程就是将前期工作中对传播目标、传播受众、品牌独特性、品牌发展现状等内容的分析思考进行综合提炼的过程。传播主题的形式是一句文案，通过一句话或者一个词组来表达。常见的传播主题一般不超过 8 个字，越简练越有助于触达消费者，方便传播和加深消费者记忆，如网易云音乐“看见音乐的力量”、SK-Ⅱ“改写命运”、New Balance“每一步都算数”、Nike“活出伟大”“跑了就懂”等。

有效的传播主题呈现出共鸣性、故事性、可执行性 3 个特征。“共鸣性”体现在传播主题通过高度凝练的一句话或者一组短语，快速引起消费者的精神共鸣，优秀的传播主题实际上能帮消费者喊出内心想表达而未表达的话语和情感；“故事性”体现在主题要蕴含丰富的意义、生动、能打动人心，越来越多的品牌开始围绕如何讲好一个让消费者感兴趣的、生活化的故事来展开传播沟通；“可执行性”是指基于传播主题能开展有效的执行，如果传播主题只停留在字面上，而无法依据这个主题开展和执行传播活动，那么这样的主题只是一句优美的文案，而不是有效的策略性主题。比如，上述的麦当劳“见面吧”主题营销传播，依据传播主题“见面吧”品牌开展了系列营销活动，包括“101 个见面的理由”主题广告宣传、在哪里以何种方式见面的海报宣传、线下见面时配合的产品促销活动等。

二、整合多元化传播手段

对于企业来讲，必须将营销传播预算在 7 种主要的传播方式和传播手段上进行合理的分配：广告、促销传播、赞助、事件活动、公共关系与宣传、口碑传播、网络互动。由于信息技术和媒体技术的发展，消费者能通过更多的渠道接触到品牌，营销管理者需要对不同接触点的品牌信息进行有效管理；同时，由于全球化竞争的加剧，营销管理者又需要采取一些另类或独特的传播方案。现代营销传播环境变得日趋复杂，对于绝大多数企业来说，已经不能寄希望于只靠某一种手段就能达成传播目标。

（一）整合营销传播的必要性

关于整合营销传播（Integrated Marketing Communication，IMC），1992年，全球第一部IMC专著《整合营销传播》出版，作者是美国西北大学教授唐·E. 舒尔茨（Don E. Schultz）及其合作者斯坦利·田纳本（Stanley I. Tannenbaum）、罗伯特·劳特朋（Robert F. Lauterborn）。整合营销传播IMC的核心思想是企业在营销传播中将选择的多个传播手段统一起来，“用一个声音去说”，整合营销传播理论认为传播中的每一条信息都应该整体化并相互呼应，以统一的目标来运用和协调不同的传播手段，企业应该仔细地管理各种传播沟通方式和渠道，使品牌的所有相关信息都能清晰、一致和具有说服力。

迫于竞争压力和传播环境的日趋复杂，企业会倾向于在营销活动中使用更多的传播手段，但想让众多的传播手段发挥积极作用却并非易事，如果管理不好反倒容易产生副作用，因为消费者每天会面临无数商业信息的轰炸，他们不会像品牌管理者那样清楚不同信息之间的差别和关联，对他们来说，不论从何种渠道接收到某个品牌的信息—广告、店内陈列、宣传单、手机应用、社交媒体、大众口碑—汇总起来就构成对品牌的认知，如果消费者在某个时间段内，从不同渠道接收到的信息内容不同，甚至彼此冲突，那么从整体来讲，就会削弱品牌传播的效果，使传播目标难以达成，消费者也无法形成对品牌形象、品牌定位和品牌价值的统一认知。

而在企业内部，不同的传播活动实际上可能是由不同的部门负责，比如，广告会交给广告代理公司，公共关系由公关部门负责，促销由销售部门负责，网络和社交媒体传播由数字营销部门负责。在这种管理模式下，由于部门之间各自为政、各司其职，分别使用了不同的传播策略，从企业自身来讲，似乎并不存在什么问题，但消费者却有理解信息的不同方式，如果不同出口的信息不能被有效地管理，相互之间不能协调互补，那么在消费者这里必然会产生认知的混乱。

因此，企业对多种营销传播手段进行整合管理非常必要：一是要从组织和制度建设上保证所有的工作能统一起来，这是进行整合营销传播的根本保障；二是确保从所有渠道发出的信息能真正做到“用一个声音去说”。

（二）多种营销传播手段的优劣势

每种传播手段都有自己独有的特征和传播成本，在进行整合营销传播策划前，必须先了解各种传播手段的特点。

（1）广告。广告能到达地理上分布很广的受众，而且每次暴露的平均成本较低，广播和电视广告对受众的知识文化水平要求不高。企业能多次重复发布广告，特别是影视广告，能生动地描绘用户形象、使用场景、品牌个性，能有说服力地展示品牌对消费者的利益，是建立长期品牌形象的重要手段，也是引发销量快速提升的有力手段。

虽然广告有很多优点，但也存在一些不足，它是非人际沟通，不能像人员沟通那样直接地说服潜在消费者，并且传统大众媒介广告通常是单向沟通，无法获得消费者及时的反应和反馈。同时，广告费用相对较高，特别是电视广告，通常需要大笔的制作费用和媒介投放费用。

（2）促销传播。促销能快速吸引消费者注意，增强产品的吸引力，激发强烈的购买欲望，因此，促销适用于刺激疲软的销售。与广告相比，促销效果通常立竿见影—销量提升，但促销的作用是短期的，无法用于建立长期的品牌偏好和客户关系。而且对于有些不宜采取价格竞争手段的产品来说，经常性的促销容易损伤品牌形象。

（3）赞助和体验。赞助为营销者提供了又一种与消费者沟通的方式，通过参与某些活动，使品牌融入消费者生活中特殊而个性化的时刻，能创造独特的品牌体验，激发消费者的情感，使品牌与目标客户的联系更深入、更广泛。同时，赞助能提高公司和产品的知名度，能建立或加强消费者的品牌联想，强化或改善公司形象。但如何在众多赞助对象中进行选择也变得越来越困难。首先，优质的活动相对较少，而想参与赞助的企业却非常多，这样就容易出现一个事件或活动，比如，赞助商太多，甚至有多个同类产品赞助商，令消费者难以区分，传播效果也就可想而知。

（4）事件。事件营销往往能通过较少的成本引发广泛的社会关注，从而提升品牌知名度和好感度，然而，事件营销需要通过控制媒体传播节奏和民众舆论动向来实现，如果在品牌与事件之间找不到好的结合点，借势不够巧妙或者企业不能灵活快速反应的话，事件很有可能会出现反转和失控，最后引发难以预料的后果。

（5）公共关系和宣传。通过新闻故事、媒体报道、支持公益等方式开展的公共关系和宣传让人觉得真实和可信，常常能比广告和促销获得更多的信任，因此，将公共关系和宣传与其他促销方式相结合会非常有效且经济实惠。企业在应对一些突发事件时，公共关系往往是最有效的手段，但也正是在这种情况下，公共关系沟通会面临特别大的挑战，如果应对不好，会使情况变得更复杂。

（6）口碑传播。消费者对商业广告和促销手段要求越来越高，也表现出更多的怀疑，相比较而言，来自于熟人或陌生人的口碑就显得更可信，更有参考价值。对于企业来说，口碑需要长期的经营，需要寻找合适的意见领袖为品牌背书，或招募和鼓励真实的消费者发表对品牌的积极评论，口碑也是一种性价比相对较高的传播沟通方式。对于营销者来说，进行口碑传播管理的挑战在于如何开发与消费者有关联的、有价值的口碑信息，哪些策略能产生更多对品牌有利的口碑，如何避免虚假的口碑，如何控制消费者自发的负面口碑等。

（7）网络互动。互联网与社交媒体的发展为企业开展与消费者之间的网络互动提供了更多机会。多种多样的在线传播方式意味着公司能够向消费者发送精心设计的产品与品牌信息，开展各种内容营销。网络互动传播精准、有效，能针对特定受众群体的兴趣和消费需求提供关联性强、个性化的信息。网络互动传播能将消费者纳入进来，成为积极的内容生产者参与整个传播过程，以维系和强化品牌关系。网络互动传播具有动态性和即时性，企业能通过网络互动发布品牌最新信息，并能依据消费者反馈及时调整传播策略。网络互动传播的不足之处在于，媒体用户能轻而易举地屏蔽掉各类广告信息，并且，网络传播的不确定性对于传播管理者来说，会使他们丧失对在线信息的控制力，使信息内容被曲解或被恶意破坏。

（三）整合传播手段的决策标准

在了解各种传播手段的优劣势之后，制订整合营销传播方案需要进一步思考如何选择最佳方案及管理多个方案之间的组合关系，也就是说，通过选择一组不同的传播手段，借助互补性优势使这些传播手段实现“1+1>2”的效应。基于传播效果和传播效率，在评估和选择传播方案时，有六个相关的评价标准：覆盖率、贡献度、一致性、互补性、通用性、成本。

“覆盖率”主要考察采用的每个传播方案能够到达的观众比例，以及各种传播方案之间存在多少受众的重合部分。有效的方案组合应该尽量覆盖更多的目标受众群体，如果各种方案之间存在一定程度的重叠，那就需要考虑重叠的部分如何实现传播效果的叠加，也就是说，如果同一群受众已经通过某种渠道接触到了品牌相关信息，那么当他们通过另一种方式接触到品牌信息时，应该强化品牌联想或者深化传播效果。

“贡献率”是指在没有其他传播方案相配合的情况下，受众对传播方案产生理想反应和传播效应的能力。如上所述，每种营销传播方案都有自身的特征和优缺点，其贡献率也决定了该方案在整体沟通中发挥什么作用。

“一致性”是指不同传播方案传递相同信息的能力和程度。大多数和整合营销传播相关的定义都强调了一致性，即所有方案都应当相互协调，以传递一致的信息，建立统一的品牌形象。

“互补性”是指不同传播方案之间的差异性及关联程度。理想的传播方案组合需要确保所选择的传播手段能够相互加强、互相补充。例如，有研究表明，促销与广告相结合时效果更好，由广告建立起来的品牌认知和品牌态度能直接改善产品销售状况。

“通用性”是指某一种营销传播方案对不同消费群体的有效性程度。一些消费者可能已经接触过品牌的其他传播活动，而另外一些消费者可能没有，如果某个传播方案对这两个群体都能发挥作用，可以认为该方案通用性较强。要想取得传播沟通的成功，需使不同的消费者都能够在传播中找到相关的信息，以满足他们的需求，而不管他们之前有怎样的品牌接触历史，也不管他们拥有多少产品和品牌知识。

在企业设计和执行整合营销传播方案时，这些评价标准都为消费者提供了一些指导，但所选方案并不需要完全满足上述所有标准，企业可以自己进行标准的权衡和选择。最后，在设计传播方案时，还需要考虑方案的成本以及企业的传播预算，这样才能最终形成最有效果和最有效率的整合营销传播方案组合。

三、选择传播媒介

在上面的章节中我们讲到了传统的媒介分类方式：以广播、电视、报纸、杂志为主的传统大众媒介、户外媒介和网络新媒体，这种分类方式主要是基于广告传播的媒介分类方式。如今，广告媒体、社交媒体和移动内容之间的界限已变得模糊，媒体的概念逐渐泛化，在这种情况下，有研究者依据是谁以及如何创造、控制和传递营销传播内容提出了一种新的媒介分类方法和分析框架，用以指导企业对营销传播媒介进行有效管理，这种分类方法界定了 4 种主要的媒体类型及适用的传播手段。这四种媒体类型包括：付费媒体（Paid Media）、自有媒体（Owned Media）、赢得媒体（Earned Media）和分享媒体（Share Media），简称“POES”。

“付费媒体”是指企业需要付费才能使用的媒体渠道，包括电视、广播、报纸、杂志和户外等传统媒体，以及付费搜索广告、网页、社交媒体广告、移动广告及电子邮件营销等网络和数字媒体。

“自有媒体”是指由公司自己所有并管理的媒体渠道，包括公司网站、博客、微博、官方社交媒体账号、品牌社群、销售人员、促销活动等。

“赢得媒体”是指一些公共关系媒体渠道，例如，电视报道、报纸新闻、博客推介、视频网站等，这类媒体不需要营销者直接付费，但因为观众、读者或者用户感兴趣而自动关注相关内容。

“分享媒体”是指在消费者之间传播的媒体，比如，各类商业社交媒体、博客、病毒渠道，以及传统的消费者口碑和网络口碑。

POES 这一媒体分类方式为营销管理者提供了媒介选择的新思路。以前广告人主要关注付费媒体，如广播电视和平面媒体，或者赢得媒体，如电视和报纸宣传。随着网络和数字技术的普及，快速发展的自有媒体与分享媒体也成了企业营销媒介非常重要的构成部分，甚至大大冲击了传统的媒体形式，对企业的营销传播策略产生颠覆性影响。许多企业将营销预算偏向了网络和数字化媒体，导致了传统电视广告和报纸广告的日趋没落。

面对当下混乱多变又碎片化的媒体环境，营销管理者在制订传播媒介策略时，要能通过推动多种沟通媒介之间的协同发展，传递一致的品牌信息，促进品牌与消费者之间良性互动，从而实现营销目标。

第三节 广告策划

虽然单纯依靠广告开展营销传播的时代一去不复返了，但广告传播依然是整个营销传播方案中非常重要的组成部分，许多企业在开展营销传播时会以广告为核心，其他方式进行补充和配合，这里我们再重点讲述一下广告策划。

广告策划是在市场调研的基础上，为取得最佳的营销效果，对广告的制作、发布等进行科学统筹规划并付诸实施。我们日常见到的大部分广告都是商业广告，但广告也是各种非营利机构和社会机构进行宣传的重要手段。

广告策划过程主要包括 4 个方面的重要决策：确定广告目标、编制广告预算、制定广告策略（创意策略与媒体策略）和评估广告效果。（图 7–10）

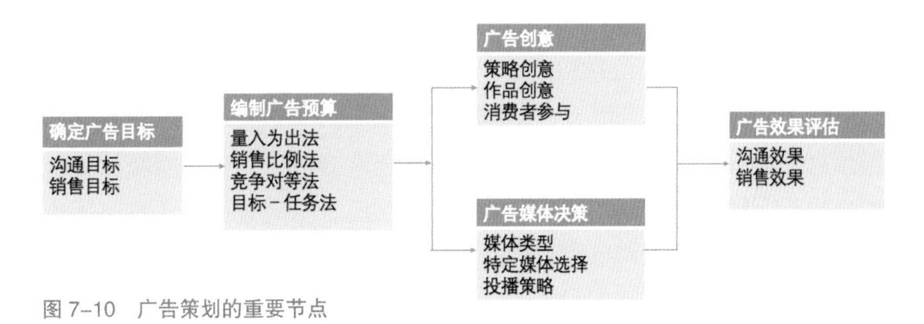

图 7–10 广告策划的重要节点

一、制定广告目标

目标指明方向，是所有行为和活动的指引，广告策划的第一步就是确定广告目标。广告目标的确定要依据整体营销传播目标、广告的受众群体和传播方案的组合情况来确定。广告是典型的传播沟通活动，通过向目标受众传递信息以实现沟通价值，帮助建立品牌形象，提供购买理由。依据信息传播效果的类型，可以将广告目标划分为告知、说服和提醒 3 类，每一类常见的具体目标如表 7-1 所示。

表7-1　常见的广告目标

告知性广告	
介绍产品功能	描述所能提供的服务
告知市场有新产品出现	传递消费者价值
提供产品的新用途	建立品牌和企业形象
通知市场价格变动	更正错误的印象
说服性广告	
树立品牌偏好	劝说消费者立即购买
鼓励消费者改用本公司品牌	劝说消费者接受推销
改变消费者对产品价值的感知	说服消费者向他人介绍本品牌
提醒性广告	
维持消费者关系	提醒消费者购买的地点
提醒消费者需要用到此产品	在产品的淡季使消费者仍记得该品牌

在上述常见的广告目标中，有一些是以品牌形象传递和品牌关系建设为主的沟通目标，还有一些是以产品销售提升为主的销售目标。企业确定具体的广告活动目标时，要考虑阶段性传播的整体目标，以及广告在整合营销传播中的角色。

二、编制广告预算

在本章前面的内容中我们讲过如何为整体传播方案制定预算和经费投入，这些方法同样适用于制定单独的广告预算，此外，编制广告预算时还需要考虑一些特殊因素，比如，新产品、新品牌通常需要更高的广告预算来建立知名度及快速开拓市场，竞争性的广告策略也需要更多的广告投入，因为从竞争者那里争取市场份额比维持现有份额更难。还有广告的制作方式、广告具体的投放媒介是广告经费的直接决定因素，大规模投放的影视广告通常因为高昂的制作费和媒介投放费用，会比其他广告形式更贵。

许多大品牌，如可口可乐、卡夫和宝洁，建立了非常成熟的统计模型来决定营销传播费用与品牌销售额之间的关系，以制定不同的传播投资决策。不管怎样，确定精准的广告投入和预算都是很困难的，所以会有那句话，“我知道我的广告费被浪费了一半，但是不知道哪一半被浪费了”。在这种预算难以确定、效果难以衡量的模糊状态下，当经济出现衰退、互联网内容营销和互动营销兴起之时，广告投入就很容易被削减。自 2012 年起，耐克公司将其在电视及平面媒体上的广告支出缩减了 40%，转而投入数字和社交媒体传播。但是，从长期来看，如果没有恰当的替补措施，削减广告费用可能导致对品牌形象和市场份额的损害，如果能在竞争者削减广告费用的时候维持甚至增加广告投入，品牌将能最终获得成长和竞争优势。

三、广告创意策略

大卫·奥格威曾说：除非你的广告源自一个大创意，否则将如夜晚航行的船只，无人知晓。在确定广告目标和广告预算之后就进入了广告创意阶段。此时，广告创作者要考虑的是如何充分、艺术性地表达和阐释广告信息以达成广告目标。成功的广告战略首先来自不同凡响的卓越创意，创意是引起消费者注意、激发消费者购买欲望的驱动力。

创意是广告的核心，是我们传达信息的方式，是思考怎样做才能让受众更容易接受我们的广告信息。“创意”的英文为“Creative”，其意思是创造、创建、造成，从字面上理解是“创造意象”，从这一层面进行挖掘，则广告创意是构思活动，即经过精心思考和策划，把所掌握的材料和想法进行创造性的组合，以塑造传播意象的过程。

案例 7-3　好乐门的广告创意“纯正食品、美食体验”

好乐门是联合利华旗下的调味酱品牌，源于 1913 年，以美式风味的经典蛋黄酱著称。好乐门在发展过程中曾面临一个重要问题，即人们认为蛋黄酱不是健康食品，逐渐不再使用，好乐门销量也随之下降。

联合利华及广告代理公司奥美在经过前期调研分析后，将广告活动的目标确定为改变人们对品牌的消极看法，要让大家把好乐门当成美食。基于此，发展出的广告创意是“在一个充满人造和伪装的世界中，纯正食品和体验比以往更具价值”，因为好乐门所有蛋黄酱都是由蛋、醋和油制成，是纯正食品，这为广告创意提供了产品支持。

整个广告活动，包括电视和平面广告都围绕主题“是时候回归纯正了”展开，为使创意变得鲜活，广告活动的目标受众集中于“纯正食品追求者”，也就是重视食品的简单、乐趣和口味纯正的人。海报中直接喊出口号，号召人们“是时候同假冒食品说再见了”“是时候同过度加工的食品说不了”。每周一集的“寻找纯正食品”系列视频也是创意活动之一，这个视频系列上传于“雅虎餐饮”板块，由厨师和食品网络红人担任主角，在 12 集视频中，观众随着网络红人走遍美国，听他们与人们谈论美食制作以及如何定义“纯正食品”。（图 7-11）

图 7–11　好乐门“纯正食品”广告创意

还有许多消费者参与了好乐门品牌在线社区的“纯正食品”活动，该广告项目显著改善了人们对好乐门的品牌态度。后续的跟踪调研显示，认为好乐门“是由纯正和简单的配料制作而成”的人增加了 80%，认为“好乐门有助于健康饮食”的人增加了近 300%，产品销售成绩也非常惊人，达到了最初销售预测的两倍多。这次活动取得了联合利华所有食品品牌前所未有的广告投资回报，也体现了广告创意的价值。

四、广告媒体选择与广告效果评估

广告的媒体策略要致力于实现精心策划的创意与表达该创意的媒体之间的完美结合，也就是说，要寻找有效的媒体来表达和展示广告创意、传递广告信息。媒体策略的结果是形成媒介计划，一份完整的媒介计划主要包括 3 个方面的内容：确定广告媒体类型、选择特定媒体组合、媒体投放排期。

广告的媒体类型主要分为电视、报纸、广播、杂志四大传统大众媒介，还有户外媒体，以及互联网新媒体。不同类型的媒体有各自的优点和缺点，也呈现不同的传播效果。（表 7–2）

广告史上曾经有很长一段时间里将电视和杂志作为主要的媒体组合，随着大众媒体成本的不断增加，新兴的互联网和数字媒体蓬勃发展，后者针对性更强、成本更低，能够更全面、更有效地进行广告传播。因此，结合各种媒体的特征和优劣势，综合运用购买的、拥有的、赢得的和分享的媒体形式（POES），是制定媒介策略的关键。

最后，除了上面主流的广告媒体之外，营销者也在不断开发一些新型

表7-2 各类型媒体的优缺点

媒体	优点	缺点
电视	广泛覆盖大众市场；每次展露成本低；结合画面、声音和动作；感官吸引力强	绝对成本高；易受干扰；展露时间短暂；很难选择受众
报纸	灵活；及时；很好地覆盖当地市场；普及度高；可信度高	有效期短；印刷质量差；传阅性差
杂志	很好的人口和地理选择性；可信、有威望；印刷质量好；时效长、传阅性强	购买广告前置时间长；高成本；不能保证刊登位置
广播	本地接受度高；具有很好的人口和地理选择性；低成本	只有听觉效果；展露时间短暂；注意力差；听众分散
户外	灵活；高重复展露；低成本；位置选择性好	受众选择性小；创意受限
直邮	能很好地选择受众；灵活；在同一媒体中没有竞争者；个性化	每次展露成本相对较高；易产生“垃圾邮件”的印象
互联网	受众选择性好；低成本；直接；具有互动性和参与性	受众控制展露时间；相对影响小

的、另类的广告媒体形式，比如电影、电视剧的植入，超市购物车、城市出租车、电梯，甚至公共厕所墙壁等环境媒体，虽然有许多争议，但这些媒体能够以更低的成本，在生活、购物、工作和娱乐间隙的各种场景中接触到特定的消费者。

在确定广告媒体类型之后，要选择特定的媒体组合，在各种媒体大类中选择最合适的媒体对象。比如，如果进行电视广告投放，那么是选择中央台、省级卫视还是地方电视台？甚至还要具体到哪个或哪些频道？不同级别、不同频道的电视媒体，主要的受众群体和购买成本都不一样，杂志也如此。对兰蔻护肤品来说，《Vogue》和《瑞丽》这样的女性时尚杂志刊登价值应该比一般男性杂志要更高。此外，在对媒体进行选择时，还有一些特定的评估指标可供参考，包括到达率、广告可见率、总收视率、千人成本等，几乎每个媒体都能提供关于自身的详细数据供广告主进行选择评估。

媒体策略还需要确定如何安排全年的广告时间，即具体的投放模式和投放时间。投放模式主要有3种：整个活动期间持续投放没有什么变动的连续性投放；广告期和无广告期交替出现的起伏式投放；全年都维持较低投放水平，但在某个特殊的节假日或销售高峰期进行短暂爆发投放的脉冲式投放。企业可以根据产品的消费和销售情况来安排全年的广告时间。比如，许多软饮料、空调产品会在夏季加大广告投放；而感冒药类产品则会在感冒和流感多发季节重点投放广告。

广告传播的最后一步是对广告活动的效果进行评估。对于广告代理商来说，最重要的工作就是要提供有说服力的证据来证明广告确实产生了作用。影响广告发挥作用的因素非常多，对于该如何评估广告效果一直以来都存在争议，有两类效果被重点关注：沟通效果和销售效果。

“沟通效果”主要评判某个广告活动是否很好地传递了广告信息，可通过对比广告播出前后消费者对品牌信息的回忆程度和品牌态度的变化情况来衡量。相对而言，沟通效果比较容易衡量，而销售效果则难以确定，虽然也可以通过广告播出前后销售额的变化来评判，但影响产品销售的因素有许多，其中一些属于产品端的问题，如产品质量、销售渠道设计等，是企业的可控因素，另一些属于消费者端的问题，如经济衰退引起的收支缩减，或者当下缺乏消费动机等，这些因素则难以控制。因此，单纯以活动后销量是否提升来衡量广告效果是不完全合理的。

在效果衡量方面，互联网和社交媒体广告具有优势，因为人们的网络行为可监测可统计，还可以针对广告活动作出实时回应，品牌甚至可以基于消费者的反馈情况来及时调整传播策略。威士忌品牌尊尼获加曾经通过网络发起“语路计划”品牌宣传活动，该项目执行过程中，广告公司会对网络上的消费者评论进行密切监控，依据消费者的热点话题创作出一个个新的创意海报，并基于海报引发的消费者评论创作新的海报和话题，消费者参与是社交媒体时代广告效果评估的新趋势。

第四节　品牌传播的执行与视觉设计

品牌传播的最后一步是活动的落地与执行，几乎所有的传播策略都需要有效的执行和优秀的视觉作品来吸引消费者关注、帮助消费者理解信息并引起消费兴趣。因此，本章最后一部分我们讲解一下品牌传播活动的执行与相关视觉物料的设计。

一、品牌传播创意的执行

对广告传播来说，创意的执行极为重要，如果执行不好，再好的创意策略也会沦为纸上谈兵。促销活动也如此，在促销过程中，促销方式和促销海报的设计是不可或缺的，有趣的促销方式和好的促销海报设计可以吸引消费者关注并积极参与活动。同样，如果企业开展赞助活动，也需要思考如何在赞助的事件中产生一系列的宣传活动以辅助传播效果，比如，在赞助的事件中通过图标、横幅等标示自己，或者策划其他一些活动作为补充宣传。

在这里，我们重点讲述的广告创意执行，也可以理解为广告作品的创意。广告创意是广告主题意念的意象化，“意念”指念头和想法，在艺术创作中，意念是作品所要表达的思想和观点，是作品内容的核心。在广告创意和设计中，“意念”是指广告为了达到某种特定目的而要说明的观念，它是无形的、观念性的东西，必须借助某种与消费者生活经验相关的、有形的东西才能表达出来，广告作品的创意过程实际上也是一个艺术创作的过程。

在广告创意活动中，创作者要力图寻找适当的形象来表达广告主题意念，一方面，必须要比较确切地反映被表现事物的本质特征；另一方面，又必须能为公众理解和接受，如果形象选择不成功，就无法通过意念的传达去刺激、感染和说服消费者。广告创意中选择的形象一般应当是广告受众比较熟悉的，而且最好是已在现实生活中被普遍定义的，能激起某种共同联想的客观形象，广告中常见的创意形象有如下一些：

（1）生活片段。这种方式表现一个或多个典型人物在正常环境下使用某种产品带来的不同感受。全家的盒饭广告表现了年轻的职场人士在享受了全家健康的、高性价比的盒饭后，元气满满地投入日常生活的场景。

（2）生活方式。这种方式表现了一种产品怎样符合某种特定的生活方式。芝华士品牌的经典广告中几个男士在阿拉斯加钓鱼、喝酒，配合悠扬的广告曲，展示了轻松、自在、优雅的生活方式。

（3）幻想。这种方式表现围绕产品及其使用所创造的奇妙幻境。许多香水品牌会在广告创意中采用这种表现形式。

（4）情调或气氛。为广告创造一种引人注意的气氛或情调。这种表现方式中，通常采用暗示，对产品本身并无太多展示。

（5）音乐或娱乐。应用背景音乐或品牌专属音乐以及一些娱乐元素来展示产品。在以年轻人为主要消费者的饮料、食品类产品中这种方式比较常用。

（6）人物象征。这种方式主要是表现一个代表产品的人物。这个人物可以是虚拟的，如动画人物，也可以是真实的人物，如品牌的代言人。

（7）专业技术。这种方式展示品牌在制造产品方面的专业知识和经验。如奥迪汽车常年在广告中展示其先进的技术和严谨的制造工艺。

（8）科学证据。提出该品牌优于其他同类品牌的调研结果或者科学证据。多年来，佳洁士牙膏和舒肤佳肥皂都一直用科学证据的广告方式分别来使消费者相信其产品比其他品牌更能防止蛀牙和杀灭细菌。

二、消费者参与创意

如今许多企业会借助互联网媒体鼓励消费者参与营销活动，从消费者身上获得创意灵感来制作广告作品，企业会通过搜索社交媒体、视频网站、品牌社区，或赞助广告创意比赛及其他促销活动来获得创意。如果加以有效利用，一些来自消费者的创意能产生出人意料的传播效果，这些创意作品因为直接体现了消费者自己的声音，往往能引发更多消费者共鸣。

18 岁的学生尼克 · 黑利是苹果电脑的忠实粉丝，他曾经为苹果公司的 iPod touch 制作了一条广告，上传到 YouTube 后获得了网友好评，得到许多积极的回应，随后被苹果公司的广告代理商发现，他们为黑利制作了一个高画质的版本进行投放。百事公司的零食品牌多力多滋通过举办“冲击超级碗挑战赛”活动邀请消费者创作与多力多滋玉米片相关的 30 秒视频广告，优胜者可以获得大笔现金奖励，并在超级碗联赛中发布。

2016 年，在中国农历猴年到来之际，乐事薯片在品牌传播活动中发起了“猴脸照”征集活动，消费者只要用乐事薯片的“猴脸包”拍猴脸照发到微博并 @ 好友或亲人就有机会获得乐事薯片一箱，活动吸引了许多消费者参与并进行网络晒照。（图 7–12）

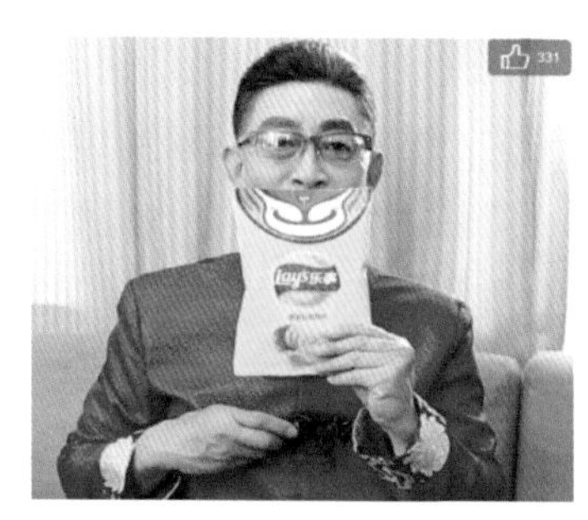

图 7–12 乐事“猴脸包”传播活动中的明星照片

为了改变中国消费者认为体育运动是“累”且“枯燥无味”的认知误区，传递运动很酷的信念，耐克品牌发起了“跑了就懂”的品牌传播活动，号召人们动起来。活动期间，各大城市的耐克体验店可以为顾客拍摄“为何而跑”的主题海报，消费者可以现场打印海报，也可以在微博分享个人海报。在相关的网络互动平台中，耐克也帮助普通网民制作“跑了就懂”的专属海报，这些海报成为此次传播活动中重要的视觉输出，大量“跑了就懂”的海报形成了一个奇特的视觉景观，为人们提供了众多“为什么要跑”的原因和理由，引发了消费者共鸣。

当然，并非所有来自消费者的创意都是成功的，其中有绝大部分会显得比较业余，有些甚至是负面和消极的，企业需要学会合理开发、利用和管理来自消费者的创意。一方面，来自消费者和用户的创意作品能够提供许多创作灵感和新鲜视角；另一方面，这种鼓励和尊重消费者创作的行为本身能激发更多的消费者参与品牌活动，并产生品牌归属感。

三、传播活动中的视觉设计

品牌传播活动中的视觉设计是指在阶段性传播活动中所运用到的一系列视觉作品，运用图像、图形和语言的艺术性表达来与消费者进行沟通，以传递活动的主旨和内容，帮助达成传播目标。常见的传播视觉作品包括以平面广告、海报、影视广告、互动广告为主的广告作品，以及宣传单、宣传手册、活动主画面、活动背景板等其他辅助型宣传物料。

视觉作品的设计会显著影响传播活动的效果，对于消费者来说，他们无法了解品牌传播的整体策略，通常能接触到的就是最终的设计作品，无论前期策略和创意多优秀、多完美，如果不能借助好的视觉设计去传达，那么所有的策略思考将无法落地实施。

不论是哪种形式的传播视觉物料，在设计过程中都需要遵循一些共同的法则，在国外广告界，很早就提出了“5I 法则”，即成功的广告作品必须具备的 5 个要素。

· Idea：明确的主题

· Immediate impact：直接的即时印象

· Interest：生活的趣味

· Information：完整的信息

· Impulsion：强烈的推动力

5I 法则对于广告作品之外的其他传播物料设计也具有较强的指导意义，当然，传播中使用的视觉物料种类很多，不同的作品因为运用场合不同、发挥的作用不同，设计的侧重点也会有所不同。

首先，平面印刷广告的构成要素主要包括图形、文案、色彩和排版。图形是人们首先注意的内容，它必须能快速吸引受众注意。很多时候企业都希望通过传播活动能引起消费者感情上的联想和共鸣，但许多情感和感觉是很难用语言、文字表达清楚的，而视觉方式往往能传达某种感觉，使人们产生更广泛、更丰富的联想。其次，平面广告中的文案需要有效地引导目标受众去阅读和理解内容，文案必须简洁并且有说服力。广告图画中的色彩使用能把商品的特色和质感更好地表现出来，同时还能美化版面，增强图画的吸引力。最后，排版是广告作品效果的直接体现。排版并不是简单地将文案和图形罗列在一定的区域内，好的排版是有生命的，要达成整体设计的平衡感、阅读的节奏感和层次感。

电视广告主要由画面、声音、文案 3 个要素构成。画面要素包括人物及其活动、场景及其变化、静态产品图形、效果演示图形、卡通形象、字幕等；声音要素包括人声、音乐、音响。电视画面的表现力强于平面媒体，电视广告的动态画面能以写实的方式表现形象、场景、写意的风格和氛围；文案能传达画面无法直接表现的信息及无法具象化的情感和观念，画面传达不明确之处由文案来传达，文案还可以对画面进行解释或者补充说明，使画面的内涵更为明确。

公共关系传播中需要一些书面材料与设计作品来接触和影响目标对象，比如，年报、宣传册、品牌杂志、在线视频等视听材料，以及标识运用、招牌、名片及其他一些现场使用的周边材料；促销及事件活动中也会运用到一些招贴海报、易拉宝、活动主视觉和环境视觉设计等。要依据传播活动的类型、活动目标和现场场景来决定视觉物料的设计，只要有吸引力、容易区别和记忆、能充分展示品牌信息和活动信息，都能成为传播活动执行中的重要工具。

策划案例分享：士力架——用统一的饥饿诉求整合品牌传播活动

2010 年美国“超级碗”比赛中播出了一则士力架（Snickers）广告，这则广告是由士力架的广告代理公司 BBDO（环球网络公司）创作的，广告邀请了美国著名女演员贝蒂 · 怀特出演，她扮演的是一个因为饥饿而手脚无力的橄榄球运动员，在吃了士力架后恢复正常，活力四射地投入比赛。广告结尾时打出的口号在今天已经耳熟能详，“饿的时候，你就不是你自己了”，紧随其后的是广告标题“士力架横扫饥饿”。

这则广告成为士力架品牌发展过程中的一个转折点，调查数据显示，该广告是当年超级碗赛事中的亮点，在当年美国广告排行榜上得到了最高评分，并且被数以百万计的网络观众观看和转发，为品牌创造了大量的免费报道，获得了极好的病毒营销传播效果。不仅如此，本次广告还成为士力架公司此后进行整合营销传播的奠基石，帮助士力架成为世界上最畅销的甜点品牌。

早在 20 世纪 70 年代广告代理公司就为士力架创造了“士力架横扫饥饿”这一广告语，体现士力架能够饱腹和提供能量的产品特点。当时士力架主要以年轻的男性运动员为主要目标消费者，但经过多年的持续发展之后，这样的目标市场定位使得产品发展出现市场饱和，士力架最终面临销售增长停滞和市场份额下降的困境。

在这种情况下，BBDO 又帮助玛氏公司创造了一场成功的整合营销活动，BBDO 延续了士力架数 10 年来建立的独特品牌联想“横扫饥饿”，BBDO 发现，尽管“士力架横扫饥饿”这句口号非常成功，但因为只是想要吸引年轻男性群体，该口号显得太局限。为了能抓住品牌特征，以更强有力且吸引人的方式来呈现品牌个性，刺激消费者购买，BBDO 衍生出了新的品牌标语“饿的时候，你就不是你自己了—士力架横扫饥饿”。这一新口号既延续了品牌的饥饿诉求，又很好地挖掘了消费者的情感，创造出众多与消费者感觉息息相关的消费场景。自此以后，士力架的目标消费者不再局限于男性，公司还在全球范围内开展了同一主题的跨文化营销。

士力架“饿的时候，你就不是你自己了”全球整合营销传播采用了大量的传统大众媒介，在 80 多个国家投放了电视广告，这些电视广告具有相同的创意，区别只在于执行创意的表现形式不一样。在北京BBDO为士力架制作的系列广告中，守门员饿得跟林黛玉一样，站都站不稳，武林高手因为饥饿而变成软弱无力的憨豆，球场上体力不支的许仙登场，他们在吃了一口士力架后，立刻都变回了生龙活虎的自己，这些广告和士力架全球层面的广告调性保持一致，但却展现出中国人特有的幽默。此外，士力架还设计了运动吐槽包装，来标签当你饿了的时候你是谁。（图7–13）

图7–13 士力架运动吐槽装

在整合传播中，士力架还运用了许多新的媒体形式，“饿的时候，你就不是你自己了”这句广告语也席卷了众多社交媒体，许多名人和普通人都参与了传播，在展示自己戏剧化的日常生活之后，紧随着发布他们正在吃士力架的画面，并顺势推出那句“饿的时候，你就不是你自己了”的广告语。在整个营销传播中还另有众多的平面与户外广告相配合，这些广告不论形式和创意内容有何不同，最后都会展示士力架被切开的横断面和广告语“横扫饥饿，做回自己”。

多年来，士力架通过运用讲故事的方式生动展示饥饿对人们的不利影响，持续地向消费者传递“这块巧克力棒能让你做回真实的自己”这一品牌信息。士力架的品牌整合营销传播活动既帮助产品保持了较高的销售额和市场占有率，也树立了鲜明的品牌个性和强有力的情感联系。通常，品牌的整合营销传播活动都具有阶段性特征，像士力架这样具有长久活力和影响力的整合传播较少，这也从侧面反映了优秀的营销传播策略能对品牌发展产生多么深远的影响力。

本章思考题

（1）在品牌制订营销传播目标时，需要考虑哪些影响因素？

（2）寻找一些成功运用数字化新媒体技术进行传播的案例，说明该案例是否以及如何体现了传播的场景化、智能化及消费者参与等新的传播趋势？

（3）为什么要进行整合营销传播？描述七种主要传播手段各自的优缺点。

（4）选择一个品牌，搜集该品牌某个阶段的营销传播活动案例，分析该传播活动运用了哪些传播手段，这些手段的组合是否有效？

（5）社交媒体时代，消费者参与品牌传播和广告创意存在哪些风险？

（6）选择一家公司，研究其过去几年的传播策略，分析该公司的广告活动是否有明显改变？是否保留或者改变了广告诉求？原因及相应的效果如何？

课程实践（自创品牌策划第五步）：品牌阶段性传播方案策划及相关视觉物料设计

这一阶段要求学生为自创品牌制订营销传播策略，内容包括：品牌传播目标、受众对象、传播的大创意、传播方式组合、传播媒介策略五个部分。要求方案具有创意性、传播引爆点、可执行性，要注意线下传播活动与线上传播活动相结合，当多种传播方式和多种媒介结合运用时，要注意“不同方式，同一种声音”。同时，还需要为该阶段的传播活动设计相应的视觉物料。本阶段作业成果为品牌营销传播策划及视觉物料设计。

备注：

本课程最终成果将整合上述各阶段的作业，形成一份完整的“品牌策划与设计方案书”，具体内容如下：

（1）市场研究与分析；

（2）品牌商业模式设计；

（3）品牌定位与核心价值策划；

（4）品牌营销战略策划；

（5）品牌体验设计。

参考文献

[美] 马格 · 戈拜 . 情感化的品牌——揭开品牌推广的秘密 [M]. 王毅，王梦译 . 上海：上海人民美术出版社，2011.

[英] 马修 · 赫利 . 什么是品牌设计 [M]. 胡蓝云译 . 北京：中国青年出版社，2009.

[美] 菲利普·科特勒，[美] 加里·阿姆斯特朗 . 市场营销 [M]. 楼尊译 . 北京：中国人民大学出版社，2015.

[美] 菲利普 · 科特勒，[美] 凯文 · 莱恩 · 凯勒 . 营销管理 [M]. 王永贵等译 . 北京：中国人民大学出版社，2012.

[美] 凯文·莱恩·凯勒 . 战略品牌管理 [M]. 卢泰宏，吴水龙译 . 北京：中国人民大学出版社，2009.

[美] 戴维 · 阿克 . 管理品牌资产 [M]. 吴进操，常小虹译 . 北京：机械工业出版社，2012.

[美] 伯恩德 · H. 施密特 . 体验式营销 [M]. 张愉等译 . 北京：中国三峡出版社，2001.

[美]B. 约瑟夫·派恩，詹姆斯·H. 吉尔摩 . 体验经济 [M]. 毕崇毅译 . 北京：机械工业出版社，2016.

[英] 维克托 · 迈尔 - 舍恩伯格，[英] 肯尼思 · 库克耶 . 大数据时代：生活、工作与思维的大变革 [M]. 盛杨燕，周涛译 . 杭州：浙江人民出版社，2013.

[瑞士] 亚历山大 · 奥斯特瓦尔德，[比利时] 伊夫 · 皮尼厄 . 商业模式新生代 [M]. 王帅等译 . 北京：机械工业出版社，2011.

[美] 唐·E. 舒尔茨，[美] 菲利普·J. 凯奇 . 全球整合营销传播 [M]. 黄鹂，何西军译 . 北京：机械工业出版社，2013.

[美] 威尔伯·施拉姆，[美] 威廉·波特 . 传播学概论 [M]. 何道宽译 . 北京：中国人民大学出版社，2010.

[美] 威廉 · 阿伦斯，[美] 迈克尔 · 维戈尔德，[美] 克里斯蒂安 · 阿伦斯 . 当代广告学 [M]. 丁俊杰，程坪，陈志娟等译 . 北京：人民邮电出版社，2013.

魏炜，朱武祥，林桂平．商业模式的经济解释：深度解构商业模式密码 [M]. 北京：机械工业出版社，2012.

冯帼英．品牌魔方：6 维度成就冠军品牌 [M]. 北京：机械工业出版社，2017.

刘曦卉．设计管理 [M]. 北京：北京大学出版社，2015.

吴廷玉．产品设计与品牌管理 [M]. 杭州：浙江人民出版社，2014.

彭兰．网络传播学 [M]. 北京：中国人民大学出版社，2009.

彭兰．新媒体用户研究 [M]. 北京：中国人民大学出版社，2020.

黄河，江凡，王芳菲．新媒体广告 [M]. 北京：中国人民大学出版社，2019.

舒咏平，郑伶俐．品牌传播与管理 [M]. 北京：首都经济贸易大学出版社，2008.

张翠玲．品牌传播 [M]. 北京：清华大学出版社，2016.

胡晓云等．品牌传播效果指标 [M]. 北京：中国传媒大学出版社，2007.

黄升民，段晶晶．广告策划 [M]. 北京：中国传媒大学出版社，2013.

后记

《品牌策划与设计》书稿完成后，我的心情其实挺复杂的，一方面，是于繁忙的教学科研工作与烦琐的家庭日常中终于做完了这件事情的轻松感，同时也对书中的不足之处心怀忐忑。虽然书稿的写作只是一个阶段性的工作，但回想起来其成形却也经历了长时间的铺垫。

2004 年春天，我还在武汉大学新闻与传播学院读研究生，方向为传播学广告专业，当时我已修完了所有课程，因此，春节后我就和同学一起南下广州去实习。此时正值中国广告业发展的黄金时期，广州与北京、上海一起被列为中国广告业的三大中心，在广州聚集了众多本土和国际 4A 广告公司，机缘巧合，我进入了一家本土 4A 公司，其创始人和主要成员有多年的国际 4A 公司工作经历，并且我入职时是接替该公司一名突然离职的人员，因此，我被迫承担了一个非常重要的角色，服务于招商银行等著名品牌。那段时间对我来说是非常宝贵的人生经历，我在工作一线直接经历了品牌策划工作的全过程，并且接触到大量关于品牌策划与管理工作的精彩理念和方法。

2005 年夏天，研究生毕业后我来到了江南大学设计学院，入职当时的广告专业，系主任是赵明老师和张雳老师，他们是一对好搭档。赵老师博古通今、高屋建瓴，喜欢思考和创新，逻辑思维能力很强，同时又善于洞察和表达，具有极强的策划能力。赵老师也是一个实践者，有自己的策划与设计公司，在业界颇有影响力。那时，赵老师经常组织系里教师一起进行教学研讨，合作授课和指导学生，并带领我们青年教师参与各级、各类品牌策划与创意设计项目实践。对我个人来说，进入广告专业的几年里成长了很多，我关于品牌的知识系统以及策划的工作理念和工作思路正是在那个时间搭建起来的。

2012 年前后，辛向阳老师就任设计学院院长后，学院进行了新一轮的教学改革，并创立了整合创新班，当时开设了一门新的课程“品牌策划与管理”，作为整合创新班的一门核心专业课程，以及视觉传达专业的选修课程。当时我基于前些年“广告策划”和“品牌管理”等课程的教学经历，自告奋勇承担了这门课程的讲授工作，此后多年我在该课程上投入了非常多的精力，课程教学效果较好，得到了学生积极的参与和反馈，有毕业的学生告诉我，这门课程对于他们的工作有非常直接的帮助。

正是学生的鼓励使我萌生了将课程内容编写成教材的想法，并在编写过程中与设计专业相结合，加入了对品牌设计和品牌视觉内容的思考，更完整、更系统地呈现了品牌策划与设计工作的全过程，由此形成了本教材。如果最终能给各位读者提供一些帮助，那便是我编写此书的初衷，也是我莫大的荣幸，不足之处望大家能提出宝贵意见。

最后，感谢清华大学出版社纪海虹编辑对我的信任，对于本书的出版纪老师给予了极大的支持，还要感谢代福平老师对本书从内容规范到装帧设计工作提供的帮助，也借此感谢家人对我工作的一贯支持。

谢谢大家！

张翠玲

2021 年 6 月于无锡